LE XIe COMMANDEMENT

DU MÊME AUTEUR

Le Discours de la guerre, l'Herne 1967, 10/18, 1974, Grasset, 1980.
Stratégie et Révolution en France, Christian Bourgois, 1968.
La Cuisinière et le Mangeur d'hommes, Seuil, 1975.
Les Maîtres Penseurs, Grasset, 1977.
Cynisme et Passion, Grasset, 1981.
La Force du vertige, Grasset, 1983.
La Bêtise, Grasset, 1985.
Descartes c'est la France, Flammarion, 1987.
Sortir du communisme c'est rentrer dans l'histoire, éditions de l'Aube, 1989.

Avec Thierry Wolton :

Silence, on tue, Grasset, 1986.

André GLUCKSMANN

LE XIe COMMANDEMENT

FLAMMARION

ISBN : 2-08-066657-6

à R. G.

Introduction à la vie hors les murs

L'insupportable ressassement m'emplit les oreilles d'un qu'en-dira-t-on savant : l'histoire touche à sa fin. On a gagné. On n'a plus rien à perdre. Tout est bien qui finit bien. Repos!

Nul extraordinaire ne se passe ni ne risque d'advenir. Il ne faut pas se laisser secouer, impressionner par les informations de vingt heures. Ni piéger par les mass media. Manipulation! Simulation! Une prescience agitait, jadis, les cénacles académiques et les chapelles hégéliennes; passée aujourd'hui rumeur dominante, elle court des bistrots d'université aux antichambres des ministres : la fin de l'histoire, entendons la fin des violences, des chaos, des guerres, c'est nous. Gérons! Les conflits paraissent erreurs administratives. Si les misères embuent vos paupières, sortez votre carnet de chèques. Si des scènes d'un « autre âge » vous offusquent, décrochez votre téléphone et sonnez les autorités compétentes, les politiques, les morales, les intellectuelles. Déconstruisons! L'histoire venue à terme ne crée plus, ne crie plus, pas même ne bégaie. Elle est revenue de tout. Elle vaticine au hasard des faits divers. Décompressons! Notre destin, désormais sans surprises, s'assoupit entre nos mains, au bout des bulletins de vote. Il suffit de sélectionner judicieusement nos dirigeants qui ne manqueront pas de conduire le monde dans l'ordre, vers la paix. Sinon à la trappe! Qui s'opposerait à leur sage et bonne volonté? Le mur de Berlin a sauté. Le Grand Ennemi a évacué les lieux. On signe l'acte de décès d'un communisme dont beaucoup, qui ne firent rien contre, se demandent déjà s'il a jamais existé. Restent des contemporains, plus d'un milliard, des Chinois par exemple, un quart d'humanité pas au fait de l'évaporation du fantôme qui les broie. D'autres milliards, dans les banlieues dites « tiers monde » vont-ils s'embarquer pour de nouvelles « longues marches » vers Cythère, sous la bannière du croissant vert plutôt que de l'étoile rouge ou d'un svastika noir? À charge pour eux d'inventer quelque différence entre les abattoirs passés, présents et à venir. Un bavardage, qui s'estime bien informé, couvre leur piétinement inquiet; de nanti à nanti, il susurre que la guerre dernière – vous souvient-il? – est la dernière guerre et que l'insondable ennui du septième jour seul nous menace.

Qu'est-ce qu'un victorieux? Celui qui, présomptueux, croit lancer le mot de la fin, connaître l'aventure à partir de son terme, juger en ultime ressort. Il clame que les véridiques comme les gagnants ne se couronnent jamais dans et sur le coup, seulement après, il se pare des prestiges d'une post-pensée qui ne réfléchit que rétrospectivement, n'acceptant aucune lutte que finale, ne concevant nos complexes que sous promesse de résolution et savourant chaque entre-deux-guerres à condition de l'halluciner ordre mondial définitif. Ainsi l'art ne se manifesterait pour ce qu'il est qu'à l'instant de sa disparition. Comme Dieu s'éclairerait de la mise à mort de Dieu et l'histoire du crépuscule de l'histoire. Le bout est le but et le but c'est le bout. Nos modernes visiteurs de ruines ne raisonnent plus, ils épiloguent; déterminer un problème c'est en terminer au plus vite, le fermer comme une tombe et se fleurir fossoyeur.

Soucieux d'esquiver pareille cérémonie des adieux, je tente ici de penser, de mon vivant, les événements vivants, au risque de me tromper, au péril qu'ils me démentent, avec le plaisir qu'ils me surprennent et à l'occasion détrompent.

1. En l'homme banane, caricatural singe consommateur dont le présumé rut franchit et détruit le Mur, j'invite à reconnaître le porteur des plus fondamentales exigences morales d'Occident. Ne pas travailler inutilement, ne pas parler pour ne rien dire, ne pas vivre en serf, ces revendications définissent négativement une manière positive d'habiter la Terre, d'exister individuellement, en famille, publiquement, librement voire licencieusement ou hérétiquement au sein de la cité, productivement dans les entreprises non étatiques. Vingt-cinq siècles après avoir été exposés dans *Les Travaux et les Jours* d'Hésiode, d'aussi récurrents choix existentiels modèlent discrètement l'économie politique, la démocratie évolutive et la civilité privée d'une Europe des libertés.

2. L'injonction « ne pas mentir » – plate-forme commune des multiples tendances de la pensée dissidente (Soljenitsyne, Sakharov, Havel) – ronge de l'intérieur l'Empire du socialisme. De même la volonté d'être payé pour son travail, de se vérifier opérationnel et productif désenchante populairement, massivement, les théories et la pratique marxistes. Vérité dans les communications, efficience et rationalité économiques, sécurité et autonomie de la vie privée, autant d'impératifs inscrits dans le patrimoine, non point génétique, mais éthique de l'Européen de base.

3. Est-ce dire que notre fin de siècle retourne candidement aux normes communément admises vers 1900 ? Toute peine mérite salaire, tolérance vaut mieux que fanatisme. Fallait-il deux guerres mondiales, les multiples déroutes totalitaires et cent millions de morts pour se remémorer ces vérités premières ? Les banales règles de conduite n'ont pas changé, mais bien notre manière de les agréer.

Neuve n'est pas la maxime morale, plutôt le fondement que nous lui assignons désormais. L'Europe éclairée est entrée dans le siècle cuirassée, optimiste et narcissique. Elle croyait décider de la résidence du Bien, du Beau, du Vrai. La fièvre du débat était d'autant plus élevée que chacun se persuadait de l'existence, actuelle ou à venir, des valeurs en jeu.

Davantage sceptique, vient au jour un humanisme aux couleurs de la tragédie ; il ne préjuge plus de la bonté humaine, il nous prend tels que nous nous présentons, crasseux, morveux. Il fait vœu de pauvreté en matière d'idéaux sonnants, clinquants et trébuchants. Il sait que le mal le plus grand est commis au nom du Bien, « Pour Le Bien de la Cause ». De trop radieuses intentions couronnent naïvement les pires ignominies. Au nom de la civilisation, l'Europe moderne a colonisé par le fer et le feu des pays qui, à leur tour, aujourd'hui émancipés, raffolent de procédures sanglantes et cruellement pointues. À l'enseigne des mondes meilleurs fut perfectionné le camp de concentration, inaugurée la pratique raisonnée et méthodique du génocide, pour d'aussi éthérés motifs croissent et multiplient les bricolages terroristes. Si l'humanité réussit en définitive à se rayer de la carte, elle ne saurait y parvenir qu'en se réclamant de l'Homme, d'un Homme idéal, dont l'essence parfaite et pure ne supporte pas l'existence malapprise.

L'idée d'humanité, en la seule acception qui

demeure, pour moi, sans ridicule recevable, désigne un ensemble biodégradable composé d'êtres capables de se suicider, en gros ou en détail, réciproquement ou chacun pour soi. La communauté des convaincus doit, au fondement de l'éthique, céder le pas devant une plus modeste solidarité des ébranlés.

4. Pourquoi respecter les lois ? Que pouvons-nous savoir, que devons-nous faire, que nous est-il permis d'espérer ? Aucune réponse catégorique ne saurait être acquise avant que nous n'assumions la question : de quoi faut-il désespérer ? Au début du siècle, on définissait le mal en fonction du bien, comme on critiquait le présent au nom d'un avenir supérieur. Aujourd'hui les autoroutes pour le paradis sont bouchées. Un Français ne vit pas comme un Chinois, la société indienne n'est pas prête – économiquement, culturellement, technologiquement – à s'identifier à la société américaine. Le chaos soviétique réserve ses surprises d'amplitude inévitablement mondiale. Si l'unification des modes de vie et de comportement n'est pas une vraie question d'actualité, l'homogénéisation des modes de mort paraît, par contre, silencieusement d'ores et déjà acquise. On souffre, on détruit, on s'avilit aux quatre coins du genre humain semblablement. Les justifications des meurtriers sont parentes et les cris des victimes transcendent la différence des syntaxes et vocabulaires. Mensonge gouvernemental, torture policière, massacre au bâton ou à la fusée, esprit de parti ou de faction, famine.

Jadis, chaque civilisation entretenait solitairement et amoureusement sa barbarie singulière, et les bons esprits pesaient les mérites comparés des tortures chinoises, du militarisme européen et des sacrifices aztèques. A ce jour, l'uniformisation accélérée des outils et des procédures de massacre devient la seule évidence omniterrestre. Dégrisée, désenchantée, atteinte irrémédiablement dans son narcissisme, la civilisation occidentale ne s'étale que plus universelle, ouverte par défaut et accueillante par incomplétude ; écorchée, flagellée par le siècle, elle plonge, en perdant sa suffisance illuminée, dans une obscure profondeur qui la déborde : « De la guerre, démon majeur, aux complexes, démons mineurs, la part démoniaque, présente plus ou moins subtilement dans tous les arts barbares, rentrait en scène. Son domaine est celui de ce qui en l'homme aspire à le détruire ; les démons de Babylone, de l'Église, de Freud et de Bikini ont le même visage. Et plus l'Europe voyait surgir de nouveaux démons, plus les civilisations qui en avaient connu d'anciens apportaient d'ancêtres à son art. » (A. Malraux.)

5. Foin des grandioses projets de réformes définitives, au long terme, nous sommes tous morts, l'heure est aux morales de l'extrême urgence.

Tremblement de terre ou de société, toute victime est d'abord « à sauver ». Il suffit d'une soudaine crise tellurique, climatique, nutritionnelle, ou sociale, politique, stratégique, pour découvrir la possibilité de se rassembler afin de secourir des êtres meurtris, politiquement éparpillés et disparates. Les opérations de sauvetage développèrent en vingt ans – boat people et campagnes contre la faim aidant – une force de frappe tout terrain et télémondiale. Il n'est pas étonnant que les initiateurs en soient des médecins qui, par profession bien comprise, mettent l'accent sur la maladie à combattre plutôt que sur une insaisissable bonne santé. Ils abandonnent aux charlatans la recette des félicités infaillibles. « La maladie se sent, la santé peu ou point ; ni les choses qui nous oignent au prix de celles qui nous poignent. » (Montaigne.) Les esprits avides de sermonner et de guider méprisent pareille compassion en quelque sorte négative. Résoudre d'un coup, d'une pensée et en un volume les problèmes de l'homme, voilà une promesse tonitruante qui ne dépare ni les programmes électoraux ni la prière d'insérer des professions de foi pseudo-philosophiques. La route du bonheur était rêvée large et rectiligne ; les tours et détours qui évitent les écueils, par essais et tâtonnements, requièrent un art du pilotage à vue : on ne double Charybde qu'en frôlant Scylla.

6. Nous vivons une grande première de l'histoire : la circulation de l'information s'avère capable d'irriguer, quasi instantanément, des espaces oubliés ou isolés. À l'heure des satellites de communication et de la micro-informatique, aucune misère ne peut rester définitivement occultée. Quand on meurt de faim en Éthiopie, les esquimaux se mobilisent dans le Grand Nord canadien. La mondialisation rapide de la mauvaise nouvelle suscite une capacité d'alerte universelle. L'opinion publique désenclave les conditions climatiques locales, déborde la mauvaise volonté des autorités nationales et dévoile les paralysies des bureaucraties mondiales. À l'information passe-muraille répond l'intervention sans frontières. Avec l'ouverture multi-médias des sociétés closes s'annonce et s'accomplit la déstabilisation des dictatures. La tyrannie moderne s'est autorisée du droit des peuples à disposer d'eux-mêmes pour conférer aux gouvernements le droit de disposer de leurs peuples, silencieusement et sans contrôle. Cette ère s'achève, les nations ne peuvent plus être isolées sur simple décision administrative, les rideaux de fer – qui furent pour l'essentiel d'étanches cloisons informatiques – deviennent perméables. Rappelons-nous : locomotives et radios, lavages de cerveaux et transferts de populations, au début du siècle l'essor des

techniques permit aux totalitaires noirs ou rouges de peaufiner leurs forfaits au bon plaisir de leurs fureurs et de leurs mutismes.

À l'inverse, les hautes technologies de communication désagrègent les monolithes caducs. Le monopole du mensonge se cogne à des concurrences. Aucune puissance ne pourra disposer d'une mainmise absolue sur les informations et les sujets qu'elle gouverne seront de moins en moins dépendants des fables qu'elle leur suggère. Bon gré, mal gré, notre responsabilité croît, la logique de l'intervention humanitaire est sans échappatoire. Elle peut, elle doit, par exception, en circonstance monstrueuse, entraîner l'intervention militaire. Qui niera que le génocide entrepris par le gouvernement révolutionnaire cambodgien méritait une expédition pour stopper net le massacre ?

7. Déchanter n'est pas déchoir : la chouette de Minerve voit la nuit et scrute l'obscur. La littérature de Dostoïevsky à Flaubert, les tragiques, Goya, Hölderlin, Chalamov, le « durch Leiden Freude » (« à travers la souffrance la joie ») de Beethoven et la mantique antique portent ce savoir noir. Interrogeant l'épouvante sans reculer d'horreur, les cultures d'Occident rendent possible son éthique. Elles font apparaître le faux, le laid, le cruel. Lorsque la Glasnost (« publicité ») n'est pas un mot vide, elle désigne la révélation de l'insupportable, sans dissimulation, ni consolation : une vérité lavée des illusions de perestroïka (« restructuration »). À quoi servent intellectuels et journalistes ? S'il vous plaît, pas à prêcher. Assez des aveuglements volontaires qui flattent Billancourt, Auteuil, Neuilly, Passy. Les fonctionnaires du positif lassent, qui couvrent les turpitudes et masquent les ignominies sous prétexte de ne pas désespérer l'UNESCO, la

gauche, la droite, le rock et diverses providences célestes ou terrestres. Qui ne dit mot consent. L'actualité se manifeste souvent plus désolante qu'édifiante. Il n'y a pas lieu de se voiler la face ni d'adoucir les constats angoissants.

Un nouvel humanisme présuppose une soigneuse cure de désidéologisation, une rigoureuse diététique antihumaniste. Il ne peut naître que de la ruine reconnue, avérée et fêtée des illusions humanitaristes. Suggérer que les animaux raisonnables sont, dans leur ensemble, gentils n'est pas encore penser; annoncer que les trains partiront à l'heure n'est pas encore informer. Le journaliste est agent de circulation des mauvaises nouvelles, pas des publicités, et l'intellectuel prophète de malheur, pas propagandiste, car leur métier et leur vertu ne culminent pas à se vouloir bon et beau, mais précis et véridique. « Humaniste », l'épithète est lourde pour qui se méfie des sublimes convictions pavant les enfers, privés et publics, exotiques et métropolitains.

8. La mise au jour des turpitudes, que les traditions et les pouvoirs établis s'emploient à dissimuler, suscite des résistances. Riposte la plus carrée, l'intégrisme n'est pas un retour au passé, ses mythes et ses écritures. Il ne procède à la convocation des jours anciens que pour résister, ici et maintenant, à l'occidentalisation, au mouvement critique et déracinant des Lumières. L'intégrisme est moderne, contemporain. Sa haine de l'Occident suit une dérive d'origine européenne; il propose un court-circuit entre pré et post-histoire au nom d'une histoire sainte, épiphanie d'un sujet absolu, la race pure, la classe universelle et le peuple de Dieu. La formule en fut livrée par Tchaadaïev : *ruckwärtsorientierte Utopie + Verehrlichung des russischen Volkes*, utopie récupératrice du passé + un peuple russe outrageusement idéalisé.

Elle vaut pour Staline identifié à Boris Godounov, pour Hitler et Siegfried, pour Saddam Hussein, s'autoproclamant successeur de Nabuchodonosor et Saladin.

En apparence, les thèses qui précèdent, que j'essaie d'illustrer dans ce livre, sont ultraminoritaires. À peine eut-on brisé, avec les moyens nécessaires, l'agression d'un dictateur ambitieux et dangereux, que l'esprit de Versailles et de Yalta souffla derechef ; le chaos planétaire surmonté, l'« ordre mondial nouveau » était avancé. Comme si la maîtrise locale d'un conflit dotait les vainqueurs d'un sésame magique, apte à dissiper les difficultés et dénouer les haines et rivalités n'importe où, n'importe quand, pour les siècles des siècles. 1918 : la « nouvelle diplomatie » de Wilson promet, en quatorze articles, la paix pour deux générations et « the world safe for democracy », sans souci d'homologuer en douce des points de frictions et d'injustices, germes d'une nouvelle guerre mondiale dans les vingt ans. 1945 : le respectable Roosevelt, les yeux braqués sur sa panacée des panacées, la nouvelle organisation planétaire des Nations unies, abandonne, sans y prendre garde, la moitié de l'Europe au joug stalinien. 1991 : dans la foulée de sa victoire fulgurante, saisi par l'ambition d'éteindre, jusqu'à la dernière braise, les feux de Jérusalem, le président Bush laisse son adversaire défait prendre une sanglante revanche, intra-muros, sur les civils kurdes et shiites. Qui trop embrasse mal étreint. Qui rêve de reconstruire la grande machinerie cosmique et d'orchestrer l'harmonie des sphères célestes trébuche sur les pépins de la réalité.

Sauver les Kurdes napalmisés se décide sur l'heure. Il faut plus de temps, de tâtonnements et de mutations mentales pour symphoniser les trois religions du Livre au point qu'elles se partagent un même espace triplement sacro-saint, enjeu de deux mille ans de disputes, révoltes, conquêtes et croisades. D'un côté stopper une agression, arrêter un massacre par des interventions d'extrême urgence. De l'autre, le programme d'une réconciliation définitive des crêpeurs de chignons sur l'Éternel. Il existe deux voies pour réduire le désordre planétaire : en détail, à tâtons, au risque de se décourager ou bien à vol d'oiseau, par grandes masses, en planant dans l'utopie. Chaviré par ses idéaux, le Président, comme ses prédécesseurs fameux, oublie en chemin la rogne totalitaire de son vaincu.

Signe réconfortant, il y eut des voix, des deux côtés de l'Atlantique, pour exiger l'ingérence et que toutes affaires cessantes les Kurdes soient enfin secourus. De telles réactions ponctuelles impliquent, à mes yeux, de proche en proche, une méthode : limiter les désastres, s'accorder pour guérir et si possible prévenir tel cataclysme naturel, social ou politique. N'est-ce point le mode de résolution des conflits adapté à la persistance de nos désaccords doublement infinis dans le réel et l'imaginaire ? En cette fin de XXe siècle, une idée relativement nouvelle d'un ordre du monde serait de le considérer comme une limitation des désordres et rien de plus. Mieux vaut s'entendre au minimum que pas du tout.

Civile, étrangère ou mondiale, la guerre qui dévasta ce siècle fut européenne, souvent dans les faits, toujours dans son esprit. Révolutions, impérialismes, systèmes racistes ont essaimé, trouvé terrains d'accueil et pris racines partout. Des barbaries autochtones leur confèrent un pittoresque ordurier parfaitement folklorique, mais leur brevet fut concocté sur le vieux continent. Aussi me semble-t-il extraordinaire que l'intelligentzia européenne ne tire aucune leçon et revienne à l'entretien de ses potagers idéologiques, sans autre forme de procès. Déposerons-nous négligemment au vestiaire les manteaux sanglants dont notre suffisance s'est affublée ?

Les candeurs, hautement morales, de nos grands-pères et grand-mères vont-elles nous préserver de leurs candides cécités ? Serions-nous plus cordiaux, plus honnêtes ou davantage subtils ? Pourquoi de mêmes principes ne tisseraient-ils pas d'analogues œillères ? Si l'expérience historique ne rend pas l'Européen meilleur – quelle outrecuidance ! – elle peut l'avertir. À condition qu'il tire quelques conséquences des erreurs accumulées, qu'il ajoute une règle, un commandement nouveau (ou retrouvé) aux dix commandements d'antan, non point pour les biffer mais pour permettre leur application dans la mesure du possible, en prenant la mesure de ce qui est possible.

Déjà, à la naissance des Temps modernes, l'exigence d'un liminaire qui réajuste la pratique du Décalogue présida aux grands schismes religieux. En revendiquant, face à la corruption « romaine » des mœurs, le retour à la simplicité évangélique, la Réforme bute sur le paradoxe d'une volonté humaine, partie prenante de la nature corrompue ; elle en déduisit la nécessité d'une justification par la foi – justificatio ab extra, certitudo salutis, prédestination, grâce ineffable. Face au même paradoxe, la Contre-Réforme adopte la position symétrique du salut par les œuvres – ex opere operato ; les actes liturgiques (communion, baptêmes) acquièrent une qualité intrinsèque et confèrent les grâces par-delà les qualités morales du destinataire pécheur et du destinateur (le prêtre qui les administre). Le « jésuitisme », tant critiqué par Pascal dans les *Provinciales*, incise ce trait distinctif jusqu'à la caricature :

« En définitive les signes liturgiques agissent de façon automatique ; dans l'administration des grâces divines, un certain genre de mécanisme magique agit, et il est toujours efficace, du moment qu'il fonctionne conformément aux prescriptions. » (Kolakovski.)

Entre des règles de justice et un monde injuste, un intermédiaire – Église, conscience – doit égaliser les dissymétries ou symétriser les inégalités, bref démêler les cas de conscience et soumettre le désordre existant à l'exigence absolue énoncée dans le Décalogue. « Tu ne tueras point. » Certes ! mais que faire face à celui qui tue au moment où il dépèce l'innocent ? La difficulté d'appliquer les dix commandements contraint le sujet moral à se confier à des autorités plus intérieures (prédestination) ou plus extérieures (directeurs de conscience) que lui. Laïcisées et passées préceptes de morale scolaire ou habitudes de vie courante, les valeurs du Décalogue requièrent pareillement des béquilles, profanes cette fois, en se soutenant d'un juge subjectif (personnalité, caractère, intuition géniale, « karma ») ou savant (l'autorité de multiples thérapies relaie celle de la direction de conscience).

La face énigmatique et équivoque du commandement qui permet l'applicabilité des dix autres ne laissa pas d'inquiéter. Entre le monde de la grâce, qui souscrit naturellement au Décalogue, et le monde du péché, qui lui désobéit spontanément, l'accord ne peut être que parié (Pascal) ou postulé (Kant), aux risques et périls de qui parie ou postule. L'harmonisation des sphères tient des miracles de l'intériorité (protestante), de l'institution ecclésiale (catholique) ou de la sainteté mystique du starets orthodoxe. Inquiétante concurrence des fondements du salut : ce qui rend possible les dix commandements, par définition, échappe à leur contrôle et, par conséquent, menace sans cesse de les transgresser.

Ériger le miracle en condition de possibilité de l'activité morale réduit cette activité à l'improbabilité du miracle. Si l'écart entre les fins du Décalogue et les moyens séculiers ne peut être comblé que par intercession d'en-Haut, la possibilité d'une perversion persévère.

Très vite, Tartuffe unifie les travers du casuiste jésuite, du directeur de conscience dévot, du puritain rigoriste et bientôt du docteur psy des familles huppées. Qui invoque une inspiration stellaire pour légitimer une conduite terrestre court le triple péril de la bonne foi avec ses croisades, de la mauvaise foi avec son machiavélisme sordide et de l'indistinction des deux, lot ordinaire des mortels à « deux têtes » titubant de-ci, de-là.

Ou bien on s'entend « au maximum », ou bien « au minimum ». La première voie est celle, glorieuse, des colloques académiques, des conférences internationales, des sourires « cheese » échangés aux tête-à-tête présidentiels, des festivals de la jeunesse communiste et des jamborees scouts. Entre laïques et spirituels, comme entre les trois religions du Livre, les rencontres ne sont jamais aussi exaltantes et idylliques que dans les bibliothèques et sur les écrans des débats télévisés; quand elles ont lieu sur le terrain, elles s'avèrent autrement tragiques et désolées. Vouloir s'entendre sur les fins dernières distrait le grand public, tétanise le naïf et propage en sous-main une infaillible et planétaire libanisation de l'intelligence.

Les religions d'Occident ne sont pas condamnées à rechercher l'entente maximale et à prétendre restaurer la perfection sur Terre, en télescopant les deux Royaumes. Aucune fatalité n'oblige les sagesses profanes à s'engouffrer dans l'impasse d'une symbiose à tout prix. L'aimable Leibniz, que Voltaire moqua insolemment par épigones interposés, n'épouse pas les naïvetés de Pangloss malgré son optimisme et ses harmonies préétablies. Il n'hésite pas à flanquer la morale christique d'une intelligence stratégique plus séculière; il refuse d'asservir la seconde à la première : « Et le précepte de Jésus-Christ de se mettre à la place d'autruy ne sert pas seulement au but dont parle notre seigneur, c'est à dire à la morale, pour connaitre notre devoir envers le prochain, mais encore à la politique, pour connaitre les vues que votre voisin peut avoir contre vous... » Une aussi subtile exégèse renverse les perspectives; si l'autre est un autre moi-même, il ne faut pas le croire meilleur que moi, pauvre pécheur.

D'où une nécessaire vigilance : « il se peut à la vérité que le voisin ne soit pas si mal intentionné que je le fais, mais le plus sur est de prendre les choses au pis en politique, c'est à dire quand il s'agit de se précautionner et de la défensive ». La « politique », ici mentionnée, ne se limite pas aux affaires d'État, elle désigne toute relation d'hostilité ou de péril mettant en jeu le salut privé et public, personnel ou collectif. Il faut alors se diriger selon le principe du pire et chercher à éviter le plus grand mal au lieu de poursuivre (principe « moral » du meilleur) quelque souverain bien. « La morale même permet cette politique lorsque le mal qu'on craint est grand, c'est à dire que la prétention de la sureté ou caution ne cause pas des plus grands maux que le mal... » Il existe ainsi une politique de la morale et une morale de la politique – aussi bien individuelle que commune – constamment négligée par les guérisseurs de l'âme qui peignent la vie en rose.

Le rez-de-chaussée de toute morale – sur lequel on peut à loisir projeter de magnifiques constructions, mais sans lequel tout flotte oniriquement – m'installe à la place de l'autre, et l'autre à la mienne, avant que nos reflets n'aient à se sourire bons et admirables. La condition initiale de l'éthique reste d'aimer le prochain comme soi-même, à charge d'en conclure, évitant les pièges de l'amour-propre, qu'il convient de suspecter le prochain autant qu'il faut se méfier de soi. « Ainsi on peut dire que la place d'autruy en morale comme en politique est une place propre à nous faire découvrir des considérations qui sans cela nous seraient point venues, et que tout ce que nous trouverions injuste si nous étions à la place d'autruy nous doit paraitre suspect d'injustice. » Pour se mettre à la place d'autrui, sans se laisser happer par l'image flatteuse que nous nous renvoyons, envisageons l'injustice que nous sommes susceptibles d'infliger l'un à l'autre et de subir l'un de l'autre, étant pour chacun et pour nous-mêmes à la fois un autrui, un prochain, un voisin, un ennemi et un suspect. Cette règle de défiance, et le principe du pire qui la gouverne, suppose que nous puissions comparer nos maux avant de nous accorder sur les biens.

La possibilité d'une connaissance touchant le mal affleure dans les considérations de Leibniz, bien que lui-même et les autres philosophes classiques se soucièrent peu d'en explorer l'intuition. Depuis, philosophies, idéologies et pieuses pensées ont brouillé, deux cents ans durant, l'évidence noire, qui autorisait une solidarité face au pire. Le onzième commandement réveille un savoir obscur : « Que rien de ce qui est inhumain ne te soit étranger. » Non pas : deviens inhumain. Plutôt : c'est l'inhumain en tant qu'inhumain qu'il faut considérer, faisant face à sa hideur, même au point cruel où nous nous en découvrons porteurs. Assumant l'histoire intérieure d'un siècle où rien d'inhumain ne demeura véritablement exotique, tentons d'accéder par voie négative, en moraliste plutôt que moralisateur, à l'expérience de notre très étrange humanité.

Hitler n'appréciait guère les dix commandements : « L'extinction d'une morale servile doit logiquement suivre la destruction du judaïsme... Le fouet du garde-chiourme ! le diabolique " Tu dois... Tu dois... " et le stupide " Tu ne dois point... " Il faut vider nos veines de l'anathème du mont Sinaï ! C'est le poison à l'aide duquel juifs et chrétiens ont faussé, corrompu, souillé l'admirable instinct vital de l'homme, qu'ils ont abaissé au niveau d'un affolement bestial... » La discussion se prolonge et montre que ces stupides " Tu ne dois point... " ont particulièrement mauvaise presse au sein du cénacle nazi :

« " Tu ne déroberas point... " Folie ! Ici-bas tout n'est que vol. »

« La forte voix d'Hitler résonnait dans la petite pièce.

« " Tu ne convoiteras point la maison du prochain " ni " la femme de ton prochain ", ni ceci, ni cela... " Tu ne commettras point l'adultère "... Tu ne feras point... Tu ne prendras point... Et quoi encore ? ricana Goebbels, méprisant. »

Derrière chaque " Tu dois " se profile un " Tu ne dois pas ". Antique ou surcivilisée une société qui se donne des mœurs commence par dresser l'état des choses à ne pas faire. Le quartier général nazi ne s'émancipe pas d'une morale, mais de toutes, les annihilant dans leur principe commun qui est de prohiber. Hitler en témoigne : « Au fond, il y a bien plus qu'une simple question de christianisme et de judaïsme. Nous conjurons la plus ancienne malédiction que l'humanité se soit attirée. Nous résistons à la perversion des instincts les plus normaux... Ce que nous combattons c'est un masochisme spirituel, le goût de l'automortification, les soi-disant règles morales, divinisées pour assurer la protection des faibles contre les forts, au mépris des lois immuables de la guerre, des décrets sacrés de la nature... Contre les prétendus commandements, nous ouvrons les hostilités. »

De quoi se libère ce singulier libérateur ? Pas seulement de la table de Moïse, que lui fait exécrer son nietzschéisme de bas étiage, il brise un sentiment plus général, qu'aucune collectivité n'ignore : l'aidos grec, cette pudeur qui fait rougir le front et indique les actes à ne pas commettre. La teneur des gestes mal famés varie selon les latitudes, mais pas l'intuition qu'il existe de l'indigne et qu'on a parfois raison de s'indigner. Derrière chaque " Tu dois... ", un " Tu ne dois pas... " Et derrière le " Tu ne dois pas ", non quelque père Fouettard céleste, mais la vue et la hantise de choses inhumaines. Ce qu'Hitler voulut exciser n'est pas Dieu, qu'il déplace, replace, remplace, mais nos yeux, ouverts sur l'inhumain. Ainsi l'est-il devenu.

Première partie

L'IMPLOSION DE L'IDÉAL

Implosion : n.f. Éclatement d'un corps creux. Explosion ou série d'explosions dirigées vers l'intérieur.

I

Alors le XXe siècle commença

Ceci est un livre de morale. Il affronte la question « Comment se conduire ? ». Que le lecteur, juge de ma réponse, se laisse, d'entrée, porter par l'excentricité de l'interpellation. Du maître cordonnier, l'apprenti attendait jadis qu'il lui enseigne comment devenir cordonnier. L'élève journaliste interroge pareillement un aîné bardé d'expériences ou de titres. Comment fabriquer une bonne paire de chaussures ? Comment se conduire en hardi reporter ? Armés d'une question ciblée, adressée à un destinataire précis supposé détenir une aptitude spécifique, les apprentis s'inscrivent dans un curriculum vitæ clos sur lui-même. L'enseignant a été initié, l'enseigné enseignera, la relation pédagogique véhicule, en similisécurité, un savoir transmissible. Quand bien même ce dernier viendrait-il à disparaître et qu'il faille devenir reporter sans maître, l'absence de réponse satisfait, elle éponge la question. Voir juste, posséder des doigts habiles ou un beau brin de plume valent alors pour dons, on les a ou on ne les a pas. Malheureusement la production de bonnes conduites ne s'opère pas aussi aisément que celle de souliers vernis ou de brillants « papiers ».

La morale se moque des certitudes professionnelles et de l'innocente unilatéralité des surdoués. Elle apostrophe le cordonnier, mais pas dans son métier, elle vise le journaliste ou le poète comme n'importe qui, elle s'adresse à tous, sans paraître la voix de personne. Comment se conduire ? Inutile de courir chez un maître de morale. Ta course est déjà une conduite et le choix du gourou t'appartient, ne t'en défausse pas sur lui. Celui qui s'interroge, avec un minimum de suivi, refuse une vie manipulée. S'il se découvre, peu ou prou, marionnette, il tire lui-même les fils de son personnage. Pour acheter une conduite, il doit récuser le fantasme d'un destin qui l'éconduirait à tous coups, il refuse de se mettre, ex abrupto, hors de cause. Il s'estime responsable c'est-à-dire sans excuses. Un être moral ne peut tirer ses questions et ses réponses que de son fond, les autorités extérieures qu'il consulte, il les prend sous sa garde, elles ne doivent qu'à lui d'être sélectionnées, écoutées, autorisées. Nous ne perdons et ne gagnons notre vie qu'à la sueur de notre front, à la tendresse de nos mains et à la plus ou moins grande endurance du cœur. La conviction morale, même fausse ou trompeuse, se forge dans un rapport de soi à soi que Kant nommait « autonome ».

Comment agir ? Le questionneur forcément se questionne lui-même. Tant qu'il délègue à quelque puissance externe le soin d'organiser son existence, l'inquiétude d'opter demeure lointaine. Sa mauvaise foi souterrainement règle la boussole qui le dirige et présélectionne le guide qui l'assujettit. La morale commence par la démoralisante concession que nul ne choisit à notre place, à charge de nous découvrir responsables, simultanément plaie et bourreau dans l'abîme de nos pires démissions comme au sommet de nos plus glorieuses décisions. Une règle de conduite vaut par celui qui l'accepte, non par ceux qui l'énoncent quand bien même la station d'émission s'intitulerait, pompeusement, Voix du peuple, de la culture ou de Dieu. Après coup, un commandement tente la généralisation, voire l'universalité, mais, avant tout, il ne se légitime que de l'intérieur. Il doit habiter mon moi, comme moi en lui, cette co-appartenance du logeur et du logé est exprimée dans le mot grec : éthique (mêlant les sens de : caractère, habitude, habitation...).

Que choisir ? La question colle à la peau. Toute règle de conduite devant être validée en connaissance de cause, elle ne saurait injecter en moi, ex nihilo, les maximes dont elle se réclame. Elle est en quelque sorte reconnue avant d'être connue. Puisqu'il faut choisir, déjà moralement, une conduite présumée morale, force est d'admettre qu'un jugement implicite et intérieur recommande l'acceptation du commandement. Une prescription éthique ne parle qu'à celui qui veut l'entendre, elle se précède et se présuppose elle-même dans l'oreille de son client. Toute morale relève d'un préjugé. Qui ordonne ? Le cœur ? Le tribunal de la conscience ? Peu importe, puisque ces instances se créditent sur la sourde confiance a priori que le sujet moral leur alloue en pré-jugeant ces augustes juges.

Pour être moral, il faut s'admettre autonome. Et pour être autonome, il faut vivre dans le préjugé avec la perspective de n'en jamais sortir. Certes, demander comment se conduire met en cause des réflexes acquis et des automatismes héréditaires, mais la contestation d'une pré-contrainte ne s'opère qu'au nom d'une autre pré-contrainte. L'injonction que mes parents, mes instituteurs, les embaumeurs du passé ou les programmeurs d'avenir m'infligent, je l'accepte ou je la refuse. Pour des motifs qui m'appartiennent et que je trouve justes : avant de refuser ou de tolérer, j'ai déjà choisi. Cette préemption me livre, sans recours, à un indécrottable moi, plus intérieur que les drames de conscience qu'il met en scène. J'ai beau éviter, suspendre et tenir ma distance par une impitoyable interrogation, cette torture m'attache à l'intimité obscure du partage antérieur des biens et des maux, qui génère mon scrupule. L'être moral doit s'accepter pourvu d'une prescience silencieuse qui lui permette de décider sans jamais pouvoir délibérer de cette intuition même. Un préalable opaque anime nos partis pris, jusqu'au plus obscurantiste ; le préjugé de ne pas avoir de préjugé en est un, et pas des moins nocifs. Paradoxe du savoir éthique : il fonde irresponsablement la responsabilité, il permet les choix mais il n'est pas choisi.

L'antériorité de l'intériorité préserve notre jugement de toute servitude extérieure. L'inextricable intériorité de nos antériorités, en revanche, nous expose à l'esclavage sous la férule d'indigènes préventions et précipitations. L'impossibilité de dépasser le préjugé permet au savoir éthique de ne se fonder que sur lui-même, dans le cercle heureux et herméneutique de son autonomie. Cette même impossibilité le rend douteux, car prisonnier du cercle vicieux qui amortit les questions de principe par des principes sans questions ou des questions sans principes.

Souci, crainte et tremblement longtemps accompagnèrent un jugement moral qui, par essence, ne saurait se rattraper lui-même et se condamne à sans cesse suspecter la pureté des motifs qui l'entraînent et des mobiles qui le poussent. Honnêtement, comment ne pas se faire scrupule de préjuger ? Moralement comment l'éviter ? Une morale malhonnête est un péché contre l'esprit. Une honnêteté sans morale montre sa triste figure dans l'action. L'engagement éthique s'enferme dans le tourniquet d'une décision nécessaire, qui, nécessairement ne décide pas d'elle-même, ignorant qui – dieu ou démon – opère en son intimité. Pareille difficulté de joindre les deux bouts fondit comme neige au soleil du XXe siècle naissant.

L'Europe belle-époque identifia, alors, sans problème, savoir éthique et connaissance du Bien. Elle campa sur un trésor de valeurs suprêmes permettant à chaque sujet moral de communier avec ses semblables, pas moins autonomes que lui. Aimer, c'est « regarder ensemble dans la même direction » (Saint-Exupéry). L'existence d'un Orient qui oriente l'ensemble des hommes de bonne volonté constitua le présupposé silencieux des fiévreuses confrontations, allumées dès qu'on s'avisait de le vouloir définir. L'idéal œcuménique arborait diverses nationalités et multiples religions ou absences de religion. Aux uns, il se donnait par la voie mystique ; d'autres promettaient de l'atteindre par la plus rigoureuse méthode scientifique. Et chacun d'assurer qu'au terme de sa navigation, il accosterait aux rives de la Terre promise, l'Eldorado des belles âmes qui cultivent, en chœur, le Beau, le Bien, le Vrai.

Les sociétés closes, où étouffaient les Européens du rang, se manifestaient rarement conviviales. Cela n'empêchait pas les prêcheurs de toutes obédiences d'exhorter impérieusement leurs citoyens à célébrer un Souverain Bien, censé flotter sur leur misère, comme un Avenir Meilleur, une Cité de Dieu ou un soleil ésotérique. Multiples les thérapies, innombrables les ascenseurs s'élevaient en direct vers le firmament, à charge pour l'éternel féminin, ô Goethe ! ou pour le Sage, le Héros et le Saint, ô Bergson ! ou pour le Militant, ô London, ô Zola ! ou pour le militaire, pour le curé de paroisse... de convertir l'humble troupeau et le « tirer vers le haut ».

Même les plus allumés d'entre les révoltés participaient au consensus. Ils contestaient une planète désertée par ce bien commun, dont ils mettaient en cause l'existence mais pas l'exigence. Nietzsche pense à « six mille lieues au-dessus de tout lieu habité », dans les lointains des lointains se profile le surhomme, capable d'en finir avec l'éparpillement conflictuel des valeurs qui attriste notre pauvre « patrie des pots de peinture ». Les révolutionnaires font rendre l'âme à un monde sans âme au nom de l'homme nouveau et du bonheur universel, ce qui revient au même. Les sulfureux, du genre Bataille, Lawrence ou Miller, se vantent de rejeter in extenso les règles de morale ordinaires, mais ils se réclament des extases collectives, voire des messes noires où chacun communierait avec tous dans son humanité extraordinaire, bestiale à l'occasion, mais une et indivisible toujours. La sanctification de la putain n'est pas moins édifiante et pie que celle de la Vierge. Elles se répondent en reflet. Madame Edwarda, c'est Bernadette inversée.

Tel le bien-pensant, qu'ils se donnent pour mission de choquer, l'immoraliste et l'iconoclaste souscrivent au postulat, unanimement accepté, d'une révélation à double fond. Elle ne pose sa question que pour introduire la réponse. Je suis un salaud, à peine reconnue la faute est à demi pardonnée. Plus le constat déchire, plus la consolation est proche. La bonté, dont je déplore l'absence en moi, il faut bien qu'elle m'investisse puisqu'elle me fait problème. Le sentiment de l'imperfection suppose la prévalence d'une exigence de parfait. Quand bien je m'enfermerais, entêté, dans ma volonté mauvaise, le systématique de mes outrances et outrages, l'acharnement à vouloir choquer se laissent déchiffrer, à contre pente, comme l'hommage suprême du vice à une vertu qui l'obsède. Le marquis de Sade a besoin de Dieu pour l'abominer. S'il n'y croyait pas, le transgresserait-il ? Brodant sur ce thème, toute une époque estima que le désordre n'est perçu que sur fond d'ordre. Le chaos se déduirait des figures de l'harmonie, toute vision du laid et du faux tirerait sa cohérence et sa référence d'une intuition du beau et du sacré. Pour penser le mal il faudrait une idée du bien !

Rien là ne vaut indubitable. Ce type de retournement se retourne à son tour, à l'infini. Le père Karamazov, confessant ses péchés à qui voulait l'entendre, relevait illico combien ses aveux le rachetaient. Sa beuverie interminable renversait la preuve : votre bien, suggère-t-il, n'est que l'occasion de relancer ma passion de mal faire, un excitant morbide, rien d'autre ; à peine me suis-je reconnu mauvais, qu'aussitôt je m'innocente par une confession qui n'a pour but probable que de m'installer plus confortablement dans les actions perverses, en redoublant, par leur publication, leur éclat et leur efficace. Coupant court au cercle incessant d'un scrupule s'alimentant lui-même, l'humanisme du XXe siècle commençant trancha : il nous faut une idée de l'homme pour juger de l'inhumain. Il postula : rien de ce qui est humain ne nous est étranger. Et finalement décréta : rien de ce qui est inhumain ne nous restera propre. Les surdopés de la morale font irruption. Au présent ou au futur, constat ou projet, comment imaginer plongeon plus spectaculaire dans l'optimisme ?

Les âmes civilisées pénétraient en éthique comme les consciences naïves en religion. Elles se dépouillaient, à l'entrée du couvent, des oripeaux mondains et des inquiétudes qui motivèrent leur venue. La porte passée, le guichet fermé, elles oubliaient les tracas de la cité, les difficultés de s'y conduire et l'angoisse qui les avaient mises en mouvement. Elles jetaient l'ancre. L'homme nouveau n'a plus d'oreille pour l'ancienne fripouille qui le rêve.

Comment bien me conduire ? L'énigme se grave dans la crainte et la dépression. Pour commencer, j'ignore. Puis-je détenir la réponse ou dois-je en faire mon deuil pour toujours ? Que tout soit donné d'avance, ou qu'il n'y ait rien à deviner, la plaisanterie rebondit sur elle-même. L'interpellation suppose l'urgence. Quelque chose ne va pas, la proximité d'un malheur, qui laisse désarmé ou en plein désarroi, motive l'appel à un baume dont le manque rend misérable. Tout discours moral s'ouvre par un tour de prestidigitation, il fait allusion à une santé parfaite, dont l'absence éclate, mais qui ne passe pas pour chimère, sinon l'extinction des feux de la moralité devrait être cyniquement et sur-le-champ prononcée : comment chercher ce qu'on est certain de ne pas trouver ? Ce paradoxe – ne savoir que faire en sachant que faire se peut – l'humanisme optimiste le relègue comme un exercice propédeutique pour classes préparatoires. Lui, il s'installe dans un enseignement supérieur qui sait de quoi il parle et où il va : il y a un Bien, pas seulement propre à chaque sujet moral, mais à portée de leur ensemble, il est donc universel ou universalisable. Les grandes croyances véhiculent une espérance insubmersible vers les rives d'une félicité longtemps hors d'atteinte.

L'humanisme belle-époque se flatte de redoubler la Bonne Nouvelle religieuse par une Heureuse Information épistémologique. De l'Idéal commun, il garantit, outre l'existence, la connaissance possible. Il ne lui reste qu'à prôner le passage à l'acte : la transformation du monde sera éthiquement décisive, si elle accomplit les modèles de sagesse que la philosophie se bornait à contempler et la religion à poursuivre. Prenant l'esprit à la lettre et la promesse au mot, accablé de bonnes résolutions, ce siècle inaugura diverses « réalisations », inscrivant dans la chair du quotidien les programmations de textes en vogue. Homais, adepte d'eugénie biologique, versé en économie politique ou féru de théologie, milita, opéra, trancha. Ses œuvres se terminent en exécutions; sa folie grammairienne ravage derechef; la conviction de sauver l'humanité s'investit dans des entreprises de meurtres. Petits sont les Landru qui travaillent pour leur bon plaisir. Grands seront ceux qui, pour le bonheur des peuples, les Lénine, les Staline, les Hitler, et tant d'autres depuis, pouponnent et pomponnent les planètes radieuses d'après-demain. La volonté du bien général devient un multiplicateur du mal. Elle étend le dérapage personnel au collectif, et crève les plafonds de l'abomination.

Les fidèles religieux réservaient à la fin des temps la descente espérée d'une Jérusalem céleste, illuminant les hommes et balayant le désastre des Babylone terrestres. On nomme traditionnellement apocalypse une révélation à deux faces où le triomphe du mal anticipe le règne d'un bien infini. Interpréter le néfaste sous bénéfice d'une sous-jacente connaissance salvatrice revient à se poster en biblique Apocalypse. Chaque jugement moral particulier devient une séquence du jugement dernier, qui sépare le mal dans son ensemble du bien dans son intégralité. Les multiples versions – mystiques, athées, scientifiques, sensualistes, surréalistes – d'une pareille prétention à bien voir parce qu'on voit le bien, s'entrechoquent, d'autant plus radicalement qu'elles s'avèrent inaptes à remettre en question l'enjeu qu'elles se disputent. Les différentes idéologies, qui déchirent la planète, se croient toutes à l'heure de l'explication radicale. À l'ultime session du Tribunal de l'Histoire, elles pénètrent parties et bon public pour s'y couronner juges sans appel. Devenir Dieu, Sartre croyait déceler en chacun cette encombrante passion, attribuée, à tort, au Grec, au chrétien d'antan, au Papou, mais qui définit justement la pulsion humaniste de son époque. Dressé sur les cothurnes de sa présomption, supposant savoir ce qu'il en est de l'homme, disposant à sa guise des foudres du Bien, du Beau, du Vrai, les Jupiter de l'actualité travestissent les querelles de familles idéologiques en autant de combats divins et titaniques, leur ridicule pompier n'a pas échappé à certains poètes : « Supprimer l'éloignement tue. Les dieux ne meurent que d'être entre nous. » (R. Char.)

Diffusée, multipliée, l'outrecuidance humaniste s'administra de méritées corrections. L'admiration inconditionnelle portée à soi-même exigeait la capitulation sans condition d'un autre, enflammé d'un égal amour-propre. La France éternelle disputa à l'Allemagne immortelle le flambeau de la civilisation. La Première Guerre mondiale fit perdre à l'Europe éclairée le ramage de son éternité. Valéry célébra la retombée de l'ivresse, « Nous autres civilisations savons désormais que nous sommes mortelles ». Il n'osa pousser l'insolence jusqu'à interroger par quelle aberration et depuis quand sa civilisation s'était mise à faire la roue, persuadée d'être immunisée contre Thanatos. Il effleura la crise de la révélation humaniste, dont il fut l'un des derniers chantres. « Toute politique implique une idée de l'homme », s'exalta-t-il, loin de soupçonner combien l'idée de l'homme arrose d'hémoglobine les débats et combats qu'elle allume.

Mortelle et meurtrière, homicide et suicidaire, l'Europe se trouva brutalement confrontée à un type de révélation désolée, que le programme optimiste n'avait pas escomptée : « La guerre, la révolution en

Russie et la misère dans le monde entier m'apparaissent comme un déferlement du mal. C'est une inondation. La guerre a ouvert les écluses du chaos. Les échafaudages qui soutenaient extérieurement l'existence humaine s'effondrent. » La confidence de Kafka, sa référence au déluge biblique soulignent a contrario que le désastre est d'autant plus ample qu'il paraît sans consolation, ni leçon, ni correction. Les démons ne se reposent pas le septième jour. La décrue occasionnelle ne s'amorce pas définitive. La guerre se revendique plus vraie que les paix qui viennent l'interrompre. Elle continue dans les têtes, en attendant de reprendre dans la réalité. Elle attise la braise des bûchers mal éteints. Devenue le pain quotidien l'apocalypse s'est coupée de sa moitié édifiante. Babylone s'éclaire des flammes qu'entretiennent ses incendiaires. Nulle lumière d'outre-nuée n'équilibre la catastrophe. Jérusalem est invoquée pour faire monter la fièvre et lancer à l'assaut du ciel un essaim d'autodafés.

Équilibrer l'optimisme d'avant 14 par le pessimisme qui suivit, c'est glisser superficiellement sur l'aventure qui remua l'Européen de fond en comble. Dans les plateaux de la bascule, les joies et les misères ne sont pas seuls à changer, mais les poids, le système de mesure, la balance et le peseur. Rien n'est comme avant et surtout pas le sentiment d'être. L'humanisme ne perd pas uniquement ses inclinations euphoriques, mais le régime général de ses révélations. Impossible de surbordonner le mal à un bien dont il serait la déchirure, le défaut, la défaillance. Le malheur et le crime se montrent nus, par eux-mêmes, sans renvoyer à une vertu qu'ils dévorent en surface et en profondeur. Au point qu'on se demande si la pureté des qualités européennes ne fut pas factice et leur existence pure illusion. « Que de mal fait au nom du bien ! Que d'abêtissement sous couleurs de progrès intellectuel ! Que de ruines sous la marque de l'essor ! On le voit dès maintenant très clairement, la guerre n'a pas seulement déchiré et brûlé le monde, elle l'a aussi éclairé. » (Kafka.) Notez : « On voit. » Le soleil baignait la Cité platonicienne de chaleur et de lumière. Dans la cité du XXe siècle, l'incendie mondial a pris sa place. Il démystifie, donne à voir, bronze, consume les caractères et trempe l'intrépide aux yeux grands ouverts. Présence du mal, présence au mal, la chute des anges, inconsolable, s'élève horizon des horizons.

Certains vocables butent sur le style nouveau de la révélation et leur charge sémantique bascule. De bons esprits, quelque peu antiquaires, déplorent qu'oublieux de leur acception traditionnelle le vulgaire en use presque à contresens. Ainsi « Apocalypse ». Le mot s'installe dans un rapport de synonymie complexe avec « catastrophe », pour autant qu'apocalypse désigne, en même temps que le désastreux, sa désoccultation. Lorsqu'on l'attend au sens biblique, l'Apocalypse déçoit. Elle ne dépasse, ni ne surmonte, transfigure ou sublime la lumière crue exhalée des charniers ambiants. Prise au sens que lui confère la douloureuse actualité, l'apocalypse respire « l'honneur cruel de décevoir » (Char).

Tandis que Tchernobyl flambe à Pâques et embrase les télés de la planète, le Christ ressuscité manque l'appel hertzien. Bien que le moment rédempteur brille ironiquement par son absence, la révélation cathodique demeure « catholique », au sens, cette fois, précis et étymologique : elle touche à tout, elle modifie le rapport au tout. L'événement dépasse le cas des petits oiseaux et des déchets imputrescibles, auquel les écologistes de luxe limitent l'essentiel de leurs soucis. Publiée, l'explosion de la centrale atomique projette son jour sinistre sur la réalité soviétique entière. Sortent de l'ombre les multiples purulences produites, entretenues et dissimulées par soixante-dix communistes bougies d'industrialisation parfaitement barbare, ensauvagée sous une bureaucratie policière et impitoyable. Nature; rapports sociaux, individuels, humains; corps, âmes, rien qui n'ait été dévasté. Depuis ces Pâques nucléaires, la Glasnost, « transparence », « publicité », vole de ses propres ailes et la clameur de son « tout va mal » ne se laisse guère couvrir par la trompette officielle qui sonne, inlassable, l'heure d'une « perestroïka », « restructuration », où « tout ira de mieux en mieux ». Il faut lire l'Apocalypse biblique à rebrousse-courant, l'évidence du mal se montre d'autant plus irréfutable et sidérante qu'aucune issue, réciproquement fulgurante, n'en amortit le choc, ni n'en transmue les affolantes conséquences. Dans l'Empire du socialisme réel, Tchernobyl réveille et redouble une fois encore l'effet de vérité de 14-18.

Une secousse tellurique affecte les rapports de l'Européen avec son milieu, ses proches, lui-même. Les repères vacillent, les statues et les gloires sont déboulonnées, les convictions se fragilisent. « Nul homme, à moins d'être un mort-vivant, ne peut se sentir à l'ancre en cette vie. » (Char.) Tels événements font avènements. Simultanément, ils produisent des effets considérables et les conditions de possibilité de cette considération. En eux, la catastrophe s'offre auto-illuminante, elle est index sui, telle la vérité selon Spinoza. Elle assène et les preuves cruelles de son existence et l'existence de sa preuve (et l'épreuve de ses preuves). Elle s'organise expérience intégrale, ouragan et spectacle de l'ouragan, action et perception. Ces cataclysmes sont « mondiaux » au sens où les grandes guerres du siècle apparurent mondiales.

Il semble surprenant, inconvenant, absurde de supposer que des combattants aussi acharnés à s'anéantir puissent, sans mystification, appartenir au « même monde ». Dans son acception traditionnelle, depuis Platon, le « cosmos » désignait une harmonie liant ciel et terre, dieux et hommes par « l'amitié, le respect de l'ordre, la modération et la justice » et qui s'oppose au désordre et au dérèglement (Platon, *Gorgias*, 508a).

En ce sens, la lutte à mort intra-européenne, puis planétaire, paraît moins guerre à l'intérieur d'un monde que guerre des mondes. Chaque partie exclut « sans condition » le cosmos de l'adversaire. Du coup, les guerres sont, comme les grandes catastrophes, mondiales par négation ou défaut. Elles font planer sur tous les camps un risque d'anéantissement général, qui ne laisse intact aucun univers particulier. L'ensemble mondial prend ainsi un sens nouveau de Non-Monde, il réunit – non plus autour d'un bien commun, mais d'un danger partagé – des êtres enragés à creuser entre eux des abîmes qui menacent de les engloutir : tous frères en vulnérabilité.

La nouvelle apocalypse détruit sans réconstruire. Le bourgeois d'avant 14 s'hallucinait citoyen d'une Terre ferme et définitive. Aucun accident grave n'aurait dû troubler l'accomplissement d'une civilisation parvenue à son sommet, à ses fins et au repos sabbatique : « L'attitude inconsciente de l'Anglais victorien à l'égard de l'histoire fut celle de quelqu'un vivant complètement en dehors de l'histoire. Il tint pour acquis – sans que rien ne l'y autorisât – qu'il se tenait, lui, en *terra firma*, assuré de ne pas être roulé par le fleuve du Temps qui avait emporté tous ses fils moins privilégiés. Dans cet état privilégié où il se supposait, lui, émancipé de l'histoire, l'Anglais victorien regardait avec curiosité, condescendance, et une nuance de pitié, mais sans aucune appréhension, le spectacle des habitants moins fortunés d'autres lieux et d'autres époques en train de se débattre et de sombrer dans le torrent de l'histoire – tout à fait comme dans certaine peinture italienne du Moyen Âge, les élus se penchent sur la balustrade du Ciel pour regarder complaisamment les supplices des damnés dans l'Enfer. » (Toynbee.)

Un sentiment d'aussi haute sécurité effleure d'autres vieux enfants, un siècle plus tard. Le mur de Berlin sitôt abattu, les clairons de la « fin de l'histoire » saluèrent la fermeture du temple de Mars. À Washington, dans les coulisses de la Maison-Blanche, un hégélien expéditif accouchait le règne définitif de la Raison. À Hambourg, le directeur d'un grand hebdomadaire, Augstein, signalait, dans son éditorial du 1er janvier 1990, que l'histoire se coupait en deux : d'Alexandre le Grand à la chute du Mur fut la période des guerres; depuis Gorbatchev et pour les siècles des siècles la paix règne et régnera. Pas de chance! Le 4 janvier 1991, la couverture du même *Spiegel* titrait : « Avant l'enfer », évoquant la guerre du Golfe, Dante, Hitler et la bataille des gaz. En un an et cinq semaines, l'histoire « finie » recommençait sa course! Nous étions expatriés des félicités éternelles et retombés sur le cul en compagnie d'Alexandre. Miracle proche de celui qui bouscula un jeune professeur d'Oxford enseignant, en 1914, l'histoire antique et découvrant « tout à coup » que la guerre du Péloponnèse n'évoquait pas un lointain passé, mais l'avenir de sa génération. Août 14 « faisait un nonsens de la notation chronologique qui classait mon " monde " comme moderne et le monde de Thucydide comme " antique ". Quoi qu'en pût dire la chronologie, il était maintenant établi que le monde de Thucydide et le mien étaient philosophiquement contemporains » (Toynbee).

La morale traditionnelle s'accommodait d'être partiellement et provisoirement suspendue en cas de conflit. Une fois la tempête calmée, le fleuve des cruautés humaines retrouvait son lit et les civilités, un instant délaissées, gouvernaient à nouveau les relations ordinaires. Trucider son prochain vaut médaille sur les champs de bataille et peine capitale par temps cléments. Nul n'a jamais ignoré que la violence belliqueuse renverse les valeurs, mais chacun supposait que la paix fermait la plaie et rétablissait les conventions morales tenues pour naturelles. Le régime nouveau de l'apocalypse d'après 14 perturbe cette alternance tranquille. Bien qu'il tente, sans cesse, de l'oublier, l'Européen soupçonne que l'ordre et le chaos ne se laissent plus séparer en deux sphères étrangères l'une à l'autre. Toute civilisation, remarquait Toynbee, est exposée à des dangers multiples qui se condensent en deux maladies mortelles, la dissension civile et le conflit extérieur. La nôtre se condamne à vivre en permanence dans la proximité de tels périls.

Les guerres anciennes étaient menées en vue des paix promises. Les paix modernes vacillent dans l'horizon des guerres possibles : « Les effets sociaux de la méchanceté individuelle n'ont pas été abolis par les récents et sinistres progrès de notre " savoir-faire " technique, mais celui-ci n'a pas été non plus sans effet sur eux. N'ayant pas été abolis, ils ont été énormément amplifiés, comme le reste de la vie humaine, par rapport à leur puissance physique. La lutte des classes est maintenant devenue capable de désagréger irrévocablement la société, et la guerre d'annihiler entièrement la race humaine. Des maux qui jusqu'ici avaient été simplement pénibles et cruels sont devenus intolérables et mortels; et notre génération, dans ce monde occidentalisé, se trouve confrontée avec une alternative que les éléments dirigeants des sociétés passées avaient toujours pu éluder – invariablement avec d'affreuses conséquences pour eux-mêmes, mais pas au prix extrême de conduire à sa fin l'histoire de l'humanité sur notre planète. » (Toynbee.)

Le méchant éliminé et la période des troubles close, tout doit redevenir comme avant. Rétablies dans leurs droits, les morales traditionnelles gouvernent les paix intérieures et extérieures. Telle est la promesse des rois shakespeariens, après le carnage. Elle est d'autant plus théâtralement ambiguë que bruit déjà le prochain tumulte. Elle court dans les allocutions victorieuses de la Première Guerre mondiale. On la retrouve sur les lèvres qui négocient, à Yalta, la fin de la seconde. Elle inspire les télex qui encensent le dernier président prestidigitateur, sortant la blanche colombe de son chapeau étoilé. La crédibilité d'aussi dérisoires programmes tombe en dessous de zéro, bien que le citoyen du XXe siècle ne soit ni plus méchant, ni plus lucide, que ses collègues des millénaires passés.

Il n'y a pas lieu d'incriminer une technique, qui, loin d'être démoniaque, se borne à cumuler, amplifier et multiplier ses effets. Des conséquences fastes : le genre humain pourrait disposer, science aidant, d'une nourriture suffisante. Des néfastes : l'humanité peut, à grande vitesse technologique, intégralement disparaître. Développement des forces productives, extension des forces destructives vont de pair ; il s'agit des mêmes sources d'énergie et d'identiques ingénieries. Le pouvoir est, indivisiblement, d'entretenir la vie et de propager la mort. La nouvelle puissance technologique ne rend pas l'homme moins ni davantage moral, elle met en difficulté son hypocrisie. La tant célébrée « accélération de l'histoire » ne signifie nullement que notre contemporain « avance » plus vite – vers où, grands dieux ? – mais que naguère nous supportions dans la succession ce qui, aujourd'hui, se donne dans la simultanéité. Guerres et paix se suivaient et s'excluaient; ce jour, elles s'interpénètrent et s'impliquent.

Longtemps, tout ordre moral demeura garanti par le coup de sifflet clôturant la partie. Dans la vie individuelle, comme dans l'aventure collective, existent, nul ne l'ignore, des zones d'ombre et d'extase où les règles habituelles disjonctent. Invasions, soulèvements, épidémies provoquent des carambolages de valeurs, dont la peste d'Athènes figure le paradigme : « Devant le déchaînement du mal, les hommes, ne sachant que devenir, cessèrent de respecter et le divin, et l'humain. C'est ainsi que furent bouleversés tous les usages observés auparavant... » (Thucydide.) La moralité publique exige qu'on circonscrive soigneusement les situations paroxystiques, auxquelles elle ne saurait répondre. Charivaris, Dionysies et carnaval sont les versions souriantes du même type d'exceptions. Dans une société moderne, les frontières deviennent poreuses et indistinctes entre le présumé normal et le prétendu pathologique.

L'innovation suppose la destruction, la libre circulation des idées et des images véhicule la licence, le pouvoir de faire enveloppe une incoercible faculté de défaire. La convention a beau séparer à la hache forces du Bien et forces du Mal, elles croissent dans un unique et irréversible vertige. La dynamique, baptisée progrès par l'humanitariste impénitent, fait sauter les serrures les plus hermétiques et les partages les mieux établis. Voilà quelques centaines d'années, les moralistes classiques soulignaient : « Plaisante justice qu'une rivière borne ! Vérité au-deçà des Pyrénées, erreur au-delà. » (Pascal, *Pensées*, 294.)

Les constats relativistes ne tirent pas à graves conséquences tant qu'un bien collectif subsiste ; faute de se réclamer d'un absolu, il affiche son mérite d'exister et partant son droit au respect des sages : « Je suis chrétien comme périgourdin. » (Montaigne.) Dès que les biens matériels et les produits spirituels circulent sans frontières et quasi instantanément, les hautes montagnes ne protègent plus la pérennité des conformismes. Et le Périgourdin qui perd ses racines entre en dépression.

L'apocalypse 14-18, première mais non dernière du genre, n'éclate pas comme l'éclair dans un ciel serein. Elle parachève l'expropriation des jardins de moralité, où chaque peuple campait jalousement, sertissant ses aires géographiques de murailles culturelles et de fossés religieux. Il n'est plus d'arbitre pour trancher : hier la guerre, aujourd'hui la paix, à droite le bien, à gauche le mal ou réciproquement. Coiffées de leurs pylones hertziens, les Pyrénées participent de la communication générale ; lieu de transit, de passage, de vacance et de rendez-vous, la neige éternelle devient piste de ski et ne garantit plus la morale des uns contre celle des autres.

On attendait l'universalité par en haut, du côté des valeurs suprêmes enfin unifiées sous le soleil de la Raison et des cœurs, elle s'insinue, à l'improviste, par la porte de service. À moins qu'elle ne remonte des égouts. L'histoire, censée nous réunir et rédimer en s'accomplissant, saisit par sa face grimaçante. Elle nous fait communiquer et communier dans ses poubelles. Si des peuples, en fin de siècle, parviennent à planétariser leurs expériences, ils échangeront le compte rendu de leurs exactions et les récits des tortures subies, plutôt que de vouloir imposer, par le fer et le feu, l'idée particulière d'un paradis général, que chacun décrit à sa chacune les soirs de grande ivresse. De même que l'économie de l'Occident fait circuler les marchandises, sa démocratie les opinions, ses ondes les images, les nouvelles apocalypses véhiculent, tous azimuts, les fulgurations contemporaines de la haine, de la souffrance et de la destruction.

L'humanisme béat tourne, dans ces conditions, à la morale fiction et à la pratique illusoire. Vivant, jadis, sa « belle époque », il dissimulait le mal, refoulant les horreurs qui le placent en touche. Les marges du monde civilisé et les caves obscures de la bonne société camouflaient impolitesses et incongruités. Submergé désormais par la saleté du temps, le bon homme doit simuler le Bien. Malaises, maladies, malfaisances ne se laissent plus cantonner et ignorer. Les cancers de l'âme et des relations humaines dispersent des métastases dans les idéaux les plus délicats. Comment se pavaner encore dans l'éclat diminué des bonnes intentions que la conscience nous rappelle douteuses et que l'actualité prouve contre-productives ? Puisque les évidences du mal chassent celle que l'humaniste prêtait au Bien, une seule solution : feindre ! et l'optimisme sera sauvé. Faire comme si le bien des apocalypses religieuses existait indubitable. Faire comme si, le savoir en étant acquis, on pouvait statuer du juste et du parfait. Faire comme si tout le monde allait faire comme si. Faire comme s'il n'y avait rien d'autre à faire. Nous touchons à bon port ! Jetons l'ancre ! C'est gagné ! Il faut croire : parce qu'il n'y a pas d'autre salut, à preuve la désolation ambiante. Il faut espérer : sinon c'est désespérant. Il faut retourner aux valeurs anciennes car les nouvelles font défaut. Il faut... Il faut... Il faut... Douce ou dure, élaborée ou naturelle, religieuse ou athée, quelle thérapeutique se priverait d'un aussi brillant argument de vente ? En fait il ne s'agit plus de publicité mensongère, mais de publicité pour le mensonge. On n'appelle qu'à faire semblant.

À la fin du XIXe siècle, les bourgeois nantis vivaient bien dans le bien et leur sentiment n'était pas feint : « L'auteur du Xe chapitre du Livre de Josué était en tout cas conscient de ce qu'un arrêt du temps était quelque chose d'extraordinaire. " Il n'y eut aucun jour comme celui-là, ni avant, ni après, où le Seigneur ait exaucé la voix d'un homme. " Pourtant les Anglais de la classe moyenne de 1897, qui se considéraient comme des rationalistes d'un âge scientifique à la Wells, tenaient leur miracle imaginaire pour acquis. En le voyant, ils crurent que leur histoire était achevée. Elle était arrivée à son terme pour les affaires étrangères en 1815, avec la bataille de Waterloo; pour les affaires intérieures en 1832, avec le Bill de la Grande Réforme; et pour les affaires générales en 1859, avec l'écrasement de l'Insurrection des Indes. Et ils avaient toutes les raisons de se congratuler de l'état permanent de félicité que cet achèvement de l'histoire leur avait valu. " Ma possession m'est échue dans des lieux agréables, et j'ai un très bel héritage. "

« Cette hallucination des Anglais *fin de siècle* de la bourgeoisie semble pure folie, et pourtant elle était partagée par leurs contemporains des classes moyennes des autres nations occidentales. » (Toynbee.)

Les progressistes français commémoraient des dates différentes. Les hégéliens allemands d'autres encore. Mais ils partageaient avec leurs cousins victoriens le sentiment exaltant d'émerger hors du temps en même temps, puisque l'histoire trouve sa vérité à l'instant où elle touche sa perfection. « Elle respire l'écume de sa propre éternité. » (Hegel et Schiller.) Pour s'adjuger l'omniscience et l'omnipotence d'une semblable apothéose, il fallait l'âme du Christ, la poigne de César et le contrôle d'un Platon collectif. Tandis que l'Européen discipliné brûlait, façon Bergson, un cierge au héros, au sage et au saint de son calendrier intérieur (qu'il souhaitait unifié à l'almanach du voisin), guerres et crises renversaient la hiérarchie des évidences. Quand les maux prospèrent l'innocence des bons sentiments se dissipe. L'humaniste bétonnait son optimisme à feindre l'inexistence du mal, il ne lui reste plus qu'à simuler l'existence du bien.

Est-il possible de faire semblant sachant qu'on fait semblant ? Une naïveté artificielle, donc artificieuse, va-t-elle fonder l'euphorie éthique avec l'assurance d'antan, celle de la naïveté sincère ? Inculquer une croyance en mimant les postures de la croyance, même sans y croire, n'a rien d'original, ni d'impossible. « Agenouille-toi et tu croiras. » À condition que le savoir de ce qu'on fait ne soit pas antinomique avec la tâche qu'on s'assigne. Il faudrait que les moyens ne dévorent pas les fins, que celles-ci ne contredisent pas ceux-là ; les procédures, de surcroît, ne devraient pas mutuellement se paralyser, ni les objectifs se combattre. En clair : le Bien, le Beau, le Vrai, il nous les faut non seulement repérables, mais en harmonie. Pas de conflit des dieux ou des valeurs suprêmes ! Pas de fossé entre les territoires de l'action et les cités idéales qui hantent l'intention ! Autant de vœux pieux mis à mal par l'expérience du réel, le siècle montre, par mille fois, aux individus et aux foules, comment une bonne intention se retourne en mauvaise action, quand le cours tordu des choses pervertit l'élan des vertus rectilignes.

Faire, en connaissance de cause, semblant, lorsque le savoir débusque lucidement ce qui ne va pas, tandis que le faire s'acharne aveuglément à faire aller, revient à se payer de mots. Puisque le fruit de la conscience pure abrite le ver de l'intelligence impure, l'humaniste à l'ancienne est condamné à mettre en scène sa propre théâtralité. Il joue la comédie et pressent qu'il la joue. Réduit aux faux-semblants, il n'a rien d'autre à espérer que s'abuser lui-même, en spéculant que les autres s'abuseront sur son compte. Ombre dans un miroir d'ombres, il prend la pose, il se maquille. Homme tournant dans le cercle vicieux de ses évanescences, il tente d'oublier le savoir de l'inhumain qui dégonfle tant de fantômes bâclés à la six-quatre-deux. L'humaniste visite, par effraction nocturne, les salles du musée dont il a la surveillance.

Il troque son uniforme de gardien pour les tenues d'apparat d'un glorieux autrefois au-dessus de tout soupçon. La nuit qui l'entoure inocule, malgré lui, ses scrupules : des grandes figures qui le hantent, il ne sera jamais le clone, seulement le clown. Que les humeurs bénévolentes s'assoupissent dans la bonne opinion qu'elles professent d'elles-mêmes. Plus elles gesticulent, plus elles reposent en paix. Requiescat in pace ! Pareil décès, sous overdose de valeurs positives, ne laisse pas d'intriguer : toute morale n'est-elle que l'opium des bien-pensants, ou peut-on encore faire face aux méchancetés du moment sans s'intoxiquer en sniffant les effluves de sa propre perfection ?

II

Les nouvelles apocalypses

« Comme on aimait en Dieu, je vis dans la guerre », confie Marcel Proust. En une phrase, tout est dit. La guerre est une révélation devenue, pour l'Europe de cette fin de XXe siècle, aussi forte, décisive, bouleversante que la révélation divine. Quel est ce révélé tout à coup hégémonique ? Davantage que le tapage militariste du vieux Mars dans les haut-parleurs des nouvelles techniques. Bien autre chose que les sempiternelles sanctifications des champs de bataille. Plus grave : la guerre succède à Dieu comme révélation centrale. L'astre du bien, censé éclairer les cités européennes depuis Platon, s'occulte. Un soleil noir creuse sa place et laisse tournoyer les peuples dans l'espace ambigu de son attraction-répulsion. Bien avant que n'apparaisse la dissuasion nucléaire – qui manifeste une vérité plus vieille qu'elle – l'intelligence européenne flaire que, désormais, toute action d'envergure, chaque engagement quelque peu fondamental suppose une politique du bord de l'abîme. Attentivement, religieusement déchiffrée, la formule de Proust annonce l'impitoyable déchristianisation de l'Europe, dont les augures se demandent encore si elle va stopper ou si, parvenue en fin de course, elle décélère. La foi ancestrale, s'éloignant dans l'anonymat (« on aimait en Dieu »), cède devant la nouvelle épreuve du feu où Je s'expérimente Je tandis qu'il tente d'assumer le chaos. « Je vis dans la guerre. »

L'initiation prit son temps, plusieurs générations. La guerre prolonge indûment son effet par un bouleversement interminable. Les inquiétudes, efforts et soupirs des personnes soucieuses de moralité végètent frappés d'inanité publique et privée. Le statu quo ante des sentiments et des bienséances n'est pas rétabli, c'en est fini de l'épargne et de l'accumulation, vertus cardinales des bourgeois d'avant. Le riche du XIXe siècle vivait en famille et à long terme, il se perpétuait en ses enfants et s'éternisait dans son capital. Il s'instituait capitaine de la bourse, roi du rail et maître de forges, parce qu'avant tout dominateur du temps. Dans le reflet de la grande hécatombe, il se découvre éphémère, comme son ouvrier : « La guerre a dévoilé à tous la possibilité de la consommation et à beaucoup l'inanité de l'abstinence... Les classes laborieuses peuvent ne plus vouloir pratiquer un si large renoncement. La classe capitaliste, ayant perdu confiance dans l'avenir, peut chercher à jouir plus complètement de ses possibilités de consommation tant qu'elles dureront... » (Keynes, 1919.)

Les conditions du partage des revenus et de l'édification des fortunes ont été chamboulées. Keynes diagnostique une encore invisible « société de consommation ». Lénine, une fois n'est pas coutume, salue la pertinence de cette analyse « bourgeoise ». Il prophétise, pour sa part, que le siècle sera celui « des guerres et des révolutions ». Les deux pronostics se révéleront adéquats. L'Européen a intériorisé Verdun, il sait qu'au « long terme, nous serons tous morts » (Keynes), il flambe en conséquence.

Tant qu'une société récupère après coup ses équilibres et ses hiérarchies, elle admet l'associale socialité du guerrier. Elle lui assigne un temps symbolique – celui de l'adolescent chasseur-combattant. Un espace – la zone frontière où l'intérieur et l'extérieur s'interpénètrent. Un code – avec ses modes d'enclenchement, de terminaison et d'effectuation des relations hostiles. Toutes les grandes nations paraissaient avoir traversé et surmonté l'épreuve, à quelques mutineries près. Quatre longues années, l'endurance du « poilu » et la relative cohésion de l'arrière démontraient combien le sens du devoir, le patriotisme, la discipline réglaient les passions belliqueuses, négociaient les révoltes et dominaient l'explosion des paniques. Malgré l'humiliation et les détresses d'une cuisante défaite, l'Allemagne récupérait rapidement et un début de prospérité semblait six ans plus tard démentir les sombres prédictions. Cicatrisation illusoire, à la première crise, en 1929, le trauma du cataclysme définitif s'avéra plus obsédant que jamais, et « la grande dépression » économique fut vécue dans la mémoire incandescente d'une guerre incendiaire. *À l'Ouest rien de nouveau*, le roman de Remarque, passait best-seller planétaire. Ce livre, dit son auteur, témoigne « pour une génération d'hommes qui, même s'ils ont échappé aux balles, ont été détruits par la guerre » (1929).

La tuerie des tranchées ravagea, à retardement, les esprits : neuf millions de morts, vingt et un millions de blessés et mutilés, pourquoi ? Pour quoi ? Le souvenir des églises universelles priant pour la victoire inconditionnelle de leurs ouailles nationales lancées contre d'autres peuples pas moins chrétiens ? Le rappel des partis « internationalistes » virant fer de lance des unions sacrées jetées à l'assaut les unes des autres ? L'ampleur du carnage ? Tant d'inanité noyait les objectifs, les idéaux et le supplément d'âme. Après s'être acharnée sur elle-même dans la confusion des champs de bataille, la vieille Europe explosait dans les têtes. L'ensemble des repères qui avaient permis au combattant de tenir en « enfer » se dissipèrent, quand son « à quoi bon ? » alla s'approfondissant. Le dressage de l'Européen d'hier avait soutenu l'effort de guerre, son éducation l'avait élevé au-dessus des privations et de la mort. L'absurdité du résultat rebondit sur les causes et l'acharnement des massacreurs massacrés signa « quelque chose de pourri », pour un Hamlet extirpé, pantelant, d'une tranchée française, allemande ou russe. « Au sortir d'une si grande folie », soupire Alain, guide philosophique d'une génération d'intellectuels et de professeurs. Il se fait l'écho involontaire de Trotsky, dont le costume de cuir fascinera plusieurs générations de militants, écœurés de civilisation : « L'Europe ressemble à une maison de fous et, au premier abord, il semble que ses habitants eux-mêmes ne savent pas une demi-heure à l'avance qui ils vont tuer et avec qui ils fraterniseront. [...] La monarchie, l'aristocratie, le clergé, la bureaucratie, la bourgeoisie, l'intelligentsia professionnelle, les maîtres des richesses et les détenteurs du pouvoir – ce sont eux qui sans relâche ont préparé les événements incroyables qui font qu'aujourd'hui, la vieille Europe " cultivée ", " chrétienne ", ressemble tellement à un asile de fous. » (Trotsky.)

En termes plus galants, les discours de distribution des prix distillent, avec Valéry, un parfum d'oraison funèbre. « ... Parmi toutes ces choses blessées est l'Esprit. L'Esprit est en vérité cruellement atteint... Il doute profondément de soi-même. »

Derrière l'invocation noble, et quelque peu éthérée, d'une crise de l'esprit, décelons les mentalités et les modes de vie creusés d'une fissure insuturable. La débâcle générale emporte, avec le civisme, les non moins ancestrales habitudes de table et de lit. Le plus élémentaire est aussi le plus profond. Les reins, le cœur, la tête vacillent. Ou lâchent. À l'école primaire et secondaire, le citoyen avait appris que la vie, comme les babouchkas gigognes, s'accomplit dans de successifs emboîtements : l'individu se consacre à sa famille, laquelle, si nécessaire, offre ses enfants sur l'autel de la patrie, servante à son tour de l'humanité. Chaque élément se dévouait à l'ensemble immédiatement supérieur, lequel lui donnait sens, puis fonctionnait comme part dépendante d'un englobant plus enveloppant. Les prêcheurs victoriens et edwardiens, les sociologues laïques ou religieux, de Comte à Durkheim, les professeurs kantiens et les artistes goethéens infligeaient à leurs émules de multiples versions d'une unique Bildung ou formation. Du grand au petit, de l'universel au privé, le tout contient la partie qui contient une autre partie et ainsi de suite, par successive singularisation. De haut en bas, de l'horizon le plus large au point le plus infime, descend le sens de la vie. En retour, l'existence élémentaire vivifie le sens, au nom duquel elle donne sa vie à l'heure de vérité.

Un individu, intégré au bon ensemble, prêt à se sacrifier pour lui, tel est la relation amoureuse que guerres et crises démolissent. Parce qu'elle a trop bien fonctionné quand tant d'existences s'exposèrent et furent fauchées dans l'espoir de faire sens. Il n'y a plus de bon ensemble. Le résultat global apparaît absurde. Les nations peuvent encore s'amuser à se rêver victorieuses ou trahies, mais l'humanité n'a qu'à compter ses morts et se demander si elle ne fait pas partie du nombre. Elle devient un ensemble paradoxal, analogue au casse-tête qui provoque la contemporaine crise des mathématiques. Qu'est-ce que la Société des nations, lorsque les nations s'avèrent capables d'extermination réciproque? L'ensemble risque de disparaître dans la collision de ses éléments. Le mythe d'un emboîtement sage et automatique ne tient pas. L'individu qui s'offre à sa patrie ne se voue pas ipso facto à l'humanité, il la gage en prime au bénéfice d'un égoïsme local chauvin ou xénophobe. L'ensemble de tous les ensembles se contient-il lui-même? Qui répond oui obéit et obtempère en amant fidèle et s'expose aux aveuglements passionnels. Qui rétorque non se retrouve citoyen d'une société des nations plus associales les unes que les autres, il ignore à quel idéal se vouer. Chaque élément se retranche de son ensemble et tente de jouer le jeu à part. Les nations se moquent de l'humanité, l'intérêt familial contredit l'intérêt national et l'aventure individuelle trahit les collectifs pourtant porteurs de sa possible gloire. Avant l'hécatombe, la violence s'affirmait au service de la civilisation, après s'érigent les innombrables monuments aux morts qui renvoient l'image d'une civilisation au service de la violence.

Quand parle-t-on d'une grande guerre? Lorsqu'elle ne passe pas. Lorsqu'elle dévore son après-guerre. Lorsqu'elle se mémorise plus définitive que les paix bâclées qui la prétendent éteindre. Lorsqu'elle reflue sur l'avant-guerre, mettant à nu, rétrospectivement, les nœuds de vipères tapis dans la fausse quiétude. Un événement aussi dramatique ne saurait surgir, sans souterrainement se présupposer. Son actualité n'épuise pas sa vérité; en amont, elle se repère en préparation; en aval elle laisse pressentir sa continuation. Puisque l'entredévoration fut possible une fois, elle l'est à perpétuité et l'a été depuis toujours. Les petites guerres se vivent dans l'horizon des magnifiques paix qu'elles prétendent sauver. La grande guerre inverse le rapport; elle mesure, à son authenticité cataclysmique, les plages calmes d'une histoire, dont l'insistante insécurité éclate. On ne comprend pas l'aventure des idées, des idéologies, des intellectuels, et finalement de l'Européen du rang tant qu'on ne la voit graviter autour de ce trou noir, où tout tombe, d'où tout sort, où tout revient. La grande guerre s'offre épreuve intégrale, elle submerge la vie quotidienne, confond le sacré et le profane. Elle s'approfondit guerre des âmes, des sexes, des classes, des races, des religions, enflammant les individus, les peuples, les continents, sans laisser pierre sur pierre ; elle piétine les temples, les monuments et les croyances sur lesquels les cités bâtissaient leur éternité. Si la planète s'embrasa comme jamais, ce n'est pas la faute à Nietzsche, Marx ou Rimbaud. Pas une de ces stars du concept et du verbe, évoquées et convoquées pour attiser un bouleversement déjà maître de la place, ne doit être accusée. Elles ne sont que symptômes, aucunement causes.

Si le poète, le penseur, le trublion se voit soudain arraché au cénacle étroit de ses rarissimes admirateurs, puis volé aux chapelles closes où l'on mâchonne sa mémoire dans l'intimité, si tout à coup des générations flamboyantes planétarisent sa figure, en fétiche, poster ou guide de l'humanité, il convient de ne pas s'abuser en invertissant les facteurs. Il n'a pas choisi, il a été choisi. Le besoin déchirant appelle une réponse, la demande crée l'offre et la magie des influences n'opère que sur le désir des influencés. La guerre fait penser autrement : on re-découvre des écrivains oubliés, négligés ; on les re-lit avec d'autres yeux et les réponses ressuscitées, suscitées ou inventées à coup de textes sacralisés, valent par les questions qui les précèdent et dont la boucherie profane impose le préalable. Toute histoire des idées, tout épouillage de tête célèbre, tout dépiautage de concept sur la vie et le monde tourne à vide, si l'on ne saisit pas la toile de fond, existentielle, sociale, matérielle, vitale, qui sous-tend la vie intellectuelle transcontinentale, pas seulement les débats les plus éthérés des cercles littéraires, mais les conflits idéologiques les moins académiques, où s'étripent des millions de collègues en inhumanité. La déferlante cruelle, née en 1914-1918, n'a cessé de ravager.

Parce qu'elle est incernable, la tourmente démoralise sans retour. En vain, les bons sentiments l'actualisent, exaltante ou horrible et la vaporisent en bouffées, pour ou contre, de message univoque, commémorable ou exorcisable à volonté. De prime abord réservé, le penseur ou l'écrivain n'entend pas se laisser distraire : « L'Art (...) est le véritable jugement dernier » (Proust), ni disperser dans son engagement et ses engouements. Une anecdote chasse l'autre; la patriotique, l'antipatriote, indifféremment. Tournant les talons aux logomachies officielles, à la « bêtise courante », à l'écume de niaiserie et au rayonnement de gloire, le mouvement de fuite proustien, loin de clore l'événement, l'ouvre à l'avènement de l'inouï :

1. Fin de monde : le conflit délivre un éphémère plus capiteux et définitif que l'éternel qui l'enchâssait. Exposée aux raids nocturnes, la capitale donne à contempler sa complète vulnérabilité : « ... Deux ou trois jours avant la victoire de la Marne, quand on croyait le siège de Paris imminent, je me suis levé un soir, je suis sorti, par un clair de lune lucide, éclatant, réprobateur, serein, ironique et naturel, et en voyant cet immense Paris que je ne savais pas tant aimer, attendant dans son inutile beauté la ruée que rien ne semblait plus pouvoir empêcher, je n'ai pu m'empêcher de sangloter. » (Lettre, mars 1915.) Fin mondaine d'un monde seulement, auquel succède un

autre, comme le clan tricolore de Mme Verdurin relaie la Belle Époque, où régnait le baron de Charlus ? Éclatement des mondes plutôt, souligne la référence appuyée à saint Jean. Les escadrilles ennemies « font apocalypse », les sirènes hurlantes appellent les Walkyries et *Le Crépuscule des dieux*.

Loin de se réduire à quelque vision émouvante et transitoire, le spectacle de l'éphémère s'installe en permanence et induit un retournement du système optique. Alors qu'auparavant tout néant semblait néant de quelque chose et qu'une destruction n'était qualifiée et évaluable qu'en fonction de la chose détruite, le regard écrivain invite à percevoir tout être dans l'éclat de sa disparition prochaine. Gilberte Swann, dans *Le Temps retrouvé*, apprend du narrateur que le pont sur la Vivonne a sauté, le « raidillon aux aubépines » et le champ de blé sont la cote 307 des communiqués militaires. L'histoire s'est emparée, pour les effacer, des lieux saints de la recherche proustienne, Méséglise, Combray, Tansonville.

À mesure qu'ils réémergent, auréolés de la mortalité des choses, paysages et personnages s'émancipent de la paix, qui les habillait d'une compacité harmonieuse mais fallace. L'après-guerre ne marque pas le retour à la normale, mais l'entrée en littérature ; le livre s'acharne à saisir un geste, un instant qu'aussitôt le temps abolit. L'écrivain anticipe le travail de la fin des temps. « Les fêtes remplissent ce qui sera peut-être, si les Allemands avancent encore, les derniers jours de notre Pompéi. Et c'est ce qui le sauvera de la frivolité. Pour peu que la lave de quelque Vésuve allemand (leurs pièces de marine ne sont pas moins terribles qu'un volcan) vienne les surprendre à leur toilette et éternise leur geste en l'interrompant, les enfants s'instruiront plus tard en regardant dans des livres de classe illustrés Mme Molé qui allait mettre une dernière couche de fard avant d'aller dîner chez une belle-sœur, ou Sosthène de Guermantes qui finissait de peindre ses faux sourcils... »

2. Dissolution du moi : une si cruelle révélation rebondit sur celui qui ne parvient pas à la transcender. L'Européen était entré en guerre pour la paix. Le jeune appelé se soutenait sujet d'un projet, une vie meilleure donnait sens à sa mort. Se cognant à la fin du monde, le revenant se découvre inutile. Il est transi par la pénible sensation d'un rêve tournant cauchemar, faute d'un avenir où s'inscrire, faute d'un univers à transformer, voire d'une réalité avec laquelle briser. L'ancien combattant se redresse contre les grandes phrases qui l'habitaient : « Le bourrage de crâne est un mot vide de sens... le véritable bourrage de crâne on se le fait à soi-même par l'espérance. » (Proust.) Le rescapé peut pester contre les journalistes, maudire les démagogues, injurier l'arrière et les planqués, blasphémer le système, il n'ignore pas que l'axe de l'effort et l'âme de l'offensive, c'est tout le monde et personne, autrement dit nul autre que lui. « La vérité c'est que chaque matin, on déclare à nouveau la guerre. Donc celui qui veut la continuer est aussi coupable que celui qui l'a commencée, plus peut-être, car ce premier n'en prévoyait peut-être pas toutes les horreurs. » (*id.*) Celui qui, par un « miracle de volonté », a tenu jusqu'au bout, a voulu l'enfer jusqu'au bout. En dernière analyse, le revenant ne peut s'en prendre qu'à lui-même. Il ne se retrouve plus. Il ne s'en sort pas. L'après-guerre est encore la guerre, parce que sans issue, sans absolution, le conflit rebondit en un moi-même qui devient pour lui-même soldat inconnu.

L'ébranlement est global, continu : « La guerre actuelle a tout bouleversé (...) et surtout l'idée de la guerre. » (*id.*) Il affecte, on l'a vu, le monde, le moi, mais davantage encore leur corrélation, cet être-dans-le-monde que l'avant-guerre avait réfléchi dans le pli où coexistent l'habitude pré-consciente et la volonté consciente. En un mot, que le baron de Charlus, évoquant la destruction de l'église de Combray et la cathédrale de Reims, emprunte à Barrès : la déflagration générale a « déraciné ». L'habitude qui stocke le passé et la volonté qui élit un avenir inscrivaient l'individu dans un milieu qui le dépasse; dépassé à son tour, l'englobant se découvre parfaitement insensé. « Dans ces querelles les grands ensembles d'individus appelés nations se comportent eux-mêmes dans une certaine mesure comme des individus. La logique qui les conduit est tout intérieure, et perpétuellement refondue par la passion, comme celle de gens affrontés dans une querelle amoureuse ou domestique... » (*id.*).

Les champs de bataille ont produit l'effet Proust, pas d'échappatoire, pas de collectif raisonnable, pas d'appuis. On se déshabitue comme le lecteur pris par le vertige de la *Recherche.* « L'habitude est un pacte signé entre l'individu et son environnement, ou bien entre l'individu et les excentricités de son propre corps... L'habitude est l'ancre qui enchaîne le chien à son vomi. » (Beckett.)

Instinct, habitude, volonté, chaque degré d'une bonne éducation récupérait sagement l'acquis antérieur et préparait une ascension, où peu à peu la nature humaine s'accomplissait comme appétition et perception, essence et conscience. Le mouvement bien huilé de sublimation, qui intègre l'inférieur au supérieur en le purifiant, capote lorsque la montée vers la lumière ne masque plus la descente aux ténèbres qui la double. « Si l'habitude est une seconde nature, elle nous empêche de connaître la première, dont elle n'a ni les cruautés, ni les enchantements. » (Proust.) L'empêchement de connaître peut être reconnu : le temps altère les êtres, la guerre casse le monde, ces deux révélations terminales de la *Recherche* n'en font qu'une. Archaïque et archéologique, initiale donc. L'église de Combray s'enfonce avec sa crypte dans une « nuit mérovingienne », où repose le tombeau d'une princesse franque. Son meurtre évoque, dès le début du roman, le long maillage souterrain des crimes accomplis dans le climat de sauvagerie, de liberté et de luxure familiers au lecteur d'Augustin Thierry et à l'amateur de Richard Wagner.

Que retrouve le narrateur dans Paris plié sous le feu ennemi, sinon le fantasme originaire, la remontée mérovingienne de la désintégration ? « L'insertion de la guerre dans *Le Temps retrouvé* dramatise la recherche du temps, car le monde dans lequel elle s'effectue est menacé d'anéantissement. Au cœur des pages rajoutées par Proust s'effectue la longue promenade nocturne, un soir de bombardement, et l'épisode de la maison des sodomites. On a retrouvé à Pompéi, dit Charlus, l'inscription révélatrice " Sodoma-Gomora ". Le lecteur sent peser sur Paris, qui abrite dans ses caves et labyrinthes les rites secrets des amis de Charlus, la menace du " grondement volcanique des bombes ". L'histoire devient source de tragique. » (Rieuneau.) Redoublant la boucle, la grandeur de la grande guerre livre son secret à superposer la scène primitive de la barbarie européenne et l'incandescence finale du *Ring* wagnérien.

On ne fait pas sa part à l'apocalypse nouvelle. Elle ronge de l'intérieur les cordons sanitaires qui doivent la cloisonner. À peine dénoncée collective et tohubohu de masse, elle ressort individuelle, dans l'expiration des identités personnelles. « Un être, disséminé dans l'espace et dans le temps, n'est plus pour nous une femme, mais une suite d'événements sur lesquels nous ne pouvons faire la lumière, une suite de problèmes insolubles, une mer que nous essayons ridiculement, comme Xerxès, de battre pour la punir de ce qu'elle a englouti. » (Proust.) Je, tu, il ou elle, ne savent plus où ils en sont, ils eurent lieu, ils n'ont plus de lieu. Aristote est mort en 1914, lui qui assignait à chaque être naturel une patrie, où la tendance se détend, où le mouvement s'achève et repose, tel qu'en lui-même son essence s'accomplit. Le mouvement violent, jugé jadis « contre-nature », emprunte à l'espace son pouvoir dispersif et au temps son énergie destructrice. Et s'il dénature les natures paisibles, il ne dissout que des illusions d'optique. « Dans le cas d'Albertine (et Proust étend cette expérience à toutes les relations humaines), les multiples aspects (pour ce mot lamentable, entendez Blickpunkt) ne se résolvent pas en une synthèse positive... “ Rachel-quand-du-Seigneur ” représente pour le narrateur trente francs et une morne satisfaction, pour Saint-Loup une fortune et un objet de souffrances infinies. De même, lorsque Saint-Loup voit la photographie d'Albertine, il ne peut cacher sa stupéfaction qu'une nullité aussi vulgaire ait pu attirer son ami si brillant et si adulé. » (Beckett.)

Le moi, le monde et Dieu sont emportés dans la fournaise. La violence du siècle s'impose expérience intégrale par défaut; elle interdit le point de vue en survol, longtemps dévolu à l'omniscience divine. Elle disloque l'hétéroclite, sans même caresser l'espoir de le réunir à nouveau dans un cosmos. Elle pervertit les consciences bien formées qui prétendent conquérir l'autogestion de leur calvaire. L'histoire la plus terre à terre, commune, prosaïque, celle des tranchées pouilleuses et la littérature, portée à quelque degré suprême de concentration, se rencontrent aux prises avec la même évidence crue et indivisible de l'apocalypse tronquée, cette révélation qu'il n'y aura pas d'autre révélation que la démonstration du monstrueux. Il n'y a pas d'après à la proximité d'une fin des choses, des êtres et des idées. L'aventure de la boue, des obus, des bombes, de la vermine peut légitimement s'affirmer métaphysique, car elle met en jeu les objets qui priment en philosophie première : Dieu, le Monde, le Moi. Et si elle dévalue inexorablement, n'est-ce point parce que le monde se prenait, hier, pour le support stable et sûr des transcendantaux (Vrai, Beau, Bien, Être) ? Aujourd'hui, les rechercherait-on sous le nom de « valeurs », s'ils n'avaient été égarés depuis longtemps dans les fosses de l'Argonne ? La kermesse sanglante dépersonnalisa, l'âme s'y perdit tout entière, quand, à l'occasion, les corps s'y broyaient.

III

Planète rase pour une éthique

Le vieux continent démoralise en quatrième vitesse, élitairement depuis la Première Guerre mondiale, massivement depuis la Seconde, à croire que les sacrifices humains, quoique dûment bénis et consacrés par maintes autorités morales, religieuses ou laïques, ont rarement témoigné en faveur de l'Être suprême. Verdun, les plaines de Champagne, Guernica, les plages de Normandie, Stalingrad, Tréblinka, Auschwitz sont les hauts lieux où le XXe siècle découvrit sa question métaphysique. Après coup, seulement, nous avons feuilleté Nietzsche, Kant, Héraclite and Co, dans l'espoir de formuler plus délicatement une révélation qui nous écorche vifs.

La guerre moderne ne déçoit pas seulement les croyances antérieures à son émergence mais celles mêmes au nom desquelles on la poursuit. Quand de multiples nations se sont montrées aussi barbares que les individus qui les composent, il n'est plus possible d'affirmer avec innocence « Right or wrong, my country ». Les violences en chaîne exercent une pression déflationniste sur les exaltations vertueuses et les convictions assises. On aurait tort de ne pas pressentir, derrière cette démystification critique et négative, la force énigmatiquement positive de l'intuition qui l'anime. Dans le désarroi qui glace le combattant, perce une nouvelle universalité. Une lucidité, potentiellement intercontinentale, s'élève, partageable entre ceux qui s'affrontent au sommet de la cruauté. « (...) C'est l'expérience du non-sens et de la peur insoutenable. Le front est l'absurdité par excellence... Ce que l'homme possède de plus précieux se déchire brutalement, tombe en morceaux. Rien n'a de sens si ce n'est la preuve que le monde capable d'engendrer une chose pareille doit disparaître. La guerre, c'est la preuve ad oculos que le monde est désormais mûr pour sa fin. » (Patočka.)

Le voile se déchire. Les œillères tombent. Les clôtures sautent. L'effet d'ébranlement diffusé par le front est un effet de connaissance et, comme tel, un acquis précieux. L'expérience qui fait désespérer de tout ne fait pas désespérer d'elle-même. Il faut, au contraire, la fêter, car elle est porteuse de la première évidence impitoyablement planétaire : chaque homme sur la Terre, croyances, races, nationalités confondues, peut voir que l'INHUMANITÉ est la chose du monde la mieux partagée. Elle s'avère, d'homme à homme, potentiellement sans rivages.

Tenir cette vérité première pour misérable, irrationnelle et défaitiste serait lui faire injure. Opposer l'optimisme rationaliste d'un vigoureux « le bon sens est la chose du monde la mieux partagée », serait idiot. Rappelons : l'axiome cartésien se soutient d'un « je doute », soit de la considération de l'infinie faculté de se tromper, signe flagrant d'inhumanité dans l'ordre de la connaissance. Poursuivons : l'expérience du front n'affirme pas seulement notre inhumanité, mais la capacité de la reconnaître en tant que telle. Cet éclairage éthique de nos défauts éthiques n'est pas moins universalisable que la lumière du Bon Sens cartésien : Tu as des raisons de douter. Je me trompe, la déraison est originaire, mais je peux m'apercevoir que je me trompe, d'où le Cogito. Je reconnais en nous l'esquisse protéiforme de notre infinie violence, mais nous savons nous en rendre mutuellement l'hommage. Égaux dans la possibilité d'errer, postule la raison cartésienne. Égaux devant le crime possible, reconnaît toute morale du front.

La méditation des tranchées n'est pas débâcle. Ni Jünger, ni Barbusse, ni Teilhard de Chardin, tous bouleversés, ne déclarent forfait, ni ne jettent l'éponge. Les motifs et les idéaux qui les portèrent à la bataille se sont consumés dans les brasiers, mais l'affrontement s'est transmué en « expérience intérieure » (Jünger). Le combattant « s'approuve lui-même ainsi que l'ennemi » et, tenant bon face à la mort, celle qu'il dévisage sans lâcheté et celle qu'il donne sans fureur, il pressent que l'épreuve, quelle qu'en soit l'issue, pourrait ne pas avoir été vaine. À charge pour « le front » de projeter sur le passé et l'avenir une vérité qui lui est propre, plus cruelle, nue, en rupture. Hier chacun regardait la guerre « dans l'optique de la paix, du jour et de la vie, à l'exclusion de son côté ténébreux, nocturne » (Patočka). Aujourd'hui, la mise en perspective se réajuste ; coupés du liséré crépusculaire qui redoutablement les étreint, les slogans du jour – Nation, Société sans classes, Ordre mondial – sonnent creux. Les enfants du bonheur planifiaient des paix mensongères, en bannissant la guerre de leurs colloques, congrès et banquets. Seuls, les enfants du front et de la nuit relèvent le défi moral de ce siècle.

La question éthique ne parle plus au Périgourdin en tant que tel, ni au Français, à l'Allemand, à l'Européen, ni à l'Amazorien ; elle se pose à, dans, par la communauté ébranlée des ébranlés. Les citoyens du siècle accèdent à la dignité de sujets éthiques par le bas-côté des grand-routes, au moment où les insurgés chinois sont précipités dans les locomotives à vapeur en attendant qu'une « longue marche » leur offre une démentielle revanche, quand au nom des droits de l'homme l'Iranien renverse l'autocratie du Shah pour installer une oppression pire. Sur cinq continents la promesse générale de supprimer les guerres les a multipliées.

Née du désastre, se propageant à mesure qu'il s'étend, la question morale est sans frontière. Elle précède toute réponse. Elle existe dans l'urgence du mal à soigner, sans présupposer d'onguents miracles. Elle impose sa démangeaison, fut-ce dans l'ignorance, souhaitée provisoire, des voies de guérison. Son mouvement ne dépend que de l'effondrement qui la suscite, il est indépendant des réponses qu'il fait lever, il les domine, il rebondit sur elles et les réexpédie en questions boomerangs qui décuplent l'initial vertige. D'où le quiproquo qui couve, inévitable, dans le mot révolution ! Appel à constater l'insupportable, il traduit l'exigence d'un renversement complet face à la perversion du monde ; il synonymise avec métanoïa, conversion – quand c'est insupportable, on ne supporte plus. Il fait éclater, urbi et orbi, la dignité inouïe d'un être qui ne s'en laisse désormais imposer par aucun destin, ni paroisse, ni empire, ni tradition, d'un être qui jure que rien ne justifie l'injustifiable. En même temps, et sous le couvert du même label, la révolutionnaire intrépidité se prend au piège de sa liberté, approfondissant, à ses propres frais, la tourmente. Ainsi le mot « révolution » mérite-t-il le comble de l'adulation et l'extrême exécration qu'il soulève dans son sillage.

Comment transformer la communauté d'un ébranlement en solidarité des ébranlés ? L'énoncé du problème ne varie pas à mesure que la vacillation, s'amplifiant, le rend davantage pressant et plus lointaine la solution. Car les thérapeutiques proposées pour enrayer le mal commencent par accentuer la contagion et les symptômes. À première vue, refermer la boîte de Pandore peut suffire ; averti, on ne se laisserait pas une deuxième fois surprendre par l'hystérie belliciste, travestie ou non en d'honnêtes atours. Opposant à la passion la calme raison et aux grandes idées les prudences de l'entendement – « Je crois que nous avons tué la guerre », promit Alain dans les années 30 ! – on se flattait de devenir raisonnablement pacifiste. On se réveilla Munichois. C'est à tort que les chroniqueurs des années 90 attribuent l'« esprit de Munich » à un manque de courage. Il relève plutôt d'un défaut d'imagination et de mémoire propre à une génération qui voulut vivre comme définitive une après-guerre momentanée : « On nous invitait à retrouver le moment où la guerre de Troie pouvait encore n'avoir pas lieu... Nous savions que des camps de concentration existaient, que les juifs étaient persécutés, mais ces certitudes appartenaient à l'univers de la pensée. Nous ne vivions pas encore en présence de la cruauté et de la mort, nous n'avions jamais été mis dans l'alternative de les subir ou de les affronter. » (Merleau-Ponty.)

Dans ses multiples variantes, l'élan révolutionnaire n'est pas moins hémiplégique, il mobilise contre le « système » maléfique et lance sa « guerre à la guerre ! » dont il reproduit les pires abominations. « Dans le pays de la révolution, elle (la guerre) travaille d'arrache-pied : la même suppression de toutes les conventions, le même mépris de la vie, le même venin de méfiance, de calomnies, de démagogie... » (Patočka.) Pacifistes et révolutionnaires s'empêtrent semblablement. Ils croient pouvoir en finir, d'un coup d'un seul, avec l'état de guerre; les uns occultent la cruauté d'en face (Hitler toujours possible), les autres celle qui les habite (Staline jamais impossible).

Des intellectuels tentèrent honnêtement d'établir le bilan d'une mésaventure pacifiste ou révolutionnaire, avec laquelle, de près ou de loin, peu ou prou, ils sympathisèrent. Leur introspection critique est d'autant plus convaincante qu'elle fut douloureuse et intime. Qu'ont-ils à divulguer qui retienne de prêter une oreille complaisante au chant renouvelé des sirènes idéologiques? Leur leçon est brève et directe : notre inquiétude fut limitée, notre ébranlement de trop courte durée; rassurés à la va-vite, nous avons sauté du problème à peine entrevu dans la solution, première venue mais immédiatement célébrée définitive.

Infidèles, nous nous sommes détournés catastrophés de la catastrophe, nous n'avons pas suffisamment sondé la profondeur du gouffre sous nos pieds. L'espoir fou de retrouver, ici et maintenant, une terre ferme, nous fit fuir l'émouvante, mouvante, et par trop troublante révélation initiale. Lorsqu'à son tour, Soljenitsyne entreprend la généalogie de l'effondrement bolchevique, il remonte à août 14, bien avant le coup d'État de Lénine, en octobre 17.

L'événement frappa quantitativement : masses déplacées, millions de décès, mobilisations industrielles et financières jamais vues. Il avait de quoi surprendre. Mais l'essentiel tenait à la qualité du choc. La Première Guerre mondiale marque une mutation originale et sans égale d'abord par son incompréhensibilité. Comparée, la seconde guerre avec ses infinies sauvageries paraît plus aisément explicable, voire raisonnable, pour le moins rationalisable. La première grande guerre opposa les peuples les plus riches d'Europe, alphabétisés, éduqués, humanistes, civilisés, parvenus à des formes relativement démocratiques de vie publique. Un conflit peut naître entre les nantis, mais pourquoi fut-il si long, si radical, si absolu ? Les adversaires alignaient des justifications traditionnelles. La France menait une opération défensive contre l'agresseur héréditaire. L'Allemagne se sentait prise à la gorge entre l'Empire russe et une France revancharde. La querelle, au départ, était donc habituelle. La manière de la vider effara. Dans de nombreuses tranchées, Noël 14 fut fêté par une trêve spontanée, les soldats des deux camps entonnèrent les mêmes cantiques dans leurs langues respectives. Rien de tel par la suite. Les consciences se mobilisèrent pour la raison contre la barbarie, pour la « culture » contre la « civilisation ». L'heure du jugement dernier sonna. Les tentatives de médiation passèrent pour invites à la trahison. L'espoir d'une paix séparée, un instant caressé par l'Autriche, fut jugé blasphématoire. Chaque camp exigeait la capitulation sans condition.

L'ébranlement tient à l'évidence de l'insensé. Le cauchemar prolongé démolit les équilibres mentaux, il dévore les cervelles. Sans explication ni raison, l'acharnement crie son absurdité. « Folie », s'exclament les meilleurs esprits. Stupéfaits, ils constatent que « l'instinct élémentaire de destruction ne pouvait pas être extirpé de l'âme humaine » (S. Zweig).

Si la boucherie éprouva les corps, l'esprit qui la guida, l'acclama, la légitima jusqu'au bout, s'épouvante et n'a cessé depuis de déraciner les croyances d'avant. La volonté qui mobilise et le front et l'arrière se révèle, dans les mots et derrière les mots, théoriquement mais davantage pratiquement, silencieusement, volonté d'extermination. Elle s'entretient elle-même dans l'exaspération du combattant qui part à l'assaut. Couvert de poux, dépouillé d'illusion, il opte pour une fin effroyable plutôt que pour un effroi sans fin. Lassitude et défaite aidant, éclatent des insurrections vengeresses qui par d'autres moyens, plus intimes, mais pas moins violents, continuent et perpétuent l'œuvre de « l'instinct élémentaire de destruction ».

La déflagration souffle les valeurs établies parce qu'il n'y a pas moyen de circonscrire son incongruité, comme s'il s'agissait d'un accident contingent, datable et évacuable. Chacun naît une seconde fois et déchire son état civil antérieur, par trop provincial et municipal : « Bevor Dada da war, war Dada da. » Précédant Dada, il y a déjà Dada. Les mouvements avant-gardistes l'emportent haut la main sur une opinion publique qui cuve ses désillusions et son décervellement. Ni l'avant, ni l'arrière, ni le gros des troupes n'échappent à la remise en cause globale provoquée par l'alarme proprement philosophique, probablement la plus intense du siècle, certainement la plus originale. Son effet de dépaysement nous dénude parfaitement absurdes devant l'absurde mis à nu. L'Européen moyen subit l'instant d'étonnement fameux où la sagesse fait table rase, balayant tout et elle-même. L'écran des manuels et commentaires académiques avait protégé des générations d'élèves appliqués, tandis que les guerriers improvisés subirent, tout à trac, irradiés, la preuve de la philosophie.

Je ne suis pas météorologue, ni expert scientifique, ni rhapsode, ni grammairien, les questions qui m'assaillent ne portent pas sur le temps qu'il fera, ni sur la cause cachée des phénomènes, elles s'acharnent, poursuit Socrate dans le *Phèdre*, sur moi. Lorsque j'écoute les mythes bizarres campant des monstres extraordinaires, tel le Titan Typhon, je ne tente pas de rationaliser d'aussi extravagantes histoires pour les réduire à quelque banalité vraisemblable. « Ce n'est point elles que j'examine, c'est moi-même : peut-être suis-je une bête plus étrangement diverse et fumante d'orgueil que ne l'est Typhon ? Peut-être suis-je un animal plus paisible et moins compliqué, dont la nature participe à je ne sais quelle destinée divine et qui n'est point enfumée d'orgueil ? » À leur insu, les Européens d'après 14, contraints de s'interroger, mimèrent Socrate face à Typhon. N'étaient-ils pas plus bizarrement divers et fumants d'orgueil que la fureur guerrière qui, grâce à eux, dévastait leur continent, puis les autres ? À cette différence près : dans une situation analogue, les rôles s'inversent. Face aux mythes, le philosophe grec se lançait, de sa propre initiative, en l'étourdissante aventure de la connaissance de soi ; le drame historique, lui, pas moins énigmatique que la fable ancienne, précipite ceux qu'il assaille dans la pénible nécessité d'avoir à se mirer des blessures plein le corps et du sang plein les mains. Comique à la Charlot, pathétique comme Loulou, dérisoire comme Woody Allen, tragique style Ionesco ou Beckett et pépère dès que possible, le quidam du XXe siècle incarna le premier philosophe-malgré-lui.

Parti à l'assaut du ciel, quelques instants victorieux, Typhon, dit la légende, paralysa Zeus en lui tranchant les tendons et les nerfs... Interrogeant la présence en lui d'une semblable pulsion anti-olympienne, Socrate se pose la question du mal, celle même qu'impose la grande flamme de 14 aux incendiaires incendiés et à leur progéniture congénitalement brûlée. Un examen rétrospectif, scrupuleux, des causes et des erreurs qui ouvrirent les hostilités, ne biffe pas le scandale brut que constitue l'existence même du sinistre. Le cortège des motifs en l'air, mobiles à charge et des circonstances atténuantes prépare le retour possible de pareilles énormités, loin de les promettre uniques et non réitérables. Les questions sages et les réponses hésitantes de l'historien entretiennent, plutôt qu'elles n'évacuent, l'inconfort de l'homme de la rue, piégé par une malignité imprévue et insidieuse. Aucune religion ni doctrine moderne n'échappe, sans hypocrisie, à la souricière où, pour sa paroisse, le chrétien Berdiaev révèle dès 1921 « un principe nouveau, raffiné, et séduisant où il (le principe du mal) apparaît toujours sous l'aspect du bien. Entre le principe antichrétien du mal et le principe chrétien du bien, il y a une ressemblance, d'où le danger d'une confusion et d'une substitution. L'image du bien commence à se dédoubler. L'image du Christ cesse d'être clairement perçue, elle tend à se confondre avec l'image de l'Antéchrist. Des hommes apparaissent aux pensées doubles... »

Ahurissante généralité du premier suicide collectif européen, perpétré par des esprits alphabétisés et correctement formés, engagé au nom des idéaux distingués, agréé par les morales les plus valorisantes, enveloppé de principes, fleurant la pureté spirituelle et l'hygiène intellectuelle. Ahurissante aporie, sur laquelle bute chaque tentative de donner un sens absolu aux mots : vertu, justice, fraternité. Certes, Socrate s'accorde la possibilité de se trouver en fin de compte : « plus paisible et moins compliqué » que Typhon, mais l'Européen, qui voudrait récupérer « je ne sais quelle destinée divine », paraît moins favorisé, car – preuve par 1914 et la suite – la bête enfumée d'orgueil c'est lui.

Peut-il bâtir quelque morale en se reconnaissant à ce point immoral ? La solution se trouve-t-elle dans l'oubli ? Que nous reste-t-il d'humain à espérer si rien de ce qui est inhumain ne peut nous rester étranger ?

Fonder une solidarité des ébranlés. Le projet, formulé par Patočka, ne cesse de travailler souverainement l'aventure moderne. L'expérience initiale, l'ébranlement de 14, çà et là recommencée sous de nouvelles bannières, ne laissa rien, ni personne, hors jeu. Sont ébranlés les États, à charge pour eux d'inventer une solidarité du bord de l'abîme, dont la « dissuasion » esquisse la vertigineuse rationalité. Sont ébranlées les religions, aux prises avec une désaffection générale qui ne les remplace plus, comme jadis, l'une par l'autre, mais toutes par rien dans l'émergence d'un vide troublant qu'elles estiment impossible à vivre. Sont ébranlés les citoyens qui doivent imaginer des manières d'exister démocratiques, sans disposer de valeurs fixes et de traditions fermes. Sont ébranlés les peuples; comme jamais, ils se rencontrent et se mêlent et moins que jamais ne savent où ils vont et qui ils sont. Tout vacille au point que le tout vacille. Les papiers d'identité ne font plus foi, ni chez les puissants, ni pour les humbles; les cartographies mentales échouent à cadastrer un même monde pour tous. Dieu même, censé voir les choses de haut et inviter à l'élévation des regards, paraît hors d'atteinte tout autant que sonne abusive l'annonce de sa mort proclamée naguère par ceux qui croyaient encore savoir où ils étaient, fût-ce nulle part. L'ébranlement diffuse son urgence suprême, ne laisse pas le temps d'attendre et bouscule Godot en personne.

Face au désarroi, il n'est de solution facile que le rejet. Être simultanément chavirés ne nous rend pas, par symétrique compensation, solidaires. Aimez-vous les uns les autres et ébranlez-vous les uns les autres font deux injonctions qui ne se recouvrent pas, quand bien même elles s'impliquent, puisqu'un amour échappant au vertige paraît fade et fallace et qu'un vertige sans amour angoisse. L'issue la plus simpliste s'offre, par conséquent, à ceux qui sans vergogne ni nuance tranchent : ici, le sol glisse sous les pieds; là, émerge une terre réamarrée. On découpe l'espace en isolant le centre du séisme dans un ailleurs éloigné au maximum. On divise le temps, le minuit de l'aliénation et le midi rédempteur s'excluent aux horloges de la foi replâtrée et des fidélités charbonnières. D'un côté l'ébranlement, de l'autre la solidarité, entre les deux la plus imperméable des parois interdit toute maculation réciproque. Telle est la recette élémentaire des thérapeutiques de bonheur que le siècle a promues. Traiter l'ébranlement comme affaire étrangère est l'alpha et l'omega de tous les intégrismes qui ont ravagé et ravagent la planète.

Le terme français « intégrisme » dénota, pour commencer, la réaction de complète fermeture aux mutations sociales et mentales prônée par des milieux catholiques, ultra-conservateurs. Le mot américain « fundamentalism » désigne le mouvement analogue, selon lequel des sectes protestantes, effrayées par l'évolution des mœurs, se retranchent et se rétractent. Dans les deux cas, il s'agit d'une réponse agressive à ce qui fut tenu pour le comble des agressions. Avant même d'espérer quelque retour au passé, l'intégrisme monte à la charge contre le modernisme. Il dénonce, combat, exorcise, juge, condamne l'air du temps. Son acrimonie outrepasse les ankyloses de conservateurs ordinaires. Non seulement la mobilisation des testaments de Dieu hausse les enchères, mais la fièvre culmine chez celui qui ne se contente pas d'anathémiser les déviances pécheresses et les hérésies fautives, car il craint que l'existence religieuse, elle-même, soit gommée de A à Z par l'irréligion à venir. Entre conservateurs et progressistes, le duel, ses moyens, ses mises, ses procédures demeuraient jusqu'alors purement profanes. Entre religions de diverses obédiences la querelle ne débordait qu'indirectement le champ clos du sacré. Dès le départ, l'intégrisme ne respecte plus la règle des séparations sectorielles du terrestre et du céleste. S'inquiétant de l'existence religieuse de la civilisation et de l'inexistence civilisée de la religion, il jette les huiles saintes sur un feu séculier, dont la guerre bientôt multiplie les moyens.

L'intégrisme propose une réponse actuelle à un danger actuel. Loin d'être passéiste, il dérobe à son adversaire les armes de la modernité. Il puise librement dans hier des munitions pour demain. S'il paraît pétrifier us et coutumes, c'est pour se retrancher hic et nunc derrière des barricades de momies accumulées comme autant de boucliers idéologiques, au gré des nécessités stratégiques et tactiques. Les sceptiques, qui le taxent d'hypocrisie, médisent à lui prêter soit une mentalité d'antiquaire dévot, soit l'immoralité machiavélique des esprits forts. Loin de manipuler besogneusement le souvenir, il relève le grand défi en faisant feu de tout bois. Il laisserait volontiers les morts enterrer les morts, s'il n'avait le pressentiment que les vivants s'emploient déjà aux funérailles de la religion vivante. Dont, en bonne logique, tous les lieux, cimetières, temples, mausolées passent champs de bataille.

Contrairement aux apparences, l'intégrisme n'est pas spécialement islamique, juif, chrétien, bouddhique ou chinois, cambodgien, salvadorien, pas davantage wasp, corrézien ou zoulou. Il fomente l'insurrection antioccidentale contre un Occident auquel il emprunte les moyens, les catégories et les procédures de son offensive. Tous les anti-Occidentaux sont proches parents, au point qu'il faudra se demander s'ils n'incarnent pas les différentes manières que l'Occident a de s'expliquer avec lui-même, rageusement. Dût-il, en définitive, s'expédier ad patres, rejoindre les ancêtres.

Hors l'impasse intégriste, pas de salut ? Si ! Il suffit d'acquiescer à la tentative casse-cou d'ériger l'ébranlement en affaire intérieure, la plus intérieure, d'où pourrait surgir la possibilité, certes pas garantie, d'une solidarité des inquiets et des démunis.

APOCALYPSE (substantif féminin)

Sens 1 (avant 1914) : Discours visionnaire, annonçant une Révélation dont Dieu est à la fois le révélé et le révélant, en trois séquences :

1. Le passé, mouvement de recul et de perdition, l'histoire comme décadence croissante à partir d'une première Bonne Nouvelle, sont révolus.
2. Le présent – lutte finale du Mal et du Bien, combat décisif entre Christ et Antéchrist, jugement dernier – se manifeste en révolution cosmique, sociale, universelle et intérieure (métanoïa, conversion).
3. Le futur advient comme Royaume et Gloire.

« L'Apocalypse, chargée comme elle l'est d'une profonde haine des gouvernants de la terre et de la prostituée de Babylone – à savoir l'Empire romain – devint l'un des livres les plus révolutionnaires de l'histoire de la littérature. Composé durant les persécutions du règne de l'empereur Domitien, le livre voulait donner force et courage aux martyrs chrétiens. Les visions exaltées de son auteur s'accordaient avec la tradition apocalyptique juive ; des éléments chrétiens s'y ajoutaient mais le livre était très loin de ce qui pouvait être appelé, en tout état de cause, l' " amour chrétien ". Ces visions fournissaient une source intarissable de sujets d'inspiration à tous les rêveurs révolutionnaires au sein de l'Église chrétienne. Les prophéties concernant l'ultime guerre – qui développaient la prophétie d'Ezéchiel sur la guerre de Gog et Magog – et la figure de l'Antéchrist (qui, à l'origine, symbolisait sans aucun doute les persécuteurs romains de l'Église) s'appliquaient remarquablement bien à tous ceux qui détenaient le pouvoir ou à tous ceux contre qui les exégètes de l'Apocalypse voulaient se révolter. L'évolution des interprétations de l'Apocalypse forme l'un des plus importants chapitres de l'histoire de l'utopie messianique. Le livre acquit une force dangereusement explosive quand des sectes extrémistes et des mouvements réformistes déclarèrent que l'Antéchrist n'était autre que le Pape et que la prostituée de Babylone était la Rome Catholique et l'Église Catholique. » (Scholem.)

Sens 2 (dominant après 14) : Demeure une révélation de la fin (d'un monde, du monde, des âges), en même temps qu'une révélation de cette révélation, mais elle n'annonce plus rien de bon. L'absence de la troisième phase (les nouvelles apocalypses sont « tronquées ») introduit une synonymie vague avec « catastrophe », voir « calamité » et plus précise avec « désastre » (« le vide du ciel. Le désastre comme retrait hors de l'abri sidéral et refus d'une nature sacrée » M. Blanchot).

Sens 3. Les intégrismes anticipent une apocalypse « complétée », « restituée » : à partir de l'expérience du sens 2 (apocalypses disjonctives), ils s'efforcent de réinjecter dans l'événement l'avènement du sens 1 (apocalypses conjonctives, introduction du Règne). Ainsi les apocalyptiques russes (en particulier Merejkovski et sa prédication d'un « Troisième Testament ») ont directement inspiré Moeller Van der Brück et son eschatologie du « Troisième Reich » (1923), dont les nazis prophétisèrent l'ordre nouveau. « Hitler parlait comme un voyant... L'espèce humaine traversait des épreuves de perfectionnement d'un millénaire à l'autre. » (Rauschning.) L'islamisme radical, à son tour, se réfère à « ce Jour Ultime qui sera précédé des catastrophes prémonitoires de l'Apocalypse ». « L'utopie est alors la projection de ce qui devrait être, ce qui serait déjà si l'Autre n'était pas venu perturber l'harmonie... » (B. Étienne), cet Autre désintégrateur étant l'Occidental.

Deuxième partie

LES TROIS FARCES DE L'INTÉGRISME

IV

L'anti-Europe naît en Europe

L'effet physique de la guerre de 14, aussi terrifiant fût-il, compte moins que son effet mental. L'Occident change de visage. Subtilement. Le vocabulaire ne parut guère modifié : éveil des nationalités, oppresseurs, opprimés, juste lutte, impérialisme, libération, chaînes brisées. Rien là que n'aient versifié et incarné lord Byron, Hölderlin et Lamartine. Insidieusement pourtant les proportions craquent et les rapports pirouettent. Le XIXe siècle s'était longuement demandé si l'Europe – et qui en Europe – était capable d'assumer son destin pour éclairer l'univers. L'interrogation ne portait pas sur l'éminence indubitable, centrale et reconnue de la civilisation européenne, mais sur son énergie et sa foi : se montrerait-elle à la hauteur de la mission solaire qu'elle s'assignait ?

Soudain l'histoire grimace. La civilisation (sous-entendue européenne et par extension occidentale) est agressée de façon inédite. On ne lui objecte plus ses faiblesses et ses contradictions, ce qui revient à l'opposer à elle-même, en l'intronisant juge de ses mérites et de ses indignités, en la confirmant mesure de soi. Désormais, sauve qui peut ! On ne se satisfait plus de relever les insuffisances de son principe intégrateur, on exhibe son pouvoir désintégrateur. On stigmatise son impuissance destructrice. L'Europe, défigurée, convulsive, coupable, porte la poisse et risque de corrompre le genre humain.

Critiques et thuriféraires n'avaient pas mis en doute, un siècle durant, l'unité secrète du système européen, quelles que fussent les appréciations croisées qu'ils en proposaient. Le libéral glorifiait les lois du marché et la main invisible qui en nouait les fils. Les socialistes dénonçaient la « petite poignée » de capitalistes financiers dominant les larges masses. À la sainte alliance des puissances de l'heure, les patriotes opposaient le futur concert des nations indépendantes. Chacun contestait un ordre au nom d'un autre, en opposant valeur à valeur, symphonie à symphonie et organisation (authentique et meilleure) à organisation (déplorée trompeuse et exploiteuse). D'un coup de tonnerre, la guerre découvre le néant des roses. Pas de main invisible. Pas de sainte alliance. Les harmonies économiques ont déclaré forfait. Avec elles, sombre la solidarité internationale des prolétaires, et l'évidence que les hommes sont frères. L'Europe tombe de haut. Bien qu'elle disputât à l'infini de l'interprétation qu'il convenait d'en tirer, son harmonie lui paraissait acquise. Elle montre, soudain, sa face sombre, un désordre nu dont elle construit la preuve par autodévoration. Le modèle policé qu'elle se targuait de divulguer déconcerte et rebute.

Écoles, hôpitaux, argent, libre circulation des idées, des images et des biens, égalité des conditions et des sexes devant la loi deviennent suspects. Derrière les aides qu'elle procure et les modernisations qu'elle propage, serpente la composante dissolvante. Tant de « bienfaits » déracinent et asphyxient les mœurs, les traditions et les structures des sociétés colonisées. Sous couleur d'émanciper, l'Europe installe partout l'irréductible chaos qu'elle s'est avérée être.

Longtemps, la province mondiale sembla graviter autour du petit cap européen, et la province européenne s'accrocher à quelques capitales. Avec le big bang militaire, l'attraction vira répulsion. La question première devint : comment contourner le destin du désintégrateur désintégré ? Quel recours saisir contre cet Occidental à la gueule cassée qui sauta sur sa propre mine ? Les avant-gardes, par meutes successives et concurrentes, brisent les savoir-vivre établis. Elles n'eussent pas été si fêtées dans les grandes métropoles, si elles n'avaient fermé le ban, comme autant d'arrière-gardes d'une catastrophe juste accomplie. Elles héritent d'un savoir-mourir expérimenté peu auparavant.

Derrière la course à la négation, tourne l'immense roue aux mille faux de la guerre. Lorsque poètes, écrivains et saltimbanques saisissent canifs et faucilles pour déraciner l'ancien monde et promettent, en éternuant, de bousculer les nuées, le travail est déjà fait. L'acte surréaliste le plus simple est de descendre dans la rue, le revolver au poing, pour tirer au hasard dans la foule. Soit, mais un tel mouvement n'a rien de spécifiquement surréaliste. La plupart des poilus survivent dans l'accablant sentiment de n'avoir rien commis d'autre, quatre longues années durant. Les esprits forts se lèvent, mais les blés sont déjà coupés. Les insurrections dadaïstes, expressionnistes, existentialistes et Cie engrangent le déjà vu et déjà vécu sur les plateaux de la Somme et dans les plaines de Picardie.

Pour la révolution, il en va de même. On s'y précipite avec une ferveur et une candeur inouïes, sans s'inquiéter d'être poursuivi par l'événement fondateur du siècle. À la grande guerre, seule semble répondre la levée en masse des armes et des âmes.

Prisonniers de l'illusion lyrique, lors même qu'ils la dénoncent, les naïfs d'hier et d'aujourd'hui croient à tort que le siècle naît en février et octobre 1917. La chute du tzar et l'élévation de Lénine au pavois maquillent l'acte de baptême. Le chef soviétique esquisse une gigue endiablée quand « sa » révolution dépasse en durée la Commune française. Il danse, en fait, sur un tout autre volcan que les illustres prédécesseurs, dont il fustige la timidité et les hésitations. L'historien Mathiez salue en Lénine le nouveau Robespierre, ses successeurs en Sorbonne peuvent, à l'inverse, inculper chaque jacobin de bolchévisme. Ils s'abusent également. Par-delà les emprunts de vocabulaire et l'identité des invocations ou provocations, ils négligent la solution de continuité avec 1789 introduite par les intégrismes totalitaires du XXe siècle. Telle la lettre volée de Poe, elle est si évidente qu'elle bouche la vue. Que les sans-culottes et les avocats tâtillons reposent en paix, l'artisanale guillotine et leurs tas de morts par milliers ne font plus rêver les poètes. Le siècle commençant brasse les cadavres par millions. La pierre de touche de la puissance, l'étalon du sérieux politique s'est affiné dans les tranchées. On rêve désormais de passer le record du cataclysme qui vient d'avoir lieu. On le bat. Lénine virevolte sur les charniers de 14-18.

« Vive la révolution
joyeuse et rapide !
ceci
est l'unique
grande guerre
de toutes celles
que l'histoire a connues. »
(Maïakovski.)

Interrogeons le réaliste. D'où vient son apologie de la poigne diffusée comme théorie scientifique du pouvoir moderne ? Pas des archives du XVIIIe et de sa révolution. Cherchant des modèles pour le jeune État soviétique, Lénine trouve le « capitalisme d'État » prussien. Il donne en exemple la militarisation de l'économie allemande vers 17-18 et la mobilisation des esprits prônée par le chef d'état-major, Ludendorff. Il le cite. Il l'admire. Ludendorff déjà fantasmait la toute-puissance de l'adversaire : « La France a montré, avant la guerre mondiale, tout ce dont un État est capable, s'il se met sciemment à la disposition du commandement de la guerre totale. » Les Français n'étaient pas en reste de politesse, Léon Daudet imaginait l'ennemi d'outre-Rhin programmé pour une « guerre intégrale ». Lénine se continue en Staline et son idéologie de fer. Ludendorff patronne Hitler au nom du « populisme racial ». La panique mentale, qui tourbillonne au-dessus des champs de bataille, redéfinit les buts et les méthodes des nouvelles guerres civiles. L'hyperactivisme du soldat et du camarade se donne pour tâche de restaurer une « cohésion animique » (Ludendorff) qui permette au peuple d'affronter les conflits totaux qu'annonce 14-18. La « militarisation des syndicats » et les vastes « armées du travail », réclamées par Trotsky, sont de la même eau.

Interrogeons les enthousiastes. Ils affichent une pitié et un mépris sans bornes pour les minables révolutions des siècles révolus. Dès 1918, le poète russe Blok récuse la comparaison avec 89. Elle paraît trop prudente, voire « lâche ». L'ère nouvelle du communisme n'admet de parallèle qu'avec les premiers siècles de l'ère ancienne, lorsque, tiers imprévu, le christianisme arbitra, de main de maître, l'assaut de la sauvagerie germanique contre la civilisation fatiguée de la Rome impériale. La Russie bolchevique devait, de même, imposer aux deux camps de 14 son idée neuve de l'Europe. « Tout refaire. Agir en sorte que tout devienne neuf, que notre vie de mensonges, d'ennui et de laideur devienne juste, pure, joyeuse et belle... Dans son élan la révolution russe est prête à envahir le monde entier. »

D'où le poète tire-t-il que le monde entier attend d'être envahi ? De la même source que le caporal et le syndicaliste, de l'annonce faite à l'Europe :

« 1° L'artiste doit savoir que la Russie qui était n'est plus et ne sera jamais plus. Que l'Europe qui était n'est plus et ne sera jamais plus. L'une et l'autre réalités risquent de se manifester avec une horreur décuplée qui rendra la vie insupportable. Mais nous ne connaîtrons plus l'horreur que nous avons connue. Le monde est entré dans une ère nouvelle. La civilisation, l'État, la religion, *tels qu'ils étaient* sont morts. Ils peuvent encore revenir, exister, mais *ils ont perdu toute vie*, et nous qui avons assisté à leurs dernières et monstrueuses convulsions nous sommes peut-être condamnés à assister désormais à leur pourriture et à leur décomposition; et à y assister tant que nous en aurons la force. N'oubliez pas que l'Empire romain continua d'exister encore près de cinq cents ans après la naissance du Christ. Mais il ne fit alors qu'*exister*, car déjà il enflait, pourrissait et se décomposait : il était bel et bien mort.

2° L'artiste doit être transporté de colère contre tout ce qui tente de galvaniser le cadavre. » (Blok, mai 1918.)

Face à Gog et Magog, Jérusalem est avancée. L'Europe s'était placée au centre de la planète. Le massacre continental fut donc perçu, reçu, conçu comme spirituellement mondial; il signait l'acte de décès de l' « ancien monde ». Seule une insurrection universelle serait à la mesure de l'événement. Le siècle avait sombré dans le déluge. Restait à dresser, en regard, le programme d'une régénération sans précédents, propre à illuminer la fin de la fin des temps.

Les idéologies qui mettent le XXe siècle à feu et à nausée se nourrissent, bien sûr, des idées et des fantaisies des siècles antérieurs. Il est vain de les réduire à cela. La filiation ne vaut pas explication. L'alchimie des influences masque la mécanique décisive d'une rétro-lecture dévergondée. Les textes philosophiquement ou religieusement sacrés ne seraient pas cités avec tant de dévotion s'ils ne prêtaient prétexte à de bien contemporaines passions. Marxisme, thomisme, wagnérisme, nietzschéisme, christianisme, hellénisme, islamisme. Autant de références en coup de poing propres à nourrir les avidités oratoires d'une gnose sotériologique. Elle fourbit la forme mère – le prototype unique – de l'idéologie au XXe siècle. La règle du jeu est simple : plus le passé s'abolit dans son abomination, plus le futur proche irradie un salut immaculé. La Mauvaise Nouvelle appelle la Bonne. La première fait le vide dans la dissolution du sauve-qui-peut général. La seconde s'emplit par le Règne qui arrive, sans attache ni compromission.

Décrétant le crépuscule du vieux monde, promulguant l'attente d'un soleil incessant, l'insurrection radicale joue à qui perd gagne. Les révolutions passées se dévaluent, comme autant de réformes inachevées, flottant dans l'hésitation embarrassée de « petits bourgeois » timides et contradictoires. Elles ne prenaient pas encore leur envol dans l'extase d'une rupture absolue, matérielle et spirituelle, politique et sociale, économique et morale. « Tant que faire la révolution signifie seulement remplacer l'ordre existant des choses par un autre plus approprié, le rapport entre révolution et apocalypse demeure inapparent. Par contre si révolutionner veut dire opposer à la totalité du monde une totalité nouvelle, aussi englobante et fondamentale par sa critique anéantissante que dans sa créativité radicale, alors l'apocalypse devient la révolution même. » (Taubes.)

Les modernes subversions – soviétique, nationale-socialiste, anticolonialiste, islamiste, peu importe – revendiquent cet état de fracture comme état de grâce. Chacune déprécie et vomit un ensemble anciennement cohérent, aujourd'hui diagnostiqué pourri eu égard au « déclin de l'Occident », au stade suprême de l'impérialisme, au règne de la technique, au cosmopolitisme apatride, à la domination satanique de l'argent et de l'impiété. Ces véhémentes condamnations viennent fleurir en couronne une seule et indivisible civilisation bourgeoise, donnée pour morte et enterrée sous les décombres des guerres mondiales, débâcles coloniales et autres dictatures monstrueuses. Amen !

Pronostiquant sur le tard que le XXIe siècle serait religieux ou ne serait pas, Malraux confondait prospective et rétrospection ; il prononçait non une prophétie mais le requiem d'une époque, la sienne, la nôtre encore. Elle faillit sombrer, à de nombreuses reprises, dans les grandes orgues d'exaltations de part en part religieuses. Préservé, comme les intellectuels français dans leur ensemble, par la géographie et les hasards de l'histoire, de toute participation trop directe aux crimes contemporains, Malraux n'a-t-il pas reproché à André Gide sa dénonciation de Staline, alors que lui-même, engagé dans la défense de l'Espagne républicaine, passait en pertes et profits les purges qu'opérait sous ses yeux une gestapo soviétique à Barcelone et à Madrid ? Il a bon dos. Il fait le dos rond. Il légitime son silence complice par un souci d'efficacité. Mais comment croire que l'armée républicaine se renforce, quand les commissaires politiques torturent, quand les dénonciations systématiques la minent, quand les exécutions sommaires la déciment. Il a, par contre, le bon mot, la réponse à tout car il se fait fort d' « exercer l'apocalypse » (cf. *L'Espoir*, I, II). Il prononce le sésame qui couvre huit décennies de prises de parti. De l'apocalypse, les guerres civiles et continentales présentent, dans un premier temps, la face sinistre et nocturne. Dans un deuxième temps, elles « organisent », elles introduisent le second volet de la révélation, elles préparent l'accueil de la cité céleste.

À quoi rêvent nos humanistes? Bernard Shaw, H.G. Wells, Dos Passos, Romain Rolland, H. Barbusse. Pourquoi capitulent-ils devant le messie Lénine ou le messie Staline qui terrorise la Russie? À quel songe faribolique sacrifie la révolution surréaliste quand elle se met « au service de la Révolution »? Au service de « Moscou la gâteuse », avoue Aragon, avant son entrée dans les ordres. Et les simples généreux, syndicalistes, et les anti-autoritaires de toujours, les libres penseurs professionnels, à quel nouveau culte se vouent-ils? Pourquoi adhèrent-ils, disciplinés et serviles, aux vingt et une conditions de l'internationale blochévique? Naïfs? Mais non! Mais non, ils n'ignorent pas. Leur « journal de classe », *L'Humanité*, a publié les apprentis Soljenitsyne de l'époque, six mois de reportages sur la terreur rouge. De quoi faire douter une cervelle ordinaire. Du reste quelques minoritaires surent scrupules et raison garder. Ainsi des syndicalistes anarchistes d'Espagne, lors d'une visite tant espérée dans la « patrie du socialisme », refusèrent le quitus. Idem pour Bertrand Russel. Idem pour la minorité du Congrès de Tours. Quel ouragan emporte donc les autres, les majoritaires, la majorité pensante du siècle ? Cette pure et simple idée que les bons comptes font les bons amis et que la morne première moitié de l'apocalypse exige son complément d'âme. À tous prix. À tous les prix communistes, nazi, islamiques, plus localement cambodgien.

Il ne faut pas désespérer Billancourt. Il ne faut pas désorienter les prolétaires, les humbles, les humiliés. L'aphorisme, bien que Sartre ne l'ait pas formulé comme tel, a fait florès. Il explicite parfaitement le fond d'un engagement qui ne fut pas seulement sartrien. Au sortir de la Grande Guerre, syndicats et partis ratent leur retour à la vie civile. Les grèves font chou blanc. Les élections déçoivent. Les militants entendent requinquer les troupes. La classe ouvrière ne doit pas déprimer, sinon c'est à désespérer des espoirs placés en elle. Alors ils s'inventent un lointain invérifiable, où ce qui rate à domicile, là-bas soudain sourit et réussit. Les chefs y caracolent en avant des masses, mais d'un pas seulement. La violence accouche, à distance, de la liberté dans la fraternité. Le paradis est loin, mais sur Terre. Soixante-dix années plus tard, dans la cité mythique de Bagdad, un pitre sanglant, après un long règne passé à assassiner ses ennemis et ses partisans, à gazer une partie de sa population, kurde, à torturer l'autre, shiite, s'avise d'annexer un petit voisin très riche. Nombre de pays le stoppent net. Mais la même chanson reprend : il ne faut pas « humilier les masses arabes » qui s'identifient à pareil sauveur suprême. Pour les bonnes âmes, les malheureux (parce qu'ils n'en ont pas la force ? le courage ?) n'ont aucun droit de regarder leur malheur en face.

Le classique complexe apocalyptique est biface. D'un côté, corruption et dissolution. De l'autre, libération et apothéose. En un seul et même mouvement. Ainsi, la décolonisation. Elle fut déchiffrée très tôt comme la retraite et la déconfiture de l'hégémonie européenne. L'Angleterre dégénère, elle ne supporte plus la prérogative et le fardeau de l'homme blanc, clament les candidats fascistes à la succession impériale. Elle fut aussitôt contre-déchiffrée comme émancipation, dissipation du mal, épiphanie du bien.

Le colonisé, une fois ses chaînes brisées, réinvente la vie. Qui en doute ? Les formules terroristes lancées par Franz Fanon, amplifiées par J.-P. Sartre, ne livrent que l'écho rhétorique et tardif d'évidences universellement mises en pratique depuis 1917. À la *civilisation* décadente de l'Europe humaniste et servile, Blok oppose la *culture* de la jeune révolution russe, « civiliser les masses est non seulement impossible mais encore inutile... les gens civilisés ont depuis longtemps épuisé leurs forces et perdu leur unité culturelle... Les masses barbares sont devenues les gardiennes inconscientes de la culture. » L'apologie de la brutalité naturelle de l'insurrection des moujiks recoupe les philippiques anti-villes d'Essenine, autre poète révolutionnaire de la première heure. Sont-ils isolés ? À la même date, dans un autre lieu, Spengler vitupère l'excroissance cancéreuse des cités, signes et symboles du déclin bourgeois. Bientôt les nazis, où il compte d'innombrables admirateurs, marcheront sur Berlin, la nouvelle Babylone. Quelques décennies plus tard, Mao Tsé-Toung encerclera la ville par les campagnes. Dans sa foulée, les communistes cambodgiens décapiteront leur capitale ; l'évacuation en quarante-huit heures de deux millions de personnes marque la grande inauguration autophage d'un monde radieux. Qu'on ne se méprenne pas, l'éloge de la violence sauvage des masses n'implique pas de culte aveugle de la force pour la force. L'histoire est fêtée simplement comme l'alchimie qui transmue le déluge en seconde création : « Il n'est donné à personne de savoir de quels immenses soleils sera éclairée la vie du futur. Peut-être les peintres changeront-ils la grise poussière des villes en arc-en-ciel aux cent couleurs, peut-être les chaînes des montagnes résonneront-elles continûment de la musique tonnante des volcans changés en flûtes... Une chose est claire pour nous : la première page de la toute nouvelle histoire des arts, nous l'aurons écrite. » (*Lettre ouverte aux ouvriers*, Maïakovski, 1918.)

Décolonisation toujours : émancipation du muscle prolétarien, du tiers monde écologico-rural, du deuxième sexe, de la folie, du primitif. Premier temps, celui de la « civilisation » moribonde, les tabous sautent, les liens se relâchent, les oiseaux s'égarent. Deuxième temps, celui d'une révolution culturelle, on sable le champagne à la santé d'une unité retrouvée. Fin de toutes les guerres. Printemps des peuples. Au risque de mécontenter l'amateur de romans roses, il faut chaque fois découpler les pompes funèbres. Par l'entrée de service, se faufile une apocalypse triste mais imparable, elle disperse les individus, casse les sociétés closes, ébranle. Sur la tribune d'honneur, en revanche, trône l'apocalypse positive mais fallace ; elle rassemble en tenue de gala et s'applaudit elle-même, fantasme inévitable qui se révèle inévitablement nullité creuse. Rien, sinon l'imaginaire, ne vient combler le vide, la dépression et la disparition que la civilisation infuse. Prolétaires, colonisés, ex-colonisés, femmes et fous se retrouvent peut-être moins enchaînés qu'avant, mais pas mieux lotis que leurs anciens maîtres, ni prédestinés à véhiculer le message qui sauve.

La « culture » fondamentaliste des mouvements de libération se laisse intrinsèquement déterminer comme une contre-civilisation. L'absolue concurrence qui voue les commissaires-libérateurs à s'entre-égorger n'empêche pas l'unité sans failles qu'intellectuellement ils présentent face à l'ennemi commun. Hitler invoque, via Wagner, les héros mérovingiens. Mao en appelle à l'antique lutte contre Confucius. Pol Pot se veut l'héritier des bâtisseurs d'Angkor. À suivre...

La lubie de ressusciter les temps révolus n'est nullement une maladie professionnelle, apanage des seuls dictateurs. La contagion gagne leurs oppositions pensantes et spirituelles. Berdiaev divulgue dans le terrorisme théorique de Lénine et consorts une volonté pratique d'extermination. Avec ses amis de *Jalons* (1907), il hurle : halte-là ! Il prône un retour à la religion orthodoxe dans un esprit de liberté et de progrès, où se reconnaissent les chrétiens de gauche de l'Europe occidentale. Aucune sirène patriotique ne l'entraîne à avaliser le prix d'une montée en puissance de l'Union soviétique. Il n'en constitue pas moins avec ses ennemis bolcheviques un fabuleux front uni spirituel.

Face à l'adversaire commun, l'Occident honni, un apôtre de la communion retrouve les accents de son persécuteur communiste. « Le capitalisme vaincu par des poisons mortels, qu'il a lui-même élaborés, s'écroule dans sa vie économique, dans son régime social, il n'y a pas de retour possible au régime de capitalisme industriel qui existait avant la Première Guerre mondiale, car c'est lui qui a engendré tous les malheurs de l'humanité. » (Berdiaev.) La rencontre n'est pas de circonstance, mais de concept. Spiritualistes et athées, réformateurs de l'orthodoxie et adeptes des syndicats militarisés raisonnent selon le même calendrier. Quand l'heure de la Russie sonne (d'autres enchaîneront : l'heure de l'Allemagne, l'heure de l'Islam...), quatre siècles s'achèvent. La Renaissance, les Lumières, la société bourgeoise agonisent. L'espoir d'un « nouveau Moyen Âge » anime le soulèvement général. « La révolution s'est produite en Russie quand la démocratie libérale avait déjà fait son temps et était sur son déclin, que l'humanisme de l'histoire moderne était arrivé à sa fin... Le peuple russe, conformément aux particularités de son esprit, s'est offert en sacrifice pour une expérience historique sans précédent... Le peuple russe, en tant que peuple apocalyptique, ne peut pas réaliser le royaume humaniste moyen, il peut réaliser ou bien la fraternité dans le Christ ou bien la camaraderie dans l'Anté-Christ. » (*id.*)

Éthiquement, politiquement, la foi tolérante de Berdiaev est totalement antinomique de la passion ultra-bolchevique du poète Blok. Partageant, néanmoins, la même haine de l'Occident, ils tirent tous deux, avec une rigueur logique qui les honore, d'impitoyables conclusions. L'appel au « nouveau Moyen Âge » ne s'adresse pas aux tièdes, ni aux prudes, ni aux candides. « Nous connaissons parfaitement bien tous les côtés négatifs du Moyen Âge : la barbarie, la brutalité, la cruauté, la violence, l'esclavage, l'ignorance dans le domaine des connaissances positives de la nature et de l'histoire, la terreur religieuse liée à l'horreur des tourments de l'enfer. Mais nous savons aussi que l'époque médiévale était une époque religieuse par excellence, qu'elle débordait de la nostalgie du ciel, nostalgie qui rendait les peuples possédés de la folie sacrée, que toute la culture du Moyen Âge tendait vers le transcendant et l'au-delà... » (*id.*)

En contrepoint du rejet sans faille des bolchevismes, on pressent la légitimation douloureuse d'une violence proprement « russe » des masses. Celle même dont Blok chante la « musicalité » et Essenine la saine primitivité paysanne. « Le bourgeois européen ne vaut pas mieux que le communiste russe. Et l'homme russe ne peut pas vouloir qu'un bourgeois européen vienne à la place d'un communiste. Il n'est pas d'accord pour remplacer les vices communistes par les vertus bourgeoises, car il vomit ces vertus. » (*id.*) Tant que la controverse ne met pas en cause la prééminence principielle de l'« homme russe » sur l'« Occidental », son hostilité au bolchevisme l'enferme dans le cercle magique d'une opposition à sa majesté. Les polémiques portent sur les voies, sans affecter le projet global : court-circuiter, envers et contre tout, quatre siècles d'histoire continentale.

Face à Lénine, Berdiaev frôle les impasses de la critique interne et discrète, formulée contre un Hitler à son apogée par Heidegger, se réclamant... de l'essence authentique du nazisme. Aux chefs activistes immondes, les penseurs souvent reprochent, sans rire, leur trahison, leur démission devant l'Occident. Eussent-ils exaucé plus radicalement leur élan initialement russe ou germanique, les mouvements révolutionnaires se seraient épargné force péchés, qui, par définition, ne sauraient être fomentés qu'à contre-mouvement, contre-révolution, d'un mot par un reste d'occidentalité. La critique des déviations d'une entreprise criminelle, faute de porter sur la réalité qui pousse au crime, n'introduit qu'un principe de variation et de reduplication qui en renforce la cruauté et la régénère. S'installant dans le sillage complexe des contestations internes, Mao Tsé-Toung reprocha au marxisme russe de s'encombrer de préjugés bourgeois, promit de faire mieux, inaugura pire.

Un principe de récurrence par radicalisation croissante gouverne l'extension de la révolte contre l'existence européenne. « Ils » échouèrent par manque d'audace. « Ils » firent mal parce que pas assez. Encore un effort et nous nous projetterons hors l'Occident. Quitte à ce qu'il vole en pièces. « Par la réforme de Pierre Iᵉʳ, l'Europe pénétra en Russie. Par la révolution communiste la Russie pénètre en Europe... La période historique qui s'ouvre se déroulera dans une forte mesure sous le signe de la Russie. Il est hors de doute que les processus catastrophiques ramèneront la Russie et le peuple russe à leurs idées éternelles. » (*id.*) Entendons : les masses et l'élite retournent à leur solidarité « organique », agglomérant la société dans l'unité d'une « culture », qui s'oppose à la dislocation de la « civilisation ».

L'individu, redevenu homo dei, recentré autour de sa mission, échappe aux impiétés de la vie moderne. Aux réformes de Pierre le Grand substituons les Lumières françaises s'emparant de Frédéric II, interchangeons Russie et Allemagne, nous tenons le discours qui ouvre aux nazis les portes du ciel. Les noms propres varient, la même chanson s'occupe de ressusciter la Rome antique et l'Espagne du Christ Roi. Elle prolonge sa ritournelle en Amérique latine et en terre d'Islam. Premier temps, l'influence délétère du luxe, du stupre, de la technologie, des lettres, des arts et d'Eros colonise de l'extérieur. Deuxième temps, poussée dans ses derniers retranchements, la nation prolétaire relève un défi global par une révolution totale. Elle bloque chaque entrée et prépare la contre-attaque finale. Un : le temps de la fin. Deux : la fin des temps. La prédication devenue prédiction est livrée avec linceuls adéquats par un maître de cérémonie impayable : « Vous sous-estimez, en fait, de façon suicidaire, la profondeur, la portée, l'étendue de la sécession des âmes dans un monde qui devrait nous être proche. Bien au-delà du Maghreb, qui traverse aujourd'hui sa deuxième décolonisation, la vraie, la culturelle, après la décolonisation politique. De la Mauritanie au Pakistan, du Soudan à la Malaisie, en passant par le Liban tout entier dressé contre nous, des chrétiens aux chiites, il est déjà hasardeux pour un simple touriste français, blanc, occidental de se promener dans la rue. La politique de la France n'est pas celle du Club Méditerranée. Mais je ne vois pas comment la France pourra maintenir un semblant de politique étrangère et peser sur la paix quand elle se sera aliéné en profondeur l'arc de civilisation Dakar-Djakarta. »

Suivent des perles énoncées quelques jours avant la débandade irakienne et quelques mois après l'effondrement du communisme est-européen : « Le capitalisme occidental sait tout faire, sauf la guerre toute crue, car l'Occidental moyen n'est pas spirituellement armé pour affronter la mort. La faim, la soif, le sable, l'horreur. La guerre n'est pas, en dernière instance, une question technique, de missile et d'écran-radar, mais de constitution physique et métaphysique. Comme les communistes d'antan, les croyants de l'islam, les nationalistes qui se battent chez eux, avec leur terre et leur mère dans leur dos, savent et peuvent faire la guerre mieux qu'un G.I. qui veut du café chaud à son réveil. » (R. Debray.)

Rien de neuf sous le soleil du Jugement, peu de décennies après avoir annoncé « la Révolution dans la Révolution » et son règne nécessaire de Santa Fé à la Terre de feu, le même augure proclame la surrévolution, la vraie, qui carbonise, cette fois – la bonne – le tiers monde. Un prophète aussi mal luné est imparable. Plus il se trompe, moins les privilégiés lui en tiennent rigueur. Quant aux opprimés déçus, floués, abattus, ils ne reprochent plus rien, écrasés une nouvelle fois par les guignols qu'il héroïse. Ils ont perdu le goût de chicaner avec celui de la vie.

Pour comprendre l'intégrisme dans son unité interne et son illusionnisme conceptuel, il faut percer l'apparence des poses, des drapés et des drapeaux, saisir, derrière la théâtralisation des anecdotes, l'invariant de la mise en scène. Il y a ceux qui prient et ceux qui font l'expert et le savant. Ceux qui portent turban et ceux qui arborent la casquette. À l'occasion, ils en viennent aux mains, entre croyants ou entre fidèles de la même non-foi. Les communistes ont égorgé les communistes. Les socialistes firent la guerre à d'autres socialismes et s'attaquèrent aux fascismes après avoir passé alliance. Tant de confusion en impose au naïf que nous portons en nous. Sensibles au tranchant des slogans, même, et peut-être surtout, lorsqu'ils nous exaspèrent, nous nous fermons aux harmonies discrètes et montrons peu de curiosité pour des ressemblances dissimulées.

Pendant longtemps, les observateurs non partisans écartèrent une possible parenté des fascismes bruns et rouges. Examinant, voilà près de vingt ans, l'équation Hitler = Staline en matière de technique concentrationnaire, j'eus droit à quelques qualificatifs peu flatteurs. La volée de bois vert m'atteignit après bien d'autres, avant d'autres encore. Aujourd'hui, l'égalité entre faucille, marteau et croix gammée court les rues, depuis la place Tien Anmen à Pékin jusqu'à la place de l'Université de Bucarest. Les jeunes adolescents qui narguent les tanks l'inscrivent sur leur poitrine nue et les vieilles dames en témoignent comme de l'évidence de leur vie. Cependant, tous nouveaux tous beaux, d'autres intégrismes entrent dans la danse. Sous un masque neuf, la même chimère nargue.

Affublé de son changeant vêtement d'idées, l'énigmatique héros intégrateur, hypnotiseur des masses, fascina à l'avance quelques rares écrivains devins, dont Thomas Mann. Jésuite, juif, prêcheur d'« apocalypses prolétariennes », grand pêcheur dans les eaux troubles du luxe médiéval et des maladies d'élite, Naphta préfigure l'ingénieur des âmes stalinien ou le meneur SS. Dans *La Montagne magique*, son ironie n'accorde à l'anticipée violence qu'un « soutien critique » de style trotskyste. Il fanatise avec la distinguée distanciation du « national-conservateur » se refusant nazi. Incarnant de la sorte et les tyrannies proches et la contestation familière qui les fait rebondir, il se consume dans une flamme religieuse, qui lui ouvrirait aujourd'hui force carrières proche et moyen-orientales. Encombré par tant d'avenirs, il choisit le suicide.

Point de concours des idéologies prochainement dominantes, assujetti à aucune, car les pratiquant toutes, Naphta manifeste l'unité structurelle qui gouverne les oppositions de façade. Haro sur « le règne satanique de l'argent, des affaires »! Pas de quartiers! Le « zèle pieux du prolétariat ne reculera pas devant le sang ». Feu sur la décadence : « Si vous croyez que le résultat des révolutions futures sera la liberté, vous vous trompez. Le principe de la liberté s'est réalisé et s'est usé en cinq cents ans. Une pédagogie, qui, aujourd'hui encore, se présente comme issue du siècle des lumières et qui voit ses moyens d'éducation dans la critique, dans l'affranchissement et le culte du moi, dans la destruction de formes de vie ayant un caractère absolu, une telle pédagogie peut encore remporter des succès momentanés, mais son caractère périmé n'est pas douteux... » Naphta poursuit, seuls comptent en bonne pédagogie

« l'autorité absolue, une discipline de fer, le sacrifice, le reniement du moi, la violation de la personnalité ». D'ailleurs, la jeunesse n'aime pas la liberté, « son plaisir le plus profond, c'est l'obéissance ».

Cimentant son front unique anticivilisation, Naphta dérègle systématiquement les antinomies acquises et les oppositions figées. « Les concepts de réaction et de révolution s'évanouissant, pour autant qu'ils ne se réunissaient pas en un nouveau concept plus haut », il nage dans la confusion, sciemment. Il n'en est pas victime. Il la retourne pour confondre l'adversaire et miner les hiérarchies, les partages, les disjonctions, les barrières et les tabous, qui tranquillisent les siècles naïfs. « Il niait les valeurs, toute échelle de valeurs, c'était effrayant à dire. Ainsi donc il n'y avait ni bien, ni mal, il n'y avait pas davantage d'individu dans sa dignité critique, il n'y avait que cette communauté absorbant et nivelant tout, l'anéantissement mystique en elle. » Le résultat est d'autant plus déstabilisant qu'il est obtenu sous la bannière de ces valeurs qu'il abolit. En poussant à l'absolu l'exigence de justice, de dignité, d'égalité, Naphta fait table rase du relatif, des vieilles perruques du droit et des usages bourgeois. La société, ainsi purifiée, sera la page blanche offerte au poème du tyran régénérateur.

Naphta croit-il en Dieu ? Au diable ? En l'indistinction des deux ? L'auteur ne lève pas le voile. Son personnage érige cette ambiguïté en argument suprême. L'idéal ? Il ne le loue, ni ne le dénigre. Il le précède dans ses galipettes, « l'exaltation de la liberté avait suscité les plus brillants adversaires de la liberté » pointe-t-il, citant Dostoïevsky sans le nommer. Le carambolage réitéré des valeurs, un citoyen ballotté en permanence du pour au contre, le siècle sans défense devant les tentations, l'humanité désimmunisée sont des signes qui témoignent, par la négative, pour l'imminence de la parousie : « Tout ce qu'on juge digne d'être conservé, tout ce que les faibles, les lâches, les conservateurs, les bourgeois essaient de maintenir – l'État et la famille, l'art et la science profanes – a toujours été en opposition consciente ou inconsciente avec l'idée religieuse, avec l'Église dont la tendance initiale et dont le but invariable est la dissolution de tous les ordres temporels et la réorganisation de la société d'après le modèle du royaume idéal et communiste de Dieu. » Une désintégration choisie sans recours ni exception s'étale en faire-valoir inconditionnel de l'exigence intégriste.

La grande charte de Naphta n'est autre que la théorie et la pratique apocalyptiques : il faut que l'Imperium Romanum ou la Babylone moderne aient atteint le sommet de leur puissance, c'est-à-dire le tréfonds de leur universelle décomposition, pour que ces grandes prostituées s'incendient de la haine qu'elles attisent et que le Règne arrive. Telle est la loi décrétée par Staline, plus la lutte des classes touche à son terme, plus grande est l'intensité de sa violence. Tel est le cri du cœur radiodiffusé en pleine débâcle nazie par le maréchal du Reich Goebbels : « La terreur des bombes n'épargne pas plus les demeures des riches que celles des pauvres, les dernières barrières entre les classes devront s'effacer devant l'œuvre de la guerre totale... les derniers obstacles à l'achèvement de notre mission révolutionnaire s'écroulent en même temps que les monuments de la civilisation. » (1945.) Tel est le slogan massacreur dans le Cambodge rouge : « la ville est mauvaise, l'homme doit apprendre qu'il naît du grain de riz... ce qui est infecté doit être incisé ». Tel est le choix du martyr qu'affectent divers leaders suprêmes prenant leur propre peuple en otage et transformant les multitudes en boucliers de la foi. Ô Khomeiny ! Ô Saddam Hussein ! Le héros régénérateur ignore le froid aux yeux, « ce n'est que du scepticisme extrême, du chaos moral que se dégage l'absolu, la terreur sacrée dont l'époque a besoin », conclut Naphta.

V

Le court-circuit révolutionnaire-conservateur

L'intégriste plaide non coupable. Les désordres du monde, il ne les a pas inventés. Il ne les exacerbe que pour sortir d'une foire d'empoigne dont il est l'enfant, pas le promoteur. Il n'agit pas, il réagit. Il ne commence rien, mais il se targue de terminer tout.

Son entreprise se veut réaction pure face à un Occident déçu et décevant. Si, de proche en proche, la démoralisation 14-18 n'avait pas diffusé et gagné, un intégrisme modèle réduit défraierait seul la chronique anecdotique des passions tribales et locales, mêlé à de fugaces effervescences religieuses extrémistes et minoritaires qui sont de tous temps. La chiquenaude initiale est euro-atlantique. Va bene!

Sous le bariolage des apparences, l'ensemble des intégrismes vise le même but – l'accomplissement de la révélation apocalyptique; ils y courent de la même façon, agençant des instruments comparables, selon des méthodes parentes.

L'énorme trouvaille stratégique qui nourrit l'espoir anti-occidental, c'est le temps manié comme une arme secrète. L'espace est supposé hostile; l'encerclement par le « système impérialiste », l'océan infini de la « petite propriété » et des égoïsmes matérialistes, la pénétration insidieuse des

« infidèles », la judaïsation, la négrification, le mélange des races, des croyances et des sexes, autant de motifs pour se terrer dans les forteresses assiégées, citadelles du socialisme, bunkers de la foi ou encore voile individuel, cette ligne Maginot sensuelle et mentale dressée contre l'ennemi extérieur. Le temps, par contre, offre au reclus sa clé des champs. Quelle que soit la puissance actuelle de l'adversaire, l'intégriste la double et surmonte par le passé et par l'avenir ; plus originel, il s'élit dépositaire exclusif du futur communautaire. Satan encercle, mais va se trouver très vite coincé par une pré et post-histoire qui le cernent à son tour. Entre le communisme primitif et la venue de l'expropriation des expropriateurs, la société bourgeoise est condamnée. À la fin de l'épopée raciste, le sang et le sol doivent triompher car ils commandent son commencement. Et la victoire terrestre d'une religion se livre comme accomplissement sans restes de l'Annonce qui en illumina l'origine.

Les petites idéologies du XIXe siècle, pas encore gonflées telles des outres par le grand souffle intégriste, s'échinaient à se distinguer les unes des autres. À droite se comptaient les réactionnaires soudés par la nostalgie d'on ne sait quel paradis perdu ; ils réduisaient logiquement l'histoire à un long égarement, qui, de défaillances en chutes, égrenait les décadences. À gauche, le sens giratoire s'inversait ; le progrès contredisait les regrets ; l'avenir meilleur tirait l'histoire en avant ; extraits du limon de l'inculture, les peuples escaladent le firmament. La Grande Guerre ayant confondu les jeux et mélangé les cartes, les nouvelles levées en masse rendent perplexes politologues et experts. Ainsi la révolution marxiste s'autoproclame d'extrême gauche, mais n'en souscrit pas moins, dès le départ, une alliance plusieurs fois réitérée avec l'ultra-droite nationaliste allemande. Dès 1920, à Berlin, Radek évoque une solidarité historico-sentimentale au nom de la Troisième Internationale. Par la suite, la Reichswehr s'entraîne, discrètement, dans la patrie du socialisme et les camarades rouges feront, de temps à autre, le coup de poing aux côtés des SA noirs contre les démocrates sociaux traîtres. Tout aussi initialement, Lénine soutient les officiers Jeunes Turcs qui, s'ils préfigurent une modernisation dictatoriale et militariste de leur pays, s'illustrent, pour commencer, du peu recommandable génocide des Arméniens.

Sur le terrain, des violences concurrentes assouplissent inlassablement leurs systèmes d'alliance, indifférentes aux exclusives d'antan. Dans les cervelles, ces rencontres « contre-nature » paraissent à tort accidentelles. Ainsi, Trotsky, pourtant passé à l'opposition, rapetisse d'aussi révélatrices complicités; il n'y voit qu'erreur, maladresse, trahison individuelle. Staline les justifie banalement par l'urgence et les nécessités tactiques. Bonnes âmes et experts achoppent, leurs délicates pincettes ne mordent pas sur l'inédite conjonction. Seul le pacte entre Hitler et Staline provoque un instant de doute dans les fixations dogmatiques d'une génération. Un demi-siècle plus tard, le soutien qu'apporte un autocrate « de gauche » cubain à une dictature argentine, qu'il qualifiait de fasciste, avant de sanctifier sa guerre contre la Grande-Bretagne capitaliste, étonne peu. L'émergence d'une solidarité officieuse plus prenante que les inimitiés officielles tourne à l'habitude. Reste à penser cet impensé.

Alors que le XIXe siècle polarise réaction et révolution, un coup de génie élimine l'antinomie et joint les deux bouts. L'intégriste se fera plus conservateur que Joseph de Maistre et plus millénariste que Karl Marx. Au premier, il dérobe le fondement qui rend inébranlable : « *divin*, il n'est pas d'adjectif dont Maistre use si volontiers : la Constitution, la souveraineté, la monarchie héréditaire, la papauté sont, selon lui, œuvres divines, comme l'est toute autorité consolidée par la tradition, tout ordre dont l'origine remonte à une époque lointaine... » (Cioran.)

Débâcle aidant, les institutions jadis honorées par le conservateur emportées à leur tour, les sacrosaintes « masses » héritent des privilèges de l'infaillibilité. L'œil du paysan voit juste, chuchote Mao Tsé-Toung. L'Oumma est porteuse du sens de la vie, fait écho le militant islamiste. Encore faut-il dégager le cristallin souvenir du premier paradis de sa gangrène temporelle et, pour réhabiliter dans sa pureté le point de départ impeccable, initier la plus impitoyable des chirurgies : ainsi les fils spirituels de Joseph de Maistre s'emballent-ils marxistes et vice versa.

Les grandes insurrections de ce siècle sont mondiales et révolutionnaires par leur négation et la levée des tabous que leur doctrine légitime. Elles sont conservatrices et autochtones dans l'affirmation, par la violence massive et ancestrale qu'elles déchaînent. Le religieux dérobe au marxiste la forme universelle de sa contestation et de ses imprécations. Le révolutionnaire récupère dans la tradition le contenu concret et souvent crapuleux des solidarités qu'il manipule. L'alliance du trône et de l'autel, du sabre et du goupillon tourne discrètement à la symbiose des académies et des mafias, de l'intelligentzia et du milieu, des bibliothèques, des lieux de culte et de l'égout.

L'historien des idées distingue soigneusement entre les rêves d'antiquaires et la passion futurologique. D'un côté les résurrections religieuses du passé, de l'autre la science-fiction laïque des lendemains utopiques : « L'idée d'âge d'or, l'idée de paradis tout court poursuit également croyants et incroyants. Cependant entre le paradis primordial des religions et celui final des utopies, il y a tout l'intervalle qui sépare un regret d'un espoir, un remords d'une illusion, une perfection atteinte d'une perfection inaccomplie. » (Cioran.) Un partage si proprement et sagement ciselé semblait indépassable au siècle dernier. Il hante encore aujourd'hui les engagements simplificateurs des meilleurs esprits. Les uns se dressent contre la réaction, en misant sans réserve sur la révolution. D'autres parient dur comme fer sur une conversion ésotérique bloquant les violences exotériques. Tel est pris qui croyait prendre ! L'intégrisme déjoue ces calculs d'un autre âge, il soutient sa restauration par l'activité révolutionnaire. Plus il hurle sauve qui peut, plus il fonde l'urgence de rompre sur la nécessité de conserver. Rien de plus logique : passé et avenir font cause commune contre un présent tenu pour nul.

L'intégrisme se bouclant sur lui-même postule, plutôt qu'un éternel Retour, le retour d'un Éternel où paradis perdu et paradis retrouvé sont appelés à se confondre. En attendant, ils témoignent l'un pour l'autre. La nostalgie inspire l'espoir qui soupire nostalgiquement. L'origine instaura la communauté, le terminus la restaure. Scène primitive et scène finale symphonisent dans le mirage d'une société sans scission, ni clivage. Entre Joseph de Maistre et Karl Marx, l'érudit relèvera de piquantes contradictions, l'intégriste n'en a cure. Il additionne les rêves, opération elle-même rêveuse qui ne s'embarrasse pas du principe du tiers exclu. Ce n'est pas l'un ou l'autre, c'est l'un et l'autre. L'innocence pré-historique (encore sédimentée, comme la trace de l'unanimisme primitif, au plus profond des masses) conforte la divination post-historique (inscrite au plus haut des plus élevées cervelles). La levée de la conventionnelle, mais fragile, séparation entre le concept de révolution et celui de réaction provoque désarroi et chaos dans les rangs adverses, alors que le révolutionnaire conservateur se donne l'avantage de prendre en tenaille une réalité qu'il abhorre.

L'opposition majuscule Révolution / Réaction avait discipliné et gelé les fureurs qui travaillaient l'Europe post-napoléonienne. Dès qu'elle saute, la guerre froide idéologique tourne au carnage chaud. Une fois franchie la digue séparant rouge et noir, normalisations réactionnaires et folies révolutionnaires, l'arme du verbe ouvre libre cours au verbe des armes. À vrai dire, poètes, penseurs, écrivains avaient pressenti la précarité d'une trêve mentale étayée par de superficiels bornages. Il suffisait de les suivre attentivement, sans se satisfaire des vulgarisations, pour deviner que Hegel est plus vrai que ses épigones, hégéliens de gauche ou hégéliens de droite. De même Nietzsche et les grands échangeurs intellectuels : ils dynamitent les blocages conjoncturels organisant nos paix quotidiennes, ils en font disparaître la vaine cachotterie. Ainsi l'intégrisme contemporain s'avère-t-il plus logique que la logique qu'on lui objecte. Il « réalise » à sa façon, celle des possédés de Dostoïevsky, la philosophie des Maîtres Penseurs du siècle passé, d'autant qu'il transcende, non seulement théoriquement mais pratiquement, les clivages anesthésiants.

Entre la fuite en avant style Marx et le pèlerinage à la Joseph de Maistre, la nouvelle union sacrée théorique se soutient d'un rejet commun de l'abjection numéro un : le temps présent qui rend l'homme étranger à lui-même, le condamne à se déchirer dans l'aliénation (Marx) ou la dégradation. « Plus on examine l'univers, et plus on se sent porté à croire que le mal vient d'une certaine division qu'on ne sait expliquer et que le retour au bien dépend d'une force contraire qui nous pousse sans cesse vers une unité aussi inconcevable. » (J. de Maistre.) Qu'on mette en cause l'exploitation capitaliste et la réification qu'elle propage ou la faute d'Ève, les symptômes infectant le genre humain sont repérés en fonction d'un code unique. La maladie incriminée est division, altérité, déracinement, existence dispersée : une diaspora. La santé promise est inversement unité, communauté, intégration des parties dans le tout, bon ensemble qui contient ses éléments et se contient lui-même, humanité qu'en bloc l'origine institue et qu'une fin honorable réconcilie ! Comment sortir de la dualité, comment régénérer l'unité, tel est le défi que les enfants de Marx et de J. de Maistre s'emploient d'un même cœur à relever.

Opération Deux devient Un. Le rite fondamental qui purifie le pécheur, délivre du mal, expie la faute, délie le coupable, purge, absout, renouvelle la face de la Terre, c'est le sacrifice. « On trouve spécialement toutes les nations d'accord sur l'efficacité merveilleuse du sacrifice volontaire de l'innocence qui se dévoue elle-même à la divinité comme une victime propiatoire. » (J. de Maistre, *Éclaircissements sur les sacrifices*.) Le juste qui assume les souffrances s'émancipe positivement du présent tout en se pliant à la méchanceté ambiante. Le ressort de la rédemption par le sang, c'est le redoublement sublime d'une volonté d'apocalypse se faisant volontairement harakiri.

Le sacrifice du Christ est la clé de tous les autres. L'incarnation militante se crucifie dans la chair et la violence de l'actualité et, trouvant dans la douleur extrême l'issue la plus irréversible, elle se désincarne pour s'immortaliser. Elle meurt pour, dans, par l'éternité.

Pareil aller et retour divin affleure dans la mission sacrificielle assignée au prolétariat selon saint Marx : « Il faut former une classe avec des chaînes radicales, une classe de la société bourgeoise qui ne soit pas une classe de la société bourgeoise, un état social qui soit la dissolution de tous les états, un ensemble qui ait un caractère universel par ses souffrances universelles et qui ne se réclame d'aucune justice particulière, parce qu'il ne subit pas d'injustice particulière mais l'injustice absolue... qui soit en un mot la perte complète de l'homme et ne puisse donc se reconquérir lui-même que par la conquête totale de l'homme. » Pour un être plongé dans l'histoire, tout commencement inévitablement recommence. Le mot reconquête (Wiedergewinnung) fait allusion au fond de restauration sommeillant en toute insurrection qui se veut intégrale et vise donc à faire coïncider l'absolue origine qu'elle inaugure et l'inauguration originelle dont elle souffre la perte absolue. Il n'y a pas lieu de s'étonner si le réactionnaire et le révolutionnaire communient dans une même pratique sacrificielle qui, détruisant le présent au nom d'une éternité re-trouvée, « satisfait la raison en l'écrasant » (de Maistre), oxymoron qui à l'occasion définit aussi bien la dialectique marxiste.

Les idéologies encore intellectuellement disciplinées du XIXe siècle jouent avec des idées du passé et du futur suffisamment précises et convaincantes pour se contredire l'une l'autre. Les intégrismes du siècle suivant montent à l'assaut d'une réalité désolante, au nom de ces mêmes idées, sans les supposer claires et distinctes. Ils prennent pour cible un « système » maléfique exerçant sa toute-puissance sur la tradition qu'il déracine et les pures aspirations qu'il corrompt. Le conservateur n'a plus rien à conserver. L'ancien et le nouveau s'embrouillent. Seule compte, face à l'envahissante désertification, l'opposition résolue qu'elle suscite. Le sacrifice, jadis simple moyen d'affirmer des valeurs, glisse but et fin, il culmine valeur suprême en soi.

La société se décompose, l'égoïsme avilit, la civilisation prostitue les rêves et cerne, de toutes parts, le fidèle qui ne saurait s'autoriser que de lui-même. Il ne peut pas ne pas s'auto-héroïser, sous peine de ne plus agir du tout. S'il esquive le système qui le paralyse et l'écrase, Yu Kong doit apprendre, selon Mao, à « déplacer les montagnes ». Celles que la foi humaniste, communiste, nazie, khomeiniste, saddamiste, soulève. Entre le culte de la personnalité du guide et le dévouement fanatique du combattant de base, une parfaite homologie est postulée : le commun et le général se révélant pervertis par le système, le nom propre s'offre seule planche de salut. Suprême, parce qu'à la fois baptême et extrême-onction, le sacrifice transmue l'inauthentique en authentique. À des nullités qui croupissent dans l'aliénation, il restitue une dignité individuelle ; au moment même où il renvoit l'individu au rien qui lui est le plus propre, cette mort qui l'élit parce qu'il l'a élue.

Depuis longtemps, on sait parmi les bipèdes sans plumes que le tombeau mesure le sérieux de la vie et qu'une existence ne vaut la peine d'être vécue que si l'on se montre capable de périr pour elle. Donnant-donnant. Le guerrier entend sauver une patrie, un foyer, sa dignité. Quand ces grandeurs grandissent son acte, nul ne le tient pour tête brûlée ou triste m'as-tu-vu. Il fait apparaître, fût-ce en disparaissant, ce qui le fait être. L'échange symétrique, entre l'existence héroïque et l'essence d'une humanité supposée être, s'interrompt dès que l'homme brisé, roué, cloué, floué se découvre dénaturé, en perte de soi, en désespoir de cause, se supposant ne pas mériter d'être. La mutation s'insinue, quasi imperceptible. Le sang est plus que jamais versé. Les drapeaux flottent. Et les discours pompeux se pavanent. À cette différence près : la charge de la preuve est intégralement supportée par celui qui se risque. Depuis toujours on ne pose qu'en s'exposant, mais l'intégriste surenchérit. Il ne pose que sa propre exposition. Il ne meurt pas parce qu'il estime avoir raison, il a raison parce qu'il se contente de savoir mourir. Saddam Hussein déclare : je vaincrai, parce que je peux accepter cent mille morts chez les miens, mes ennemis douillets n'en supporteront pas mille. Avant lui, Mao Tsé-Toung confia à Khrouchtchev : en cas de conflit nucléaire, un tiers, la moitié même du peuple chinois peut disparaître, mais nous aurons gagné. Le ridicule dictateur cubain l'imita : je foudroierai New York, même si le peuple de Cuba est annihilé par retour de fusée. Le socialisme triomphera ! Ici, il n'en va plus comme dans la vertu classique, où le don de la vie s'opère au nom de la vie. Désormais, l'offrande suprême donne vie à celui qui perd la sienne, auparavant il existait aliéné, il n'existait donc pas. Je risque, je diffuse la mort donc je suis. D'une latitude à l'autre, le cogito intégriste ne varie pas.

L'identité asymptotique du sacrificateur, du sacrifié et du destinataire de la communion par le sang rompt l'ordre classique. Bien loin de confondre les rangs et les règnes, la cérémonie grecque opérait, à la frontière des partages consacrés, la remise en place hiérarchique de l'humain, du divin, et de l'animal. « Le rite sacrificiel est la voie normale de communication entre la terre et le ciel, mais ce contact, par la forme même qu'il revêt, souligne la disparité radicale de statut entre les mortels qui habitent le monde sublunaire et les immortels toujours jeunes qui siègent dans les hauteurs lumineuses de l'éther (...) Le rite qui associe hommes et dieux consacre l'impossibilité d'accéder directement au divin. » (Vernant.)

Traditionnellement, l'acte séparateur instaure moins qu'il ne restaure. La victime est supposée consentir à un ordre du monde qui préexiste et l'enveloppe. Le savoir-mourir se dévoue à un savoir-vivre, dont il confirme la primauté, au point que le scandale éclate, dès que la dévotion côtoie l'excès, ou franchement transgresse, lorsque Agamemnon immole Iphigénie. Loin de préformer un âge d'or, où mortels et immortels fusionnent ou de ressusciter l'âge douteux d'une sauvagerie confondant humanité et animalité, les sacrifices maintiennent à bonne distance l'infra et le supra-éthique. Ils garantissent le cours normal des activités essentielles, agriculture, échanges, alliances. Rien de moins subversif que les cérémonies par quoi, de tous temps, les membres d'une collectivité « revêtent d'une autorité sociale leurs vœux, leurs serments, leurs mariages. Ils entourent, comme d'un cercle de sainteté qui les protège, les champs qu'ils ont labourés, les maisons qu'ils ont construites. En même temps, ils trouvent dans le sacrifice le moyen de rétablir les équilibres troublés : par l'expiation, ils se rachètent de la malédiction sociale, conséquence de la faute, et rentrent dans la communauté; par les prélèvements qu'ils font sur les choses dont la société a réservé l'usage, ils acquièrent le droit d'en jouir. La norme sociale est donc maintenue sans danger pour eux, sans diminution pour le groupe. » (Hubert et Mauss.)

Paradoxalement, alors que le sacrifice classique intègre en procédant par disjonction, le sacrifice intégriste désintègre par conjonction. Au lieu de remettre chaque être à sa place et de renvoyer tout acteur à son rôle, il subvertit les rangs, intervertit les règnes. Loin de se fondre dans un ordre du monde, il le détruit en s'autodétruisant. Comment passe-t-on d'une acception à l'autre sans commettre un pur et simple abus de langage ? En basculant de l'exception à la règle. L'univers religieux traditionnel – grec, égyptien, indou – isole méditativement l'expérience limite, où le sacrifice au dieu se recouvre d'un sacrifice du dieu. S'abolit, alors, le calcul « égoïste » qui adapte et proportionne l'oblation à un ordre normal du monde « car le dieu qui se sacrifie se donne sans retour. C'est que, cette fois, tout intermédiaire a disparu. Le dieu, qui est en même temps le sacrifiant, ne fait qu'un avec la victime et parfois même avec le sacrificateur. Tous les éléments divers qui entrent dans les sacrifices ordinaires rentrent ici les uns dans les autres et se confondent. Seulement, une telle confusion n'est possible que pour des êtres mythiques, c'est-à-dire idéaux. Voilà comment la conception d'un dieu se sacrifiant pour le monde a pu se produire et est devenue, même pour les peuples les plus civilisés, l'expression la plus haute et comme la limite idéale de l'abnégation sans partage. » (Hubert et Mauss.)

En absolutisant le rite sacrificiel, le XXe siècle a sauté le pas. Il s'est mis à faire le Dieu.

VI

Le cogito-suicide

L'élévation la plus éthérée et le bain de sang le plus crapuleux coïncident. « Qui veut faire l'ange, fait la bête », la frappe pascalienne illumine une logique soigneusement étudiée par Montaigne à la lumière des guerres de Religion. L'auteur des *Essais* ne visait pas l'ordinaire hypocrisie abritant des actions souterraines inavouables derrière l'écran d'humeurs pompeuses et munificentes. Toute mauvaise foi en évoque une bonne possible. Mais à l'extrême de l'outrecuidance, la faculté même d'authentifier ou d'invalider est annihilée par une foi qui, se canonisant exégète unique de ses mandats, récuse chaque perspective extérieure, flatteuse ou pas, qu'on – quel on ? – s'aviserait de prendre sur elle. Le sacrifice intégriste autogère son miracle, il vaut pour tout et rien ne vaut hors de lui. Le sentiment de sa propre excellence alimente l'incessant rejet de l'irrémédiable vanité qui l'environne. Celle-ci ne devient globale et sans appel que par l'acte qui, s'extradant lui-même, la rejette par ricochet dans le néant. « Nous ne sommes rien, soyons tout » prescrivait *L'Internationale*. Sur cette lancée, l'intégrisme se démasque subjectivisme absolu, il ne témoigne de soi qu'à soi, il se constitue juge, pénitent, victime, bourreau et ultime récompense.

L'acte intégriste transmue son crépuscule en apothéose selon le battement duel de la révélation religieuse – expiration de l'ancien, inspiration du nouveau. La nuit du monde coagule autour du noyau disphane et simple d'une conservation révolutionnaire. On relèvera aisément les contradictions qui grèvent pareil programme, en escomptant à tort qu'elles le condamnent. Loin de là. La coïncidence des opposés étale le bon plaisir d'un dieu qui meurt et ressuscite. Bien avant que le monde ne se colore christique, la pensée grecque avait interrogé l'énigme du sage cynique, le quasi divin Diogène, lequel avait décidé que son dernier moment marquerait l'accession à la plus parfaite maîtrise qu'un homme puisse concevoir. L'instant de sa mort serait celui d'intense et absolu contrôle, où, de soi à soi, toute interférence extérieure est exclue. Il pourrait ainsi, en pleine connaissance de cause, décider de mourir – donc par contrecoup de vivre d'une existence qui ne tiendrait plus qu'à lui.

Diogène planifia son suicide comme une entreprise intérieure, purement mentale. Il élimina systématiquement les risques d'accident, les effets du hasard et la part de la fortune. Puisque le plus bel acier peut dissimuler une paille, un sabre se briser, un couteau s'émousser, une grève du gaz ou la compassion de tendres amis interrompre le processus, il faut, il suffit que la mise à mort ne dépende ni des instruments, ni des aides appelées en renfort. L'acte pur réduit la vie à un souffle. La mort sera thésaurisée dans un essoufflement conscient et organisé. Ainsi Diogène nous quitta, déglutissant le contenu de ses poumons, maître et possesseur d'une bouffée d'oxygène, dernière à son gré s'il la délaisse, première s'il l'inhale.

Capable imperturbablement de se donner la mort, il ne doit donc qu'à lui de subsister, il se donne, au sens fort, la vie. Il devient son propre père et son propre fils; sa liberté éclate sans freins, ni attaches, absolue. Son univers chancelle et tremble dès qu'il expire, il est la destruction révolutionnaire intégrale. À chaque aspiration, le monde peut renaître, sa persistance dans l'être assure l'autoconservation du conservateur. Diogène respirant décrit l'expérience limite où l'intégriste hallucine sa vérité et vérifie ses hallucinations.

Plongeant dans le Grand Bleu de son autoasphyxie, accédant au top niveau où l'Être et le néant se donnent l'accolade dans l'intimité de la création, Diogène retient son souffle devant son propre souffle. Il s'autogère dieu. S'il pense être, c'est qu'il est, car s'il décide de n'être pas, il disparaît. Il s'impose cause de soi, causa sui. L'opération – je pense donc je suis – semble singer, avec deux millénaires d'avance, le cogito cartésien. Diogène le cynique aurait-il atteint le « fondement inébranlable », dont Hegel et Heidegger imputent (à tort) le fantasme à Descartes ? Le cynisme grec préfigure, en effet, cette « subjectivité absolue » que l'histoire des idées s'obstine à coincer dans une filiation cartésienne. La quête de la maîtrise totale de soi et de la cité n'a attendu ni Copernic, ni la mathématisation de la nature, ni le *Discours de la méthode* (tous probablement hors de cause). La toute-puissance du tyran incarne dès le départ la tentation majeure de l'Occident. La culture grecque s'est acharnée à la formuler, l'élucider et la combattre. Le cogito, dont le cynisme propose la captation in vivo, est celui du dieu pas du mortel selon la réflexion antique. Reprochant à Homère d'avoir anthropomorphisé la divinité, en l'encombrant de passions et délires trop humains, Platon entend purifier les mythes et innocenter les Olympiens. Dieu n'est pas cause du mal. Dans la foulée, son élève-adversaire Aristote décrit l'être premier nimbé de l'amour du monde et absorbé dans ses propres pensées, au point de ne penser qu'elles, vivant dans et de l'intuition de ses intuitions (noesis noeseos). Les suprêmes ne se soucient pas des péripéties infralunaires, où s'ébattent les mortels désordonnés; ils ignorent le mal et n'ont pas à le connaître. Telle est l'immortalité que revendique le cynique, audacieux; il ne se tue pas, il s'éternise, son suicide est d'un Olympien.

Le sujet cartésien, lui, n'est pas absolu. Il se découvre en situation de faiblesse. Il doute. Devant des puissances étrangères, préventions, précipitations qui l'investissent de l'extérieur, il doute de soi. Il a été enfant avant que d'être homme. Le risque de retomber en quelque puérilité subsiste. Malin génie, dieu trompeur le hantent. En revanche, le sujet cynique fait fi de semblables incitations à la prudence. Pour ne plus se sentir exposé aux agressions externes, il abolit en bloc l'idée d'extérieur. Les humanistes bien-pensants affirment « rien de ce qui est humain ne m'est étranger », il renchérit : rien n'est étranger, rien n'est inhumain. Il accumule les provocations, il dispute aux chiens un morceau de poulpe cru, il invite à se nourrir de glands, ce surcivilisé retrouve la vie libre des premiers hommes. Il fait bon marché de la différence du cuit et du cru, il feint d'ignorer l'usage du feu domesticateur. Il abolit les partages constitutifs de la vie collective; privé et public, décent et indécent, diurne et nocturne syncopent.

Diogène de Sinope se masturbe sur la place et interroge : pourquoi Œdipe, père et frère de ses enfants, époux et fils de la même femme, s'afflige-t-il d'un destin qui n'offusque ni les coqs, ni les ânes, les chiens et les Perses ? « Inceste, parricide et cannibalisme : les grands interdits sont jetés bas. »

(M. Détienne.) Ici, de grâce, n'incriminons pas ingénument un culte fou du primitif pour le primitif. Le retour à l'état de nature est prôné dans la mesure où dans la scène originelle les dieux (tout culture) et les hommes (tout nature) sont encore commensaux. Puisque la divinité ne connaît rien de mal, apprendre à ne pas prendre mal ce que l'opinion désigne comme mauvais revient pour un cynique à se donner le regard olympien. Lever les interdits, c'est partager la liberté d'une pensée qui n'intuitionne jamais que sa propre grandeur.

On accroche habituellement la dévalorisation des valeurs au constat péremptoire d'une défaillance de leur fondement. « Si Dieu est mort, tout est permis. » Nietzsche, en vérité, est plus subtil que le mâchonnement vulgaire et répétitif de sa sentence ne l'indique. Selon lui, le nerf du nihilisme moderne n'est pas la donnée de fait, mais l'acte qui la sous-tend et qui demeure encore « trop grand pour nous ». Il faut entendre : si nous avons exécuté Dieu, nous pouvons tout nous permettre. Et la question nietzschéenne en découle : qui, « nous » ? Zarathoustra qui annonce le surhomme, qui annonce l'éternel retour, qui annonce... ? Les provocations et scandales cyniques promènent une question identique dans la vie quotidienne des cités : qui suis-je, moi qui m'autorise à lever l'interdit ? Seul un dieu a la force d'abattre un dieu, donc je dois exister EN Dieu, aux deux sens de l'expression : se conduire à la manière de l'être parfait et partager son intimité. Dieu ne connaît pas le mal, qui le touche participe de son innocence, suggère le conservateur. Si tout m'est permis, je baigne dans le divin, répond en écho le révolutionnaire. À leur conjonction se produit l'apogée cynique.

Si en se suicidant Diogène se vérifie Dieu, sa preuve suprême étale une redoutable ambiguïté et prête à controverse. Un doute subsiste. Peut-être son collapsus procède-t-il d'un involontaire étouffement, le corps déjà paralysé s'emparant d'un esprit encore vif s'apercevant trop tard que la décision de se reprendre ne lui appartient plus ? À moins qu'à l'inverse, une bouche d'ombre sciemment anticipée n'ait, conformément à la doctrine, aboli le physique ? Indécidable. L'unique témoin manque à l'appel, aucun moment ne le présente comme n'étant déjà plus ce qu'il croit être et n'étant pas encore son ne plus être. Visant une coïncidence impossible (« lorsque nous sommes la mort n'est pas, lorsque la mort est nous ne sommes plus ») la performance rebrousse sur deux directions.

1. En quête de l'élémentaire, le dionysiaque relaie le cynique et creuse le point aveugle où le sujet et le dieu se croisent dans la nuit la plus noire. Telle est la déviance des Ménades qui sortent des cités, déchirent à belles dents panthères et chevreuils, fusionnent l'humain et le divin dans le bestial, au point qu'Agave, possédée de Dionysos, chasse et capture son fils, ce lionceau qu'elle déchiquette de ses mains et s'apprête à dévorer, sans reconnaître Penthée. Les multiples interprétations qui réduisent le totalitarisme à un retour de barbarie inculte et à une bouffée d'irrationalisme suivent le rail de la logique imputée aux Bacchantes : « Le dionysisme se jette dans la sauvagerie à corps perdu, il y cherche la possession, le contact avec le surnaturel. » (Détienne.) C'est le côté SA du nazisme : la jeunesse hitlérienne commence par torturer des chats vivants, elle continue par les mystères païens, elle rêve d'ésotérisme, et finit par s'entre-tuer comme les Bassares, fidèles de Bacchus, qui, non contents de chaparder la viande des sacrifices, se jettent les uns sur les autres pour

apaiser leur faim dévorante. De l'anti-autoritarisme à l'anarchie, puis à l'allélophagie jusqu'au cannibalisme – et du groupe homicide au groupuscule suicidaire – l'apprenti dieu pave un enfer zoologique.

2. À l'extrême opposé, mais les extrêmes se touchent, le cynique part en quête du maximum de conscience possible. Il amplifie l'exigence d'un contrôle total auquel le contrôleur n'échappe pas plus que les contrôlés. Double condamnation à bestialiser pour trop intensément identifier le divin et l'humain : le dionysiaque travaille la face obscure d'une symbiose, dont le cynique explore la face trompeusement translucide, quitte à s'égarer, non par irrationalité, mais en surrationalité. L'itinéraire de Diogène annonce un totalitarisme compris comme volonté de puissance et volonté de volonté. Heidegger et ses frères ennemis de l'école de Francfort, Adorno, Horkheimer, s'en feront les exégètes. Loin de renvoyer à une barbarie primitive, les dictatures modernes incarnent, selon cette herméneutique, la destruction de la raison par la raison. Elles portent à incandescence le désir de calculer, commander, prévoir et maîtriser. Le SS, et non plus le SA, illustre le « caractère autoritaire », dont on repère les prodromes ordinaires dans la servilité du fonctionnaire, la discipline tâtillonne du bureaucrate, l'obéissance inconditionnelle du militant et la crédulité catéchisée des enfants de chœur rouges ou noirs. Face au chaos et à l'anarchie de l'ancien monde, l'ordre nouveau se veut contrôle autocontrôlé. Les fidèles proclament venu le temps du prolétariat et de sa conscience maximale (Lukács) ou celui de l'autogestion d'une société produisant sa reproduction. Les oppositionnels et les mécontents dénigrent, en réciproque, l'idéal de mathématique transparence et de scientifique technologisation que

pareille théorie de commandement promeut. Prosélytes et critiques se retrouvent devant Diogène suspendant sa respiration : réussit-il ou non son coup ?

La barbarie primaire de l'homme de main et les calculs raffinés du supérieur sont complémentaires. En chaque SS, un SA sommeille ; la volonté de rationaliser tout et n'importe quoi tourne à vide, elle doit se mettre au service d'un instinct indiscuté car supposé indiscutable. Le racisme fit merveille. Quant aux SA, ils réclament un maître domestiquant l'anarchie qu'ils entretiennent, ne serait-ce que pour perpétuer autour de lui leur concurrence fratricide. L'enragé de Dionysos aspire à une fusion divine. Il veut réaliser, ici et maintenant, mystiquement, angéliquement sa religion, toute la religion et rien qu'elle. Il se retrouve faisant la bête. Le cynique, entiché de l'extrême savoir, vise la sagesse ultime. Il entend « réaliser » (verwircklichen) la philosophie, la science de Platon et ce qu'il pressent de la théologie d'Aristote. Il se désire bestialement parfait et s'obtient parfaitement bestial. Les deux projets clochent par leur unilatéralité. À peine les assemble-t-on comme les deux mâchoires d'une tenaille, ils s'adjoignent en composant une machine infernale.

La tension du dionysiaque et du cynique, loin de l'affaiblir, fait la force de l'entreprise intégriste. Ils fonctionnent en frères siamois dévorateurs. La volonté de contrôle par en haut et la réquisition de l'élémentaire par en bas engendrent une différence de potentiel, propre à discipliner les masses et galvaniser de nouvelles élites pures et dures. On l'a vu, le cogito cartésien ou socratique est inscient, « je sais que je ne sais rien ». Il bute sur le doute ou l'aporie. Il rebondit sur notre finitude sans jamais en paraître quitte. Au contraire le cogito cynique se meut dans la transparence assurée d'une subjectivité absolue. Est-ce dire que du même coup la chair obscure du réel soit oubliée ou niée ? Nullement : le souffle et la volonté qui le retient font un, le moi et le monde émergent diaphanes dans un acte unitaire, qui donne d'emblée pour équivalentes la maîtrise intérieure et la domination extérieure. Tout travail sur soi est un travail sur la matière première. Et réciproquement. La surestimation du « travailleur » dans les mouvements de masse du XXe siècle n'a plus grand-chose à voir avec l'apologie morale du travail – « tu gagneras ton pain à la sueur de ton front » – ou avec sa glorification économique (« le travail sans phrase » posé comme fondement de la valeur d'échange). L'enjeu n'est aucunement l'adaptation à un ordre préétabli, pas même la transformation du monde, mais sa recréation et son instauration. En lui, comme hors de lui, le travailleur est appelé à libérer le maximum d'énergies élémentaires. Leur domptage et domestication doit enfanter la plus intense surpuissance : « Travail est le rythme du poing, des pensées, du cœur, la vie de jour et de nuit, la science, l'amour, l'art, la foi, le culte, la guerre ; travail est la vibration de l'atome et la force qui meut les étoiles et les systèmes solaires. » (Jünger.) Loin de valoir avant tout en tant que force productive à la guise des progressismes d'antan, le travail est reconnu force destructrice. Comme la poudre, la dynamite et la fission nucléaire. L'égalité de la construction et de la destruction, au sein du projet totalitaire, signale le passage d'une idéalisation édifiante au concept intégro-apocalyptique du Travailleur. Ce nouveau maître de la Terre « ressemble au feu qui dévore et transforme tout ce qui est combustible et que seul son propre principe peut lui disputer par un contre-feu » (Jünger).

L'intégrisme n'essaimerait pas planétairement, si sa modernité n'exploitait une poudrière anthropologique. On en repère des gisements dans toutes les sociétés, fût-ce la plus préhistorique. L'orgie dionysiaque a lieu extra-muros, sur les territoires dévolus aux outlaws provisoires, vierges chasseresses, jeunes guerriers, errants des no man's lands. Le cynique s'exerce, quant à lui, à l'intérieur de la cité. L'excentrique situation spatiale de la Bacchante, il se la taille en clairière, dans le temps. Il joue son va-tout dans la certitude d'un instant, où vie et mort se recouvrent. L'euphorie extraordinaire du guerrier qui risque sa vie et vit son risque devient, par le truchement cynique, principe suprême de la subjectivité : toute la cité est invitée à se régler sur le midi d'une grande bataille, où l'ombre est la plus courte. Équivalence de la vie de la conscience et de la conscience de la vie : peu d'antécédents, pas de précédent, peut-être pas d'après, mais qu'importe : « Nous devons comprendre que nous sommes nés dans un paysage de glace et de feu... il appelle une attitude qui comporte un maximum de scepticisme guerrier... il n'y a pas d'autres drapeaux que ceux qu'on porte sur le corps. » (Jünger.)

Paradoxal renversement. Le guerrier traditionnel combattait au service de la cité. La société intégriste, au contraire, est toute entière soumise au service militaire. La mania des Ménades musardait dans les banlieues, afin d'éviter au centre les miasmes de la folie. Ici, elle s'institue zénith de la vie communautaire. Jadis on sacrifiait la partie pour sauver le tout. Désormais on sacrifie tout pour sauver le Parti. Sous l'étiquette moderne, et somme toute moderniste, eurocentrée, et par-là quelque peu fallacieuse du TRAVAILLEUR, se trouve planétairement convoqué le baroudeur-né « qui passe pour un bon à rien parce que la vie des boutiques l'emplit de dégoût » (Jünger), celui dont aucune société ne peut se passer, mais que toutes s'étaient efforcées de contenir et de subordonner avant qu'un vent nouveau ne le déchaîne : « Il faudra instituer une technique du dépeuplement. Vous allez me demander ce que signifie “ dépeuplement ”, et si j'ai l'intention de supprimer des nations entières ? Eh bien ! oui, c'est à peu près cela... Au moment où je vais lancer dans l'ouragan de fer et de feu de la guerre future la fleur du germanisme, sans éprouver le moindre regret du sang précieux qui va couler à flots, qui pourrait me contester le droit d'anéantir des millions d'hommes de races inférieures qui se multiplient comme des insectes et que je ne ferai d'ailleurs pas exterminer, mais dont j'empêcherai systématiquement l'accroissement ? » (Hitler à Rauschning.)

Par quel truchement le paysan chinois, vietnamien, algérien, irakien, iranien a-t-il découvert la rationalité occidentale ? En apprenant à utiliser le tracteur ou la machine à coudre ? En peuplant les usines ? Plus souvent en prenant les armes, en marchant au pas dans les armées anti-coloniales ou anticommunistes, en s'exerçant à monter et démonter kalachnikov et AK 75, en s'alphabétisant pour décrypter et composer les appels à l'insurrection. Dans la plupart des pays du prétendu tiers monde, l'autochtone occidentalisé porte des galons plutôt qu'un attaché-case. S'il se costume en civil, on repère l'homme d'appareil, il n'a pas été long à découvrir avec Jünger que le véritable maître se révèle être « le guerrier qui dispose à sa guise des richesses des provinces et des grandes cités, et qui en dispose d'autant plus sûrement qu'il sait mieux les mépriser ».

Le marxisme conquit les esprits, gonfla les poitrines par une technologie politique, non par ses prouesses économiques. Levier des levées en masse, il a diffusé des recettes de subversion, livré des modèles de libération nationale, élaboré des stratégies de guerre populaire et prolongée. Et Mao s'imposa d'abord comme continuateur de Clausewitz. C'est par l'apologie de la lutte, plus que par sa théorie des classes, qu'en définitive Marx sauve de l'oubli sa lutte des classes. Tout se passe comme si les papes de l'économie politique matérialiste et les pontifes de la philosophie dialectique n'avaient ânonné qu'un seul évangile : « La guerre est le moteur de l'histoire. » (Ainsi Bataille définissait-il le sens du sacré, selon Staline et Hitler, autrement dit : le guerrier totalitaire opère la synthèse moderne du dionysiaque et du cynique, du corps et de l'âme, en vue du plus grand pouvoir déflagrateur.)

L'intégriste lance la guerre comme il conduit le sacrifice. Il exclut toute subordination à une fin plus haute. L'art de livrer bataille devient l'art pour l'art. Si Brecht et Benjamin relèvent avec justesse que le nazisme procède à une dangereuse esthétisation de la politique, ils ont tort de lui opposer une symétrique politisation de l'esthétique qui, au nom du postulat marxiste – tout-est-politique –, pose à son tour l'activité politique comme une fin en soi. Surconscience et inconscience, absolu et élémentaire, cynisme et dionysiaque se télescopent dans l'horizon général du sacrifice pour le sacrifice. Dans le travailleur, c'est le guerrier qui parle et derrière celui-ci se profile le sacrificateur sacrifié. « La manière dont une jeunesse allemande, si enthousiaste et si habile, transforma l'appel aux armes en une quête de la mort, presque unique dans notre histoire, nous laisse admiratifs », ainsi Jünger évoque-t-il la fièvre d'août 14, quelques années plus tard.

Lorsque la guerre, immanquablement, s'installe au cœur de l'activité intégriste, rien ne sert de vouloir réduire le phénomène à des calculs réalistes (ils le sont rarement), à des bouffées de fanatisme sordide ou à d'accidentels dévoiements de doctrines initiatiques, tournées vers l'intérieur, voire purement ésotériques. Pour un arabisant érudit le Djihad vaut comme combat spirituel que le croyant poursuit contre lui-même. Sa version sécularisée et militaire n'est que vulgarisation abusive. Dont acte ! Comme par hasard, tristement peut-être, seule cette vulgarisation est retenue par le manifestant qui défile contre les grands et petits satans d'Occident. Mahomet connaît le sort de Marx. Chaque mouvement récupère, dans le fond culturel qui se trouve à portée de main, le décorum et les atours qui habillent populairement une invariante incitation à la guerre totale. Parce que dans tous les cas de figure, de Phnom Pen à Bagdad, en passant par Pékin, Moscou, Berlin, il ne fut jamais question que de construire LE ROYAUME. Avec les matériaux hétéroclites ramassés sur place, sur les ruines des traditions et des cultures révolues, mais selon le rite sacrificiel unique, valable pour tous, de la dernière lutte à mort.

Tout régime totalitaire place sous séquestre l'ensemble des moyens de communication de masse. Il ne laisse paraître aucune gêne à les transmuer en purs outils de propagande. Le devenir politique des spectacles et le devenir spectacle du politique abattent records sur records. Lénine, alors que le cinéma soviétique balbutiait encore, sut en saisir l'incomparable efficace aussi bien quantitative que qualitative. Il célébra cette véritable « école des masses » eu égard à l'ampleur de sa diffusion et à l'intensité de ses intrusions dans la conscience commune. Hitler reconnut que sans la radio son emprise eut été davantage problématique. Pour Khomeiny les cassettes audio firent merveille. Saddam Hussein s'employa à moduler savamment ses apparitions télévisuelles laïques, religieuses, en costume-cravate ou en battle-dress. L'utilisation astucieuse et réaliste des moyens nouveaux, que la technologie occidentale met à la disposition de l'antioccidentalisme, n'est que la face visible et prosaïque d'un phénomène dont on aurait tort de négliger la fébrilité mystique. Les sociétés traditionnelles mythologisent une imitation mobile de l'éternité dont elles se croient issues pour y revenir. Les démocraties contemporaines temporalisent, sous bénéfice d'inventaire électoral, des rappels flottants du passé et des programmes d'avenir partiels. Les États totalitaires se réclament d'une rupture non négociable et s'obligent à vivre leur éternité dans l'instant.

Pour les locataires de la forteresse assiégée, l'ennemi campe aux portes. Les lendemains qui chantent se jouent aujourd'hui. Les paradis se gagnent et se perdent dans la mère des batailles et la lutte finale. Hic et nunc. La mise en spectacle n'est pas un moyen de la politique, mais la grande politique même. Dans toutes les capitales communistes, force anniversaires rassemblaient annuellement les foules devant leurs responsables, le piéton mirait sa vérité en saluant la tribune, qui mesurait sa force à l'épaisseur disciplinée du défilé. Depuis 1917, de Petrograd à Addis-Abeba, de La Havane à Berlin, jamais le cérémonial n'avait souffert de contestation ni subi de perturbation, même infime. Au terme de soixante-douze années, il a suffi de quelques cris sur la grand-place de Bucarest pour que le Conducator perde le fil et s'effondre, entraînant, télévision aidant, le régime dans sa déconvenue. Flop. Le premier rôle quitta l'affiche. Relâche.

Hitler fut-il vraiment le « plus grand cinéaste de tous les temps », que le régisseur H.J. Syberberg accuse de concurrence déloyale, pour avoir suscité non « un film de catastrophe, mais la catastrophe en tant que film »? Le Führer offrait à chaque Allemand un rôle dans le script qui le ressusciterait mille ans plus tard. Des cathédrales de lumières au-dessus des retraites aux flambeaux de Nuremberg témoignaient pour une éternité de celluloïd plus prenante que les soirées électorales et les débats d'idées. Tandis que Mao lance la Grande Révolution Culturelle sur la scène de l'Opéra de Pékin, Ceaucescu vérifie sa toute-puissance dans des palais de béton, plantant ses ubuesques pièces montées au cœur de Bucarest rasé. Peinture, poésie, musique ne sont pas oubliées. Les divers secteurs de l'activité esthétique, tour à tour requis, contribuent aux multiples versions de l'œuvre d'art totale, où chaque société totalitaire rêve de s'idéaliser, définie et définitive. Nietzsche, glorifiant le projet wagnérien de « Gesamtkunstwerk », anticipa cette mise en scène de la société par elle-même : « Il n'est pas possible de restaurer l'action la plus pure et la plus haute de l'art théâtral sans tout renouveler du même coup, dans les mœurs et l'État, l'éducation et les relations sociales. » L'art n'est plus dans l'art, mais dans la rue, porté par l'exaltation jubilatoire où, du premier au dernier, bon gré, mal gré, les acteurs se congratulent créateurs et se précipitent dans la fournaise.

L'œuvre d'art totale est l'Orient, vers lequel tournent les manifestations, émotions, procès et croisades. Elle réconcilie l'opaque et le transparent, l'élémentaire sacral et la forme diaphane qui individualise. L'infrastructure dionysiaque symphonise alors avec la maîtrise-pour-la-maîtrise que poursuit la superstructure cynique (renvoyée allusivement par

Nietzsche à l'apparence « apollinienne »). Opérant la synthèse du barbare et du civilisé, l'art des ordres nouveaux échappe aux cénacles et à l'élite. Il fabule le moment où la communauté se ressaisit en se saisissant entière dans son entier. Il ne reculera pas devant la violence et la brutalité. Nietzsche rappelle que « commun » signifie en allemand, plus encore qu'en français, à la fois collectif et vulgaire. Voire grossier. « Cet art doit produire un bouleversement de toutes les notions d'éducation et de culture... l'opprobre qui colle jusqu'à présent au vocable " commun " lui sera ôté. » Revenu de son enthousiasme – comme se dégriseront, un siècle plus tard, après coup, Jünger, von Salomon, Schmitt, etc. –, l'ancien ami de Wagner pressent, avec dépit, que l'emporte la vulgarité d'une métaphysique de la médiocrité. « Derrière tout votre art du contrepoint si séduisant à l'oreille, n'entend-on pas gronder la basse continue de la colère et du plaisir de tout détruire, une furieuse détermination contre tout ce qui existe à présent, une volonté qui n'est pas si loin du nihilisme pratique, et qui semble dire : mieux vaut pas de vérité du tout plutôt que vous n'ayez raison et que votre vérité n'ait gain de cause ! »

Le nihilisme pratique infectait « l'œuvre totale » dès l'origine. Pour plonger dans l'état d'âme requis, il faut et il suffit que le sujet de l'histoire se croit encerclé par un adversaire qui lui vole son passé et démantèle son avenir. Il opère alors son assomption sur fond de peine capitale. « S'il est vrai que l'humanité doive périr un jour tout entière – qui pourrait en douter – sa tâche suprême, pour tout l'avenir, doit être de se fondre en une telle unité, en une telle communauté, qu'elle se porte tout entière à la rencontre de sa fin... » (Nietzsche.) La totalisation intégriste s'auréole toujours de quelque volonté crépusculaire. Lorsque je me raidis en bloc de foi, c'est la mort qui me pense. À commencer par celle des autres.

Les intégrismes du XXe siècle sont nés de la Grande Guerre, perçue comme une apocalypse inédite parce que tronquée. Ils se faisaient fort d'en compléter la morne et dévastatrice moitié, suivant à la lettre le script des vétéro-apocalypses, avec happy end et Jérusalem restituée, en tissant l'habit de lumière d'une nouvelle citoyenneté. Ils conduisirent une guerre mondiale continuée, soufflèrent de nouveaux incendies, en attisant les braises et brandons des anciens. L'affrontement fut accompli universel, à la fois technologique, idéologique et sentimental, civil, national et impérial : il ne laissa rien hors jeu; le spectacle qu'il se donne à lui-même reproduit sans cesse la même partie. Comme si, rebondissant de revanche en vengeance, la crise d'août 14 ne pouvait stopper qu'avec l'extinction du genre humain. Belle occasion de modestie pour l'Européen de cette fin de siècle. Sous les oripeaux exotiques des marxismes tropicaux, des révolutions culturelles qui revisitent les prestigieux vestiges d'Angkor ou des Incas, sous le turban de la foi des premiers âges de l'Islam, qui rencontre-t-il ? Lui, lui et encore lui, le guerrier appliqué, tel qu'il se leva un matin de 14, tirant un trait sur le bon vieux temps, disponible pour la conflagration et la saluant d'avance. « Dans l'enthousiasme des volontaires il y a plus que la délivrance de ces cœurs auxquels se révèle d'un jour à l'autre une nouvelle vie plus dangereuse. Il s'y cache aussi une protestation révolutionnaire contre les anciennes valeurs dont la validité est périmée de manière irrévocable. » Cette image du travailleur « devient clairement visible pour la première fois sous les traits du soldat de la Grande Guerre » (Jünger).

Au risque de désappointer moult vanités locales et municipales – et leurs corrolaires refus racistes de reconnaissance en paternité – force est d'admettre que l'intégrisme officie pour l'essentiel dans le cadre d'une généalogie européenne, même s'il essaime sur les cinq continents. Saddam Hussein = Hitler explique Enzensberger. Un Russe peut opiner du chef et retranscrire : la parenté Saddam-Staline paraît incontestable ; même curriculum vitae, mêmes échelons, même carrière d'apparatchik, même élection autoproclamée, même culte de soi, mêmes lumières intellectuelles, et meurtres de même trempe sinon de même nombre ; là, l'Irakien s'est fait doubler par le Géorgien, champion mondial toutes catégories...

La spirale catastrophique des mobilisations totalitaires traverse le siècle. Peut-on l'interrompre ? Comment ? Pour combien de temps ? Une question préalable s'impose : qui combat qui ?

Troisième partie

SUS À L'AMÉRIQUE JUIVE

VII

Bagatelles antioccidentales

> Washington aimait pas les juifs, mais Roosevelt lui il les aime bien, il est leur homme cent pour cent, il a rien à leur refuser. Il entraîne tout dans la guerre, l'U.S.A., le continent, la Lune.
>
> Il s'en fout énormément, il jouit, il est d'âge, il s'amuse. Après moi le déluge! C'est du Louis XV. Ça sera pas long. Je donne pas vingt ans à Broadway que les chèvres y paissent. Vous allez voir cette musique!... Ils se doutent pas les Français comment ça se présente l'Amérique. Ils se font des illusions. 40 millions de blancs bien ivrognes, sous commandement juif, parfaitement dégénérés, d'âme tout au moins, effroyables, et puis 300 millions de métis, en grande partie négroïdes, qui ne demandent qu'à tout abolir. Plus la haine des Jaunes! On n'a qu'un tout petit peu à ouvrir les portes de la Catastrophe vous allez voir cette Corrida! C'est Carthage en beaucoup plus brute, plus arrogant, plus pourri. Ce genre d'anarchie éperdue! Le monde sauvé par les frères Marx! Nous sommes aux dessins animés! Y aurait de quoi rire en d'autres temps! Mais comme on se trouve y a de quoi se la mordre! aux étoiles! 36! 48! Toute la boutique! démocratons! 36 chandelles!
>
> Félix-le-Canard avec nous!
>
> (L.-F. Céline. *Les Beaux Draps*, 1941.)

Allemand, soviétique, islamique, asiatique, l'intégrisme multiforme et polyidéologique fait mentalement bloc. Je cours, ici, le risque de contredire la plupart des avis autorisés. Les courants activistes s'offusqueront eux-mêmes de ce qu'on les confonde, chacun s'estimant incomparable, seul vrai. Leurs adversaires, quant à eux, sondant les tenants et les aboutissants de crimes à la fois spécifiques et absolus, suspectent tout rapprochement d'incliner aux banalisations; l'intégrisme précis, qu'ils visent, emprunte toujours une voie originale (Sonderweg), le nazisme pousse sur un terreau proprement germanique, le stalinisme ne peut être coupé de ses racines russes et chaque fanatisme fleurit sur un fumier qui ne ressemble à nul autre. Non moins intraitables s'avancent, en sens inverse, les spécialistes attachés à l'étude d'une culture; ils la défendent et l'illustrent avec ardeur, faisant valoir combien toute interprétation intégriste d'une religion, ou de très honorables folklores séculaires, relève du contresens et de la falsification. Prises une à une les pulsions totalitaires surgissent en quelque sorte d'un double dépérissement, portées par la circonstance historico-locale d'un mode de vie ancestral qui s'étouffe d'anachronismes en même temps qu'elles, fidèlement infidèles ou infidèlement fidèles, le démontent, le désordonnent, le trahissent et le portent en terre.

Réponse aux objecteurs : les arbres cachent la forêt. S'il est exact que chaque moderne folie massacreuse se propulse sur les rails d'une « voie originale », rien, par contre, n'est plus ordinaire que l'apparition et la multiplication très XXe siècle de telles « voies originales ». À force de croître et de prospérer les exceptions deviennent la règle. Certes les érudits ont raison : le Coran ne saurait être réduit à une lecture intolérante qui le déforme. Encore faut-il qu'ils reconnaissent que ces versions réductrices existent, qu'elles courent les rues et mobilisent les masses, et qu'il semble peu digne d'en faire grief à ceux qui les relèvent et s'en émeuvent. Intégriste n'est pas le Coran, mais la manière d'y puiser des arguments contondants et enfermants. Le sac à malice importe peu, il suffit d'y accumuler une réserve d'anathèmes et un stock d'appels au meurtre.

Évitons, de grâce, la mésaventure spirituelle du très savant et regretté H. Corbin, spécialiste éminent de l'Islam iranien. Sa vie durant, il jura que l'ésotérisme shiite constituait le plus sûr garde-fou contre la politisation de la religion et les religions politiques dévastant le tiers monde. Vingt ans avant la révolution islamique de Khomeiny, il en démontrait l'absolue impossibilité : « Toute ambition politique revendiquant le Khalifat, du genre de celle qui agite de temps en temps une fraction ou l'autre de l'Islam sunnite, est absolument impensable en Iran shiite ; l'idée en serait déjà un insupportable blasphème. Et c'est pourquoi encore le sentiment continu de cette Présence invisible préserve la communauté iranienne, tout en la maintenant dans une perspective eschatologique, des extravagances et agitations du genre de celles qu'ont provoquées en général toutes les formes de millénarisme. Toute pieuse illusion aboutissant à l'identification d'un être comme l'Attendu, est ressentie comme un attentat impie contre la fidélité de l'Attente... »

Autant la délicatesse et l'acribie des savants, soucieux de distinguer, emportent la conviction des attentifs, moins le poids propre de la tradition explique la dérive présente, plus, par contrecoup, se trouve-t-on contraint intellectuellement d'autonomiser l'usage actuel du passé que de multiples terrorismes intellectuels planifient. Quitte à découvrir, en fin de course, qu'appliquées à des conjonctures matérielles et morales fort différentes d'identiques recettes de mise en condition aboutissent à des résultats également catastrophiques. L'unité de l'intégrisme moderne ressort d'autant mieux qu'il maltraite semblablement des territoires qu'on a, longtemps et à juste titre, tenus pour inassimilables.

Malgré son allure agressive et destructrice, l'intégrisme se propose positif, il se propulse conception cohérente du monde, témoin les thèmes invariants qui lui permettent d'homogénéiser, sous des latitudes géographiques et métaphysiques hétéroclites, une intraitable passion d'en finir. Au premier chef, pointons l'antisémitisme, l'idéologie la plus répandue et durable de l'actualité moderne. Y sacrifient le nazisme, le communisme, les ferveurs islamiques, sans pour autant détenir l'exclusivité de cette répulsion. Ex aequo au hit-parade de la haine, l'antiaméricanisme mobilise les conservatismes les plus passéistes et les révolutionnarismes extrêmes, en sus des gros bataillons déjà mentionnés dans le premier cas. Les deux chevilles des catéchismes intégristes – haine du juif, fureur anti-yankee – sont complémentaires et convertibles à loisir. Quand l'une devient momentanément inutilisable pour cause d'excès, l'autre prend le relai; ainsi, après 1945, et le succès grandiose de la « solution finale » nazie, l'Europe militante vira antiaméricaine, mettant en sourdine un précédent antisémitisme des mieux continentalement partagé, à droite et à gauche. L'Amérique juive attaque! Intégristes de tous les pays, unissez-vous! De semblables slogans percent, par instant, et ponctuent de mémorables inversions d'alliance (tel le pacte entre Hitler et Staline). Ils éveillent en permanence la vocation d'interconnecteurs professionnels faisant fi des provincialismes idéologiques. Mais ils ne calment pas le feu des concurrences que les règles de la jungle régissent.

Ni bannière unificatrice regroupant en une force coagulée le Gotha de l'antioccidentalisme planétaire. Ni simple publicité manœuvrière en vue d'appâter une clientèle naïve. Ni purs prétextes camouflant « machiavéliquement » des intérêts platement matériels et égoïstes. Les récurrents leitmotive antiaméricains et antisémites représentent en fait des maximes pour l'action, des opérateurs stratégiques.

La pédagogie de l'hostilité admet souplesse et élasticité. Un thème peut compenser l'autre manquant. À l'occasion le juif s'affirme antiaméricain, l'Américain antisémite. Les alchimies de la haine n'excluent d'ailleurs nullement que chacun retourne contre lui les mauvais sentiments dont il se découvre la cible. Et l'antisémitisme du Sémite comme l'antiaméricanisme du Yankee peuvent gravir d'étonnants sommets d'auto-exécution. Précision à l'attention des faux naïfs : critiquer un juif, l'État d'Israël ou le gouvernement des États-Unis ne constitue nullement un indice de malveillance raciste et les plus belles histoires juives mettent souvent en relief les faiblesses et les ridicules des échappés du ghetto. Tout bascule quand la contestation glisse à l'exclusion dans l'horizon de l'homicide et du suicide. Latente ou patente, alors, rôde la camarde.

L'intégrisme fait profession d'extrêmes-onctions. Pour rassembler il exige une lutte à mort qui, jouant le tout pour le tout, fasse apparaître le tout comme un tout. Le combattant de jadis risquait la vie pour son foyer et sa foi, en héroïque « conservateur », ou bien promettait, non sans quelques contradictions et hypocrisies, de civiliser le monde, se réclamant d'un « progressisme » d'éducateur armé jusqu'aux dents. Dans les deux cas, pour Souvarov comme pour Napoléon, pour le défenseur enraciné comme pour le conquérant illuminé, le sacrifice suprême s'accomplit en vue d'un ordre du monde qui pré ou post-existe aux fureurs et fumées de la grande bataille. Ainsi Clausewitz distingue-t-il soigneusement le *but*, poursuivi manu militari (Zweck : victoire militaire), et la *fin* recherchée (Ziel : nouvel équilibre, paix des peuples, etc.) qui commande au Zweck comme le politique gouverne le militaire. La vieille sagesse des nations, qui inscrivait les actions violentes dans un cadre pacifique supposé les transcender, n'a plus cours dans l'exaspération intégriste : le tout doit se dévoiler tout de suite. L'ennemi cerne. Il corrompt jusqu'aux nostalgies, il hypothèque chaque prévision. L'explication a lieu sur l'heure et sur-le-champ; rien ne saurait échapper aux bons comptes qui font les ennemis irréductibles. L'esprit de la guerre totale développe une ethnologie, une sociologie, une politique et une pédagogie sui generis. En s'inventant un adversaire omnitemporel et omnispatial l'intégrisme espère, par contrecoup, s'imposer compacte, globale, définitive conception de l'univers.

Si le monde est totalement pourri, seule ma dernière heure sera la bonne, puisque seule elle transforme, dixit Malraux, ma vie en destin. Avant elle, je ne m'appartiens pas. Investi de l'intérieur par une puissance hostile (souvent « juive »), traqué de l'extérieur par l'étranger ubiquitaire (fréquemment « impérialiste », jadis britannique désormais américain), il ne me reste, pour être moi-même et recouvrer une cohérence, qu'à vivre chaque minute comme ultime. L'encerclement capitaliste, l'impérialisme culturel, la cinquième colonne idéologique, les lobbies sémites de la communication, la dégradation systématique des mœurs, l'invasion des images, le complot contre la pensée, la systématisation occidentale de l'humiliation, le décervellement et l'acculturation délibérés font autant d'accusations récurrentes. Bien au-delà d'une propagande simpliste, ces griefs pimentent un mode de vie terroriste-terrorisé, une façon d'exister en permanence sur la brèche, à la limite de la rupture, entre l'être et le néant. L'antisémite et l'antiaméricain, précisément parce qu'*anti* de part en part, se fabriquent fatalité et, espèrent-ils, s'excluant de tout se coagulent en eux-mêmes.

Entre l'« Amérique » et le « juif », le regard qui exècre focalise depuis longtemps un commun et fantastique pouvoir désintégrateur, auquel l'individu en perte de soi, les peuples en décomposition ne peuvent faire face que dans le sursaut d'un « maintenant ou jamais », claironné aux quatre coins de leurs biographies. Dépoussiérant le cliché du poète maudit, Baudelaire héroïse la déchéance sociale d'Edgar Poe. Ivrognerie, dettes, ratages couronnent la réplique victorieuse d'un génie mettant en échec l'échec baptisé « réussite », qu'une société antigéniale prétend imposer. L'homme des *Fleurs du mal* inaugurait sur le poète, qu'il venait de traduire admirablement, une explication socio-psychologique qui viendra le frapper à son tour quand, un siècle plus tard, Sartre tirera d'identiques ficelles, croyant le raisonnement nouveau et l'étiquetant « psychanalyse existentielle » : « De tous les documents que j'ai lus est résultée pour moi la conviction que les États-Unis ne furent pour Poe qu'une vaste prison qu'il parcourait avec l'agitation fiévreuse d'un être fait pour respirer dans un monde plus aromal – qu'une grande barbarie éclairée au gaz – et que sa vie intérieure, spirituelle, de poète ou même d'ivrogne n'était qu'un effort perpétuel pour échapper à l'influence de cette atmosphère antipathique. Impitoyable dictature que celle de l'opinion dans les sociétés démocratiques; n'implorez d'elle ni charité, ni indulgence, ni élasticité quelconque dans l'application de ses lois aux cas multiples et complexes de la vie morale. On dirait que de l'amour impie de la liberté est née une tyrannie nouvelle, la tyrannie des bêtes, ou zoocratie, qui par son insensibilité féroce ressemble à l'idole de Jaggernaut. » (Baudelaire.)

Adorable fraîche franchise de l'anathème baudelairien trop sentimental, empirique, pas encore théorique et scientifique ! Un siècle et demi passé, l'antiaméricanisme doctrinaire pontifie à n'en plus finir sur les sinistres méfaits de la société bourgeoise et de sa jungle économique. Rien là ne tranche sur la critique d'antan, sinon le style : « Tout cela me rappelle l'odieux proverbe paternel : make money my son, honestly, if you can, but make money. Quelle odeur de magasin ! comme disait J. de Maistre, à propos de Locke. » (Baudelaire.) Pauvre Locke en effet, la patrie de la liberté et du libéralisme se révèle régie par la dictature bestiale de l'argent ; la terre de la démocratie engendre le despotisme de l'opinion ; le portrait-robot du Big Brother capitaliste, intolérant et inculte se trouve bouclé et bâclé.

Baudelaire a croqué l'essentiel, pourtant, il ne se pétrifie point dans le face-à-face stérile de l'intégriste. La ville moderne, il l'habite. Le lieu où triomphe l'artificiel et l'aliénation générale, il s'y vautre. Couché près d'une « affreuse juive », prostituée chauve et vérolée, il lève en lui l'image de l'ange, « il y a en tout homme, à toute heure deux postulations simultanées, l'une vers Dieu, l'autre vers Satan ». Pareille corrélation n'est pas réduite à la rencontre occasionnelle de deux réalités extérieures l'une à l'autre. Au comble de sa complicité avec la putasserie universelle, infecté jusqu'à l'os, plus affreux et plus juif que l'affreuse juive, il cueille dans le mal les fleurs de la pureté. Même époque, identique paradoxe : Saint-Pétersbourg, la « cité contre nature » transit Dostoïevsky d'un « froid inexplicable ». La capitale de Pierre le Grand éternise le rêve glacé d'une occidentalisation à coup de Knout. Hantée par cette volonté implacable de civiliser à tout prix, elle rompt, corrompt la vieille Russie, et la soumet au règne de la marchandise et de l'usure. Dissolution « juive » des valeurs traditionnelles, puissance technologique et nihiliste de l'Ouest, tout ce qu'éxècre l'écrivain se donne rendez-vous sous ses yeux, à sa fenêtre, sur les rives de la Néva hantée par la « préméditation satanique » du tzar. Dostoïevsky ne fuit pas cet anti-paradis ; il ne célèbre pas Moscou, Jérusalem slavophile, ni Iasnaïa Poliana, où les tolstoïens invoquent la pureté paysanne et chrétienne. Il reste sur place. Dans les cloaques de la modernité purulente, dans la promiscuité des bouges infects, parasités par le brouhaha et les cris stridents des salles de billard, se nouent les quelques entretiens graves et décisifs auxquels, sans cesse, l'homme du XXe siècle retourne, lorsqu'il veut comprendre ce qui passe et aveugle.

S'ils satanisent l'Occident juif, l'écrivain et le poète esquivent la conséquence intégriste de leurs fixations idéologiques, ils souscrivent un pacte avec le diable. L'Amérique et les métropoles, où s'épousent pourriture et modernité, « cette barbarie éclairée au gaz », deviennent simultanément, non en dépit, mais en raison de la décomposition, le terrain où l'exhalaison malsaine tourne inspiratrice. « L'épaule de Messaline miroitant sous le gaz » fait paraître « le beau dans l'horrible ».

Passent les décennies ; s'échappant d'un Berlin conquis par Hitler, admirateur nostalgique d'un Paris qu'il sent condamné, très proche d'un suicide qu'il ne ratera pas, Benjamin s'oblige à décréter, la peine au cœur et la mort dans l'âme, que le temps des poètes flâneurs est clos, car l'histoire et l'évolution économique promulguent le verdict. Le promeneur inspiré avait maintenu un rapport artisanal à la foule urbaine, s'en faisant l'intime, le confident, le semblable, le frère. Mais la ville perd son urbanité quand sonne l'heure de la grande industrie. Les relations entre hommes glissent rapports entre choses. Les contacts subjectifs réduisent leur rencontre à un choc objectif. Les automates des rues se heurtent en autos tamponneuses. L'anonymat industriel relait l'investissement personnel qu'exigeaient les métiers d'autrefois, etc. En habit marxiste et sociologique, Benjamin creuse une rupture existentielle et théologique. Si corrompue fût-elle, la cité avait une âme. Elle la perd. Elle mute monstre froid. Ô Métropolis! Ô Fritz Lang! Face à la grande Babylone technique et perverse, la complicité devient inopérante, reste le face-à-face d'une exclusion réciproque.

Les thèmes sont anciens. La structure qui les règle de nos jours est nouvelle. Tous les clichés, préjugés, haines, qui nourrissent l'intégrisme tournent dans l'air depuis des lustres. Voilà longtemps que l'Europe les inhale. La virulence soudaine saisit; derrière les idées éculées, un coup d'État intellectuel ordonne. L'antioccidentalisme devient une conception du monde, un guide pour l'action. Sous le vernis russe, germanique, islamique, judaïque, etc., manœuvrent d'identiques dispositifs mentaux; ils gouvernent une sociologie, une politique, une pédagogie et une religiosité qui se chargent de baliser, à qui mieux mieux, la grande fracture de la fin des temps.

Curieuse rencontre : celle de Drumont et de Benjamin, de l'essayiste français le plus populairement antisémite des années 1880 et d'un penseur juif allemand fort soucieux et respectueux de son attache biblique ! Benjamin statufie Baudelaire en dernier poète, celui qui annonce l'époque de sa propre impossibilité, le maudit, après qui la malédiction atteindra son acmé, interdisant l'exercice de l'écriture créatrice. Le spleen, ainsi, réverbère le soleil couchant d'une humanité qui, dans le malheur, avait gardé un habitat et une expérience d'elle-même : « Le mélancolique s'effraie de voir retourner la terre au simple état de nature. Aucun souffle de préhistoire ne l'enveloppe plus. Aucune aura. Ainsi surgit, dans le poème qu'on a déjà cité, le " goût du néant " :

Je contemple d'en haut le globe en sa rondeur
Et je n'y cherche plus l'abri d'une cahute. » (Benjamin.)

Drumont, de son côté, célèbre en Balzac le chantre d'une époque où l'argent s'émancipe, devient le code et le bréviaire de la jungle parisienne, sans, cependant, atteindre encore l'anonymat qui lui garantit un pouvoir au-delà de toute critique et tout risque. L'arriviste balzacien – comme le bohème baudelairien – demeure de plain-pied avec sa création. Les fortunes se gonflent et se défont. Les héros de *La Comédie humaine* traversent grandeurs et décadences. Leurs faillites enveloppent autant de vérité existentielle que la complicité du promeneur et de la putain parmi les fleurs du mal. Bientôt sonne le glas de cette capitale poétique et littéraire, rendue humaine par l'échec de ceux qui s'efforcèrent individuellement d'y régner. Désormais la création échappe à ses créateurs qui n'en sont plus que les créatures : « Observez-les aujourd'hui, les héros de Balzac, et voyez ce qu'ils sont devenus. Les fières grandes dames, la duchesse de Langeais et la marquise de Maufrigneuse, la touchante madame de Mortsauf et la vicomtesse de Bauséant montent l'escalier d'un Hirsch quelconque qui, en échange de quelques heures de présence dans ses salons, paie les notes de couturière en retard. La ravissante baronne de Listomère est entretenue par un juif allemand qui pue d'une façon inconsidérée... Avoir prophétisé le cycle de l'Argent, avoir prévu que ce " vil métal ", tant méprisé par les poètes et les philosophes, allait devenir le tout-puissant maître du monde, c'est vraiment avoir eu du génie. Nucingen est immortel comme Shylock, et il est plus grand que Shylock de toute la hauteur qui sépare la Haute Banque d'aujourd'hui de la vulgaire usure de jadis... »

L'individu post-baudelairien a perdu son « aura », dit Benjamin, post-balzacien il s'enjuive, susurre Drumont. Derrière des idéologisations inconciliables, semble s'imposer la même impression d'une évacuation de toute expérience « humaine ». Une disproportion infranchissable rapporte l'individu contemporain à ce qui fait son « milieu », face à lui se dresse une mécanique hostile et sans prise.

Pour injurieux qu'il paraisse aux épigones, le rapprochement est assumé par Benjamin qui cite avec complicité, comme preuve à l'appui, une méditation sur Paris, vu du Sacré-Cœur, écrite par Léon Daudet, ami et alter ego de Drumont : « On regarde d'en haut ce peuple de palais, de monuments, de maisons, de masures qui a l'air rassemblé en vue d'un cataclysme ou de plusieurs cataclysmes, soit météorologiques, soit sociaux... L'agglomération est menaçante, le labeur géant est menaçant, car l'homme a besoin de travailler c'est entendu, mais il a aussi d'autres besoins... il a besoin de s'isoler et de se grouper, de crier et de se révolter, de s'apaiser et de se soumettre... enfin le besoin suicidaire est en lui et, dans la société qu'il forme, plus vif que l'instinct dit de conservation. Aussi ce qui étonne quand on visite

Paris, Lyon ou Marseille en haut du Sacré-Cœur, de Fourvières, de Notre-Dame-de-la-Garde, c'est que Paris, Lyon et Marseille aient duré. »

Un juif messianique, marxiste et sioniste à la fois, dans son hésitation entre Staline, Brecht et Trotsky, peut donc poser le même regard sur la métropole moderne qu'un antisémite xénophobe et chauvin. Ce qu'ils contemplent tous deux, c'est la fin suicidaire de l'histoire : « Nous commençons à reconnaître, avant même qu'ils tombent, que les monuments de la bourgeoisie sont des ruines. » (Benjamin.)

Nos trois pâtisseries religieuses furent accrochées à la cime des grandes cités par un extrême conservatisme soucieux de rédimer les cloaques spirituels et sociaux. Escaladant les collines consacrées minarets de sa dévotion pré-moderne, Daudet prononce, urbi et orbi, la condamnation sans appel du désordre bourgeois, il dénonce comme Benjamin le révolutionnaire, et annonce les accents mystiques du mollah, débusquant, à la prière du vendredi, Satan qui vagabonde sur des trottoirs trop européanisés.

La ville, c'est l'enfer de la modernité. Elle incarne le double infini où Pascal « abîmait » l'homme, privé de havre moral. New York, Mexico, Tokyo ou Le Caire dépassent infiniment chaque habitant, leur gigantisme écrase, et la puissance qu'elles mettent en jeu, et l'ampleur des désordres qui s'ensuivent. La mégapole du « tiers monde » phagocyte l'alentour. Lieu de toutes les décisions, elle est le clone local d'une Amérique fantasmée. En lieu et place du flambeau, la statue de la Liberté brandit un glaive, ô Kafka ! Comme si l'esprit de la toute-puissance avait définitivement absorbé la puissance de l'esprit critique, qui jadis éclairait le monde. Le paysan dépouillé de ses terres ancestrales échoue dans les bidonvilles, le provincial quête fortune dans la capitale, l'affairiste du vieux continent se voit snober par son homologue d'outre-Atlantique. Tous entretiennent une ambiguë fascination pour un « centre » qui les attire et les repousse, les glace et les séduit. La hantise de l' « impérialisme américain » orchestre les ritournelles favorites du siècle. Elle précède les analyses savantes qui prétendent la réduire ou la fonder. Elle se donne d'emblée comme le corrélat objectif d'une expérience subjective de dépossession de soi, qui saisit tout être soumis à l'exode rural, mental et social. À l'antipode, quelques-uns se gavent de ce qui, ici, fait si cruellement défaut !

L'Amérique, ville-monde, est un ogre technologique gorgé du sous-développement des autres. Elle engloutit avidement les substances énergétiques de la planète, renvoie ses déchets, sème le chaos et stérilise l'univers après pillage.

Un aussi tranchant rejet se pare des palmes d'un savoir désintéressé, voire scientifique. Il se réclame d'analyses dites objectives de l'économie politique souvent marxiste, de sociologies et géopolitiques qui connurent leurs pages de gloire académiques, avant que les nazis ne les vulgarisent. Les textes sacrés viennent à leur tour étoffer l'acte d'accusation dressé contre une nerveuse modernité, mère de la servitude et de l'acculturation. À l'usage des happy few, la philosophie de Heidegger cible la technique comme un « destin », dont la majesté échappe à la volonté de celui qui s'en croit maître, comme de ceux qui s'en estiment esclaves. L'américanisation démontrerait à quel point le progrès scientifique et postindustriel instrumentalise qui prétendrait en disposer comme d'un instrument. Sciences, religions tombent intégristement d'accord : en Amérique l'apprenti sorcier s'enchaîne à sa propre sorcellerie.

L'Empire attaque sur deux fronts. L'infiniment-grand et l'infiniment petit. En piqué, depuis la supra-humanité des gratte-ciel, en sous-marin, par l'infra-humanité d'une agression virale, souvent vécue « juive ». L'existence dispersée, « diaspora », du peuple maudit parut, à des yeux chrétiens et musulmans, l'indice d'un pouvoir maléfique. Après avoir refusé le Message puis laissé crucifier son Messie, la communauté fut honnie. En s'entêtant dans le refus des bonnes nouvelles, le peuple à la « nuque raide » se maintint dans son malheur et s'institua promoteur de son éparpillement. Il s'exclut de lui-même, par lui-même, et finit par incarner à la fois le chaos et la cause du chaos. L'historien précise qu'au temps de Jésus-Christ les juifs vivaient déjà, pour les trois quarts d'entre eux, sans terre ni État, ailleurs qu'en Palestine. Peu importe! Il ne s'agit pas de vérifier un fait, mais d'exorciser un principe. La diffusion du « mal juif » accule l'esprit public à la hantise de son autodissolution. Dans une Europe progressivement laïcisée, le danger se repère, moins dans la trahison originelle que dans la duplicité permanente propre au trafiquant de biens, d'idées et de sentiments. À des titres divers, Rothschild, Einstein et Freud incarnent une circulation matérielle et spirituelle; franchissant frontières intérieures et extérieures, elle menace de séculaires immunités.

L'ignominie de Shylock cristallise le péché premier de la société marchande : rien qui ne s'échange. Une livre de chair paraît à bon droit solder une dette. La scène se passe à Venise, berceau d'un Occident triomphant, on y célèbre le commencement de la fin des illusions. Chaque chose affiche son prix, vices et vertus, corps et âmes compris. Conservateurs et révolutionnaires excommunient la civilisation des supermarchés comme Timon d'Athènes, selon Shakespeare, apostrophe son tas d'or, qui rend « blanc, le noir; beau le laid; vrai, le faux; noble, le vil; jeune, le vieux; vaillant, le lâche... cet esclave jaune fera et défera les religions; bénira le manant, sanctifiera la pègre blanche... Poussière damnée, putain commune à tout le genre humain, toi qui sèmes la rage dans la racaille des nations... toi, dieu visible qui soudes étroitement les incompatibles et les forces au baiser; toi qui parles par toutes les langues et à n'importe quelle fin!... »

À première vue Shylock personnifie l'usure, ce profane prêt à intérêt qui s'inscrit en tiers importun entre le principe d'amour de l'échange égal – donnant, donnant – et le principe guerrier du risque absolu, où celui qui n'engage pas tout n'obtient rien. Antonio, le marchand de Venise, possède les deux vertus dont Shylock est dépourvu, celle du prêtre et celle du chevalier; il lance ses navires à l'aventure comme on partait en guerre; il aime gratuitement, comme il se doit dans un univers chrétien.

À deuxième vue, le malheur de Shylock vient moins d'introduire un point de vue imprévu que de ne pas accepter de s'y tenir. Le prêteur juif entend tailler dans la chair vive comme le guerrier non juif, il se lamente, à la chrétienne, quand sa fille Jessica lui joue des tours. Il succombe à la tentation de calquer Antonio, d'ajouter les vertus d'un autre âge à la sienne, sans égard pour l'incompatibilité des trois comptabilités. Il s'autodétruit.

À troisième vue, Shylock est puni par où il pèche, il tombe victime de l'excellence de sa propre méthode qui, loin de pouvoir s'additionner aux autres, les place hors jeu. Faire de l'argent avec l'argent suppose qu'on ne s'enrichisse pas de ce que l'autre donne (relation d'amour) ou perd (relation de guerre, de pillage, jeu à somme nulle), mais qu'en fin de compte et, au terme du prêt, se lève une plus-value qui constitue le gain du créditeur. Sans provoquer la perte d'un débiteur sachant correctement faire « travailler » l'argent emprunté. Shakespeare charge la très subtile Portia de tirer la leçon. Elle annonce à Shylock que la guerre est finie, que sa vengeance ne saurait s'assouvir en chair et en os. Impossible de sortir de l'universelle circulation pour atteindre l'instant d'un don absolu qui ne serait pas à son tour négociable.

Shylock est converti au christianisme de force, quand Venise se pervertit judaïquement en douce. Profanation générale. Prostitution universelle. Tel se montre le point de vue « juif » d'une circulation marchande qui ronge, non seulement les anciennes hiérarchies mais les piliers de toute hiérarchie. Antonio se veut respectable et respectueux, plus charitable que le prêtre, plus courageux que le chevalier, sans peur, sans reproche. Antonio date. Le temps du prêt sur gage – livre de chair, kilos de bons sentiments – est passé. L'avenir est au prêt pour le prêt, quand le crédit engendre le crédit. Shylock le pressent qui, pour commencer, se renseigne sur son éventuel débiteur. Mais il commet l'erreur de se goinfrer de revanche, plutôt que de contrôler l'interchangeabilité des choses et des êtres. Il s'accroche, son ressentiment devient bêtement non négociable. Sa vengeance sonne anachronique, contre-professionnelle. Loin d'initier Antonio à la science « juive » du billet porteur d'intérêts, il se laisse piéger par ceux du cœur. Portia lui rappelle la loi de la valeur d'échange qui subordonne les passions, les armes et les valeurs d'usage. « Tout ce qui est stable et solide s'évanouit », « Alles Ständische und stehende Verdampft », dit en écho le Manifeste communiste. Dans l'ancien monde, celui que le clerc réfère à Aristote et Platon, chaque chose trouvait sa place, les êtres physiques rejoignaient leur « lieu naturel » et les sujets moraux restaient assignés à leur poste. Désormais chaque chose a son prix et tout est pris de tournis.

L'honneur, l'amour, le mérite se laissent apprécier à leur juste équivalent, ils ne constituent plus des points de vue transcendants. Aussi chers valent-ils, ils valent; ils sont, entre autres, relativisés. Le côté « juif » de la société bourgeoise scandalise par son implacable refus du platonisme; le tourbillon ne laisse aucune place d'où un sage, un héros ou un saint pourrait au nom du Bien régler le mouvement des affaires sans se laisser en retour porter par lui. D'entrée de jeu, le roi philosophe et le philosophe meneur d'hommes sont décrétés hors jeu. La convertibilité générale exclut la conversion absolue. De la valse des échanges, il n'est pas de fin depuis que le mouvement des affaires est devenu, banque et bourse aidant, l'affaire des affaires. Nulle livre de chair, nul pesant d'or, nulle céleste auréole, pas même une amoureuse mise en ménage ne solderont un compte qui s'anticipe interminable.

L'universel trafic déplace et fait tourner les grandeurs physiques et morales. Par un apparent renversement, loin d'échanger pour manger, travailler, procréer, on se met à manger, travailler, procréer pour échanger; l'argent, humblement introduit comme intermédiaire, moyen de circulation, s'émancipe. Se posant comme origine, se reproduisant comme intérêt, il s'autonomise comme alpha et oméga d'un marché universel, qui, en lui, se pense et convient à soi-même. Victime de sa victoire, le marchand de Venise n'a cédé qu'au devenir-monde de sa propre activité marchande.

Tous juifs? Une pointe d'ironie clôt la pièce de Shakespeare. Shylock n'aura été qu'un atavique, les anti-Shylock pareillement; tous ces personnages du passé font des affaires en cultivant des idéaux précapitalistes; le sens moyenâgeux de l'honneur chevaleresque les fourvoie; leur soif de vengeance les perd. La nouvelle génération vénitienne, Portia et Jessica, s'entend mieux à brasser aventures d'argent et coups de cœur « À Venise cupidité et générosité, orgueil et humilité, compassion et férocité, argent et chair humaine tendent à se confondre. » (R. Girard.) La Venise shakespearienne est la première « Amérique juive », mais sans l'opprobre qui enflamme contre elle les affolés de Mahomet, de Lénine et de la svastika. « Shylock devenant chrétien, c'est Portia qui devient Shylock. » (D. Sibony.) Le juif est homme d'argent, l'argent s'élève prophète du bourgeois, lequel domine le monde et enjuive la planète. Au feu le juif! Feu sur la Terre! L'ironie de Shakespeare tient dans le renversement des propositions : si tout est argent, l'argent est tout, entendons rien d'isolable en soi. Casser la libre circulation des biens, c'est interdire la libre circulation des idées, images, sentiments, inventions et s'enfermer derrière d'épaisses murailles pour finir enterré dans un mausolée totalitaire.

Venise, capitale des masques, des miroirs et du carnaval. Hollywood-Babylone. Points de concours d'une double circulation, on y fait de l'or avec des images. Marché mondial et société du spectacle se donnent rendez-vous sur la scène shakespearienne, avant d'envahir la planète de conserve. La riche Portia joue la comédie, le comédien est un échangeur, le monde devient théâtre. Diderot énoncera, plus tard, le paradoxe des acteurs qui jouent tous les rôles et incarnent n'importe quel personnage; avec la sincère insincérité du caméléon, ils font métier de leur manque de « caractère ». Dans l'orbite de l'imaginaire le comédien est l'analogue de la monnaie dans le monde des marchandises, c'est l'équivalent général, « l'objet vide par lequel se réalisent tous les échanges » (J.M. Apostolidès). De la métropole des Renaissances avec ses canaux, sa lagune et ses peintres jusqu'aux États-Unis vibrionnant entre l'argent télématique et les satellites multi-médias, la libre circulation des images et des biens arrache les Terriens à leurs incrustations millénaires. Non sans douleurs.

À mi-chemin du marchand et du comédien, déraciné et déracineur, un homme incarne, à l'orée des temps modernes, la nouvelle convertibilité universelle. L'émoi suscité par les passages du judaïsme au christianisme, ou du christianisme au judaïsme, si fréquents dans l'Espagne du XVe et l'Europe du XVIe siècle, érige le *converso* en modèle (et contre-modèle) culturel, « indice fondamental d'une rupture entre le lieu et le sens – une rupture difficilement tolérable mais indépendamment de laquelle on ne pouvait comprendre, au XVIIe siècle, la restauration agressive de légitimités locales sur un mode politique et national » (M. de Certeau). Le juif circule et convertit les valeurs municipales les unes dans les autres; la circulation, à son tour, convertit le juif en bourgeois et les grandeurs bourgeoises en puissances infiniment convertibles : tout ce qui est américain est juif et tout ce qui est juif est américain, conclut platement l'intégriste, ou follement Céline, en 1938 : « Les démocraties ne sont que les dominions de la Tintamarrerie ahurissante juive, prodigieux stratosphérique tambourinage et gigantesque accompagnement de notre appareil de torture et de servitude. Absolument irrésistible. Quels sont les patrons de ce cauchemar ? Les banques juives, la conjuration des rabbins (avec ou sans héroïne), l'Intelligence Service (grande productrice de guerres et de révolutions), l'Angleterre judéocratique, la Cité, toute aux Juifs... Pour le moment, en Allemagne, en Italie, en Russie, un peu partout à vrai dire le Juif découvre une certaine résistance à sa volonté... Un certain racisme aryen. Oh! pas bien dangereux! encore bien sporadique, fantaisiste, timide. Le péril est vague, on le fait mousser! L'USA si parfaitement juive possède encore soixante-dix pour cent de l'industrie mondiale! Le Juif peut voir venir!... Il tient toute la caisse, toute l'industrie... Ça ira! »

VIII

De la satanisation scientifique

L'équation bourgeois = juif propose une analyse critique et promet une condamnation en forme de la modernité. Toutes les sciences dans le vent – biologie, sociologie, économie politique, pédagogie, génétique... – furent invitées à couronner le préjugé des préjugés en procédant à une diabolisation savante.

La misère de l'homme bourgeois n'est que la déhiscence juive devenue maladie contagieuse. En soumettant les habitudes de consommation et de travail aux impératifs d'un marché sans frontières, l'économie « déracine » les populations, corrompt puis liquide leurs us et coutumes. Lorsque la valeur d'échange se soumet ce que l'économie politique désigne comme valeur d'usage (en fait, les mœurs), elle démoralise et substitue aux normes ancestrales des modes évanescentes. Contre l'éternel elle sacre l'éphémère. Ainsi la sociologie opposa, longtemps, les communautés « organiques » – dont le paradigme et le noyau seraient la famille – et la société « mécanique » liée par des relations extérieures du type concurrence. Les communautés sont dites naturelles, lorsque le fondement de leur unité est leur existence même, accompagnée des conditions nécessaires et suffisantes à sa perpétuation : la langue maternelle, la procréation, la production.

Vie, langage, travail valent pour principes intégrateurs des communautés de base : famille, cité qui solidarise les producteurs, patrie où le peuple communie linguistiquement. Les communautés premières nouent entre elles des liens extérieurs qui peuvent être pacifiques (commerce), ou hostiles (guerres). Ces communications extrinsèques renvoient chaque échangeur, collectif ou individuel, à ses intérêts propres et égocentrés. Par opposition au lien communautaire, la rivalité sociale met en contact des êtres indépendants les uns des autres. C'est un rapport entre étrangers. À l'intérieur d'une nation, il se manifeste comme Société Civile, où, selon Adam Smith, « chacun est un commerçant ». Entre les nations, il émerge en Société Internationale, qu'aucune autorité politique ne règle. Or, le commerce vise à effacer la frontière entre intérieur et extérieur, il s'insinue par la moindre fissure, il pénètre « tous les pores de la société » (Marx). Un marchand est naturellement apatride : « A merchant, it has been said very properly, is not necessarily the citizen of any particular country. » (Smith.) Au départ le commerce rapproche accidentellement des groupes, villages, familles, nations s'autoperpétuant en vase clos. À l'arrivée, par un « renversement de ces relations générales » (Tönnies), le travail autochtone se trouve assujetti aux exigences du marché mondial et l'activité productive hystérisée au gré du mouvement spéculatif des capitaux.

En prenant le dessus, la relation d'extériorité (monétaire) propre aux « sociétés » (Gesellschaft) disloque le lien d'intériorité qui soudait la communauté (Gemeinschaft). Expatriant, le commerce sépare le paysan de sa terre, l'artisan de son corps de métier et de son savoir-faire, l'entrepreneur de son rapport natal aux ressources et besoins locaux. Depuis les habitudes de cuisine et de chambre jusqu'au service divin, la communauté déployait sa culture (Kultur) spécifique; ses membres communiaient dans le sentiment réconfortant d'un chez soi inébranlable : « Tout ce qui est confiant, intime, vivant exclusivement ensemble est compris comme la vie en *communauté* (c'est ainsi que nous le croyons). La *société* est ce qui est public; elle est le monde; on se trouve au contraire en communauté avec les siens depuis la naissance, lié à eux dans le bien comme dans le mal. On entre dans la société comme en terre étrangère. – On met l'adolescent en garde contre la mauvaise société, mais l'expression " mauvaise communauté " sonne comme une contradiction. (...) C'est ainsi que les fiancés savent qu'ils entrent dans le mariage comme dans une pleine communauté de vie (communio totius vitæ). Une société de vie est une expression contradictoire dans les termes. On se tient compagnie. Personne ne peut tenir communauté à un autre. – On est admis dans la *communauté* religieuse; les *sociétés* religieuses existent uniquement, comme les autres associations, en vue d'un but quelconque, pour l'État, et ce but en théorie, se trouve en dehors d'elles. Il existe une communauté de langue, de mœurs, de foi, mais une société du travail, du voyage, des sciences. » (Tönnies.)

À mesure que les collectivités s'étoffent, la subordination originaire du social au communautaire tend à s'inverser. La ville est le lieu où s'opère le retournement crucial. Le village et l'agglomération moyenâgeuse formaient un ensemble « organique », les corporations modulaient leurs activités spécialisées sur les besoins préétablis de leur harmonieuse interdépendance. Le changement d'échelle s'avère décisif. La grande cité urbaine – et plus encore la ville-monde de l'avenir – socialise ses habitants en substituant à leur ex-solidarité « organique » l'agrégation mercantile et « mécanique » de leurs solitudes. Interdit de propriété foncière, exclu de la communion culturelle, paria partout, chez soi nulle part, le juif errant parut prédestiné à véhiculer et multiplier les flux monétaires transcommunautaires. Ce faisant il « infecta » le genre humain. À relire nos bons sociologues d'antan qui ne reconnaît en cette « socialisation » – dénaturant les communautés – une réédition de la malédiction juive, l'angoisse de s'atomiser en une diaspora planétaire ?

L'opposition organique/mécanique ou communautaire/social ne relève nullement d'une lubie marxiste. Si elle court à travers la pensée sociologique et la critique allemande, elle ne manifeste aucun tribalisme spécifiquement germanique. Les pères de la sociologie française, A. Comte et Saint-Simon, opposent dès le début du XIXe siècle les périodes « organiques » où la collectivité symphonise aux époques « critiques » où elle se désagrège. Aujourd'hui, dans sa volonté de reconstituer une « Gemeinschaft » l'islamisme radical utilise la même batterie de concepts : « Les Arabes pratiquent allégrement et régulièrement l'aller-retour entre les catégories mises au point à partir des temps modernes par Tönnies, Morgan, Durkheim, Gramsci : solidarité organique/solidarité mécanique ; communauté/société. (...) Le moteur commun de tous ces mouvements est la lutte contre la dépravation des mœurs, la décadence, et le projet d'application de la chari'a comme remède à tous les maux (sous-entendu légués par l'Occident)... » (B. Étienne.)

Des deux côtés du Rhin, la guerre de 14 à 18 fut idéologisée sur les tréteaux d'une gigantomachie, où Kultur et Civilisation se dépêchaient cartel et ultimatum. Au terme d'une longue étude, *Le Génie de la guerre et la guerre allemande*, (*Das Genius des Krieges und den Deutschen Krieg*) (publiée en 1915 et jamais rééditée après l'épreuve), le célèbre sociologue Max Scheler dressait un tableau opposant terme à terme les deux camps spirituels qui divisaient l'Europe. En voici quelques perles :

Côté allemand :	Côté anglo-saxon :
Kultur	confort
Guerrier	le pillard
Penser	compter
les Vérités	les faits
la Raison	l'économie
Le Concept	l'épargne perceptive
La Méthode scientifique	la méthode inductive
Explication	classification
l'Ordre légal selon Dieu	l'intérêt de l'Angleterre
La Providence divine	la politique anglaise
le Bien	l'utile
le Respect de la Vertu	le cant
la Fermeté de la Convention sociale	la liberté de parole et d'esprit
Formation (Bildung)	fermeture spirituelle
Promesse	contact réciproque
Fidélité	exactitude dans l'exécution des contrats
Jeu chevaleresque	sport
Sentiment de l'Honneur	assiette de crédit
Noblesse	richesse dont on ignore l'origine
Amour	solidarité des intérêts

et bien entendu, Gemeinschaft contre Gesellschaft.

Les batteries de concepts se transforment en panoplies d'invectives. Mais les chapelets d'injures ne permettent pas encore de conclure à l'intégrisme. La mobilisation des cerveaux est, certes, menée tambour battant sur les deux rives du Rhin, les intellectuels procèdent joyeusement au sacrifice de leur intellect sur l'autel de la patrie. Réponse du berger à la bergère : André Suarès, en 1916, mesure « l'abîme qui sépare la culture de la civilisation ». Au nom de la seconde, il mène la guerre du droit contre la première, qui couve et couvre la barbarie : « L'Empire allemand... étale à tous les yeux les terribles effets de la culture sans la civilisation. » Les adversaires « irréductibles » puisent à qui mieux mieux dans un trésor commun d'outrances et d'outrages savants. « Cette guerre est bien celle de l'individu contre la fourmilière, de la liberté vivante contre la machine, de l'ordre plastique contre l'ordre mécanique et, pour tout dire, de l'art contre la science. » Max Scheler et Thomas Mann eussent pu signer l'invective que Suarès leur jette au visage. L'Europe éclairée et distinguée enrégimenta l'art et le savoir au service des passions belliqueuses les plus sottement inconditionnelles et inconditionnellement sottes. Elle mettait le pied dans l'enfer idéologique. L'intégrisme la hantait, ses dérives mentales s'annonçaient. Il manquait un déclic propre à précipiter le simple possible dans le dur réel.

L'intégriste clame son expropriation. Il a été frappé d'un « coup de poignard dans le dos », il a dû s'incliner, capituler, il est défait. Le soldat de 14 défend ce qu'il a – sa culture allemande ou sa civilisation française –, il lutte pour ce qu'il est fier d'être – gentleman, musicien, héritier de Goethe, de Voltaire ou de Shakespeare. L'intégriste, lui, est dépossédé de son sol spirituel. C'est un « réprouvé » (E.V. Salomon). S'il est allemand, il a subi l' « humiliation de Versailles », ce leitmotiv des chansonnettes hitlériennes. S'il est russe, il fut « le maillon faible » de la modernité, incarnant l'Europe analphabète, à la traîne de l'histoire ; vexé et affligé il tente de tourner son retard en vertu, révolte, révolution. Si musulman, il fait remonter la longue chaîne des offenses à la création de l'État d'Israël, à la colonisation, aux croisades sans oublier les invasions mongoles. Le soldat de la « Grande Guerre » luttait pour ce qu'il était, l'intégriste lutte pour être. Son humiliation est ontologique : il se pense musulman, ne parvient pas à vivre comme tel, son essence dément son existence et vice versa. Le retour en arrière est coupé. L'Empire de Bismarck n'est plus de saison. La gloire des califes s'est évaporée. Le futur échappe et le présent lâche. Le « système » et l'impérialisme ont investi l'intérieur et l'extérieur ! La blessure morale, sociale, totale précède et colore les explications partielles du militant qui s'inspire généreusement des théories en vogue et de l'actualité en cours.

La satanisation de l'Occident judéo-américain conditionne la possibilité d'une aussi globale, impardonnable, définitive agression. Le pacte de jadis a vécu – le héros balzacien inventait divers stratagèmes pour parvenir au sommet d'un univers foncièrement hostile, les guerriers de 14 croyaient vivre la collision de deux mondes, Kultur et Civilisation s'éreintaient, le bon avait à cœur de repousser le mauvais. L'intégriste n'en est plus là, il ne connaît qu'un seul monde, intrinsèquement pervers. Il fait face en se réclamant d'une absence, il doit en finir avec l'universelle malfaisance avant d'atteindre quelque havre de paix. La Grande Guerre lui semble encore petitement mondiale, elle divise l'espace en deux camps, lui sépare le temps : il faut supprimer hier et aujourd'hui pour que demain soit. Il n'invente ni catégorie ni vocabulaire, il puise sans vergogne dans le trésor des antisémitismes, antiaméricanismes, antibourgeoisismes d'autrefois. Néanmoins, sa syntaxe est originale, elle organise ses pensées et son action autour d'un « c'est lui ou c'est moi », qu'il clame à tous vents en croyant seulement s'en faire écho. Les malentendus, les blocages, les haines latentes ou tièdes, encore supportables, sont chauffées à blanc par une volonté exterminatrice.

L'intégriste ne fait pas la théorie de son propos. Son ambition positive joue des mélanges de tradition et de modernité. Manquant de précision et de cohérence, l'avenir économique, social et culturel reste vague; seuls sont bouclés, cadrés et généreusement tirés les portraits de l'adversaire. Drapé de brume, excipant de son inadaptation délibérée, l'intégriste ne se découvre qu'à travers l'image inversée du terrorisme qu'il attribue à ses humiliateurs absolus.

La communauté sainte et juste des grandes promesses militantes ne se laisse approcher que par défaut. Mentalement vierge et moralement inexplorée, elle se soutient de la dure altérité qu'elle oppose à ses contrefaçons calamiteuses, lesquelles règnent et gouvernent. La mono-évidence du « tout mal » nourrit les fantasmes d'un « tout bien », d'autant plus intensément désiré qu'on ne trouve rien à en dire.

Aux yeux de l'antisémite bon teint XIXe siècle, le juif véhicule un déficit inhibiteur, dont il est à la fois l'agent et la victime, moitié entremetteur, moitié prostitué. Le nouveau chasseur de juifs revivifie le cliché et l'élève en principe explicatif du XXe siècle. Le juif devient, avant la lettre, sida mental, ou, dans la guise des comparaisons biologiques de l'époque, un rat pesteux, un microbe, l'infecteur du genre humain. Il passe anti-Dieu, cause de soi. L'effet de dislocation cosmique qu'il diffuse se réfère désormais au pouvoir désintégrateur qu'il incarne. Et ce siècle, souvent athée, part à la cueillette des signes et des symptômes de la fin des temps; à défaut de Créateur, auquel il croit de moins en moins, il jure que le

Destructeur existe puisqu'il ne cesse d'en répertorier les ravages. Visibles sont les maux, ils crient. Cachée est la puissance qui les pilote et que seul l'initié perçoit. Le juif patent, celui qui gêne par son interminable et pitoyable errance, dissimule le juif latent qui reconvertit cette errance en machine de guerre et plonge le monde dans l'anarchie, afin d'assurer son propre despotisme. La révélation intégriste illustre le rapport des superstructures perceptibles et de l'infrastructure imperceptible par de multiples historiettes de complot. Attisant révolutions et crises, les « Sages de Sion » liquident les dernières poches de résistance que l'honnêteté conservatrice, la foi chrétienne ou la flamme populaire tentent d'opposer à leur prépondérance. À échelle plus pragmatique, les « lobbies » tiennent la Bourse, quadrillent les mass media, phagocytent l'université et l'édition, écument le commerce des stupéfiants et du sexe. Derrière le chaos apparent, travaillent des centres hégémoniques qui l'enflamment à leur profit.

Pour étudier la stratégie des intégristes, il convient de décortiquer celle qu'ils prêtent à leur adversaire. Le docteur Mabuse prépare la prise du pouvoir par le feu et le sang. Enfermé dans son asile d'aliénés, il concocte l'insurrection des bas-fonds et lance le « milieu » à l'assaut de l'establishment. De film en film, creusant son personnage, Fritz Lang cible de plus en plus Hitler en pleine ascension. Sa femme et scénariste Thea von Harbou, d'obédience nationale-socialiste, gratifie le personnage démoniaque d'un pedigree bien différent. Le démocrate et la nazie collaborent cependant harmonieusement. Sans mystère, ça colle. Quand Fritz Lang voit Hitler, sa femme voit le juif. Ils jouent Mabuse contre Mabuse et le peignent en miroir. L'antisémitisme borné, chrétien, paysan, traditionnel, s'obsède d'une infra-humanité équivoque et archaïque, l'antisémitisme totalitaire double la mise. Il croit dévoiler, sous l'élément de désordre, qu'on s'acharne depuis deux mille ans à cantonner, expulser, convertir, le pouvoir dissimulé de ce désordre. La puissance juive sous-humaine, on la connaissait; sur-humaine, on la découvre. Sur les tréteaux du duel final, si vous ne tirez pas les premiers, c'en est fini de vous! Le mirage de l'omniprésence de Sion permet à l'intégriste de préciser son propre désir d'un pouvoir fort et total. Ce n'est pas en coalisant péniblement des intérêts particuliers, ni en rassemblant un à un les fils matériels et spirituels qui gouvernent les divers groupes sociaux, que la poigne souhaitée conquiert la magistrature suprême. La puissance prouve sa vérité dans l'annihilation : il faut tuer absolument ce qui nous volatilise absolument. Prétendant détenir, définir et régir la société, les intégrismes ne la totalisent pas additivement mais destructivement. Le tout-nouveau-tout-beau dont ils se réclament ne colle pas au bric-à-brac ancien, il ne se ramasse jamais dans les ruines, il se manifeste dans ce qui ruine.

D'un intégrisme aux autres, la relation primordiale n'est pas d'influence ni d'affinité élective, mais plutôt de clonage. L'air de parenté qu'ils affichent, les emprunts et imitations, dont occasionnellement ils ne se privent guère, s'inversent au gré des circonstances en haines inexpiables et hostilités excavatrices. La collision des communistes chinois et soviétiques, cambodgiens et vietnamiens, les frères baassistes syriens et irakiens, d'autant plus dressés sur leurs ergots qu'ils se réclament des mêmes pères fondateurs, rien là ne doit surprendre. Abel et Caïn. Étéocle et Polynice... Les mésaventures des frères ennemis relèvent d'une fraternité en inimitié. Adepte d'identiques œillères mentales, focalisant tous les malheurs perceptibles et imaginables sur l'activité sourde d'une cause unique, dès qu'un intégrisme accommode sur l'autre, il le condamne à mort, quitte, l'appareil optique réajusté, à renverser les fronts et culbuter les alliances. Les guides sont capricieux. Les Führers raisonnent de foucades en lubies. Leur imprévisibilité n'est pas due à un accident de caractère et au hasard de la psychologie, elle appartient par essence au mode de pensée intégriste et à la relation de clonage qu'il génère. L'inter et l'infra-intégrisme tourbillonnent dans des logiques omnivores et autophages, la répulsion universelle répugne à elle-même et aux autres. Irradiées par le centre, où trône l'effigie du destructeur, diverses entités s'entrechoquent et rebondissent au gré ondulatoire du monosatanisme pilote. Elles procèdent à l'opération qu'elles reprochent à l'ennemi, elles enclenchent l'Apocalypse, phase première : le déluge.

La haine du bourgeois, à la hausse, introduit une deuxième diabolisation. Ni le poète, ni le syndicaliste ne portaient, à la fin du siècle dernier, le possédant en haute estime. L'exploiteur du peuple et le suceur de sang prolétarien furent rarement oubliés dans les péroraisons marxistes de la IIe Internationale ; les bulles papales, condamnant le modernisme et le libéralisme, en partagent l'acrimonie. L'heure était pourtant au compromis théorique et aux compromissions à la bonne franquette. Dans le pot-pourri doctrinaire socialiste, dont les contradictions étaient savamment minimisées, on accentuait les filiations davantage que les ruptures. Le prolétariat était promu successeur, plutôt que fossoyeur, d'une bourgeoisie appelée, au nom du progrès, à célébrer l'accouchement, dût-elle périr en couches. Des hérétiques, certes, aiguisaient les antinomies et, avec

Rosa Luxembourg et Vladimir Ilitch, coinçaient le petit cercle de leurs aficionados dans les alternatives ultimes et sublimes du style « socialisme ou barbarie ». Il fallut la Grande Guerre pour que leur gloire s'étendît des arrière-salles de café aux cinq continents. Lorsque la IIIe Internationale entonna « classe contre classe » pour prêcher violence et terreur, l'incendie ne se réduisit pas aux intérêts tactiques du moment, ni aux circonstances locales. Ni aux fièvres ingénues de nouvelles générations s'acharnant à déboulonner les gloires avachies et les bonzes chenus de la Sociale.

Le virage des âmes s'avéra plus profond que celui des organisations. À preuve : que reprochèrent trotskystes et consorts à la barbarie stalinienne, sinon son embourgeoisement prématuré et le péché théorique de n'avoir pas brisé sec avec les préjugés anciens célébrant la bureaucratie et le dirigisme occidentaux ? Lorsque Benjamin ose lancer quelques flèches contre la IIIe Internationale, il l'accuse de ressembler, non seulement au IIIe Reich, son allié d'alors, mais à l'ensemble des sociétés capitalistes, démocratiques ou pas, dont l'Allemagne hitlérienne figure à ses yeux l'accomplissement essentiel et l'avenir obligé. La défaite de celle-ci ne modifie pas d'un iota la théorie de pointe identifiant totalitarisme et société bourgeoise.

Que le fascisme hitlérien ou stalinien incarne le stade ultime de l'impérialisme, lui-même stade suprême du capitalisme, que les rapports de production, de propriété et d'exploitation occidentaux aboutissent nécessairement à des régimes bureaucratiques autoritaires, policiers et dictatoriaux, ces propositions ne se cantonnent pas au pense-bête des catéchismes juvéniles. Les intellectuels « critiques-critiques » et les révolutionnaires en avance d'une révolution brodent sur ces schémas. Pour l'école de

Francfort, Adorno, Horkheimer, pour les esprits forts de Paris, Socialisme et Barbarie, pour la nouvelle gauche anglo-saxonne, New Left et Cie comme pour les trotskystes de toujours, la Chine de Mao, les Afro-Cubains castristes et les écolo-fondamentalistes, le diable n'a qu'un corps et son nom est bourgeoisie. Derrière les masques honnis des tortionnaires de toutes origines, un système unique manigance le pillage, organise le martyre de la planète et planifie l'exclusion des lucides qui le pistent à la trace de ses forfaits!

La bourgeoisie thanatocrate côtoie joyeusement la juiverie exterminatrice dans les placards de la démonologie contemporaine. Le nazi, à l'occasion, identifie les deux monstres, alors que des esprits plus délicats prennent soin de distinguer l'évocation sauvage et les qualifications scientifiques du tout-à-l'égout, où l'histoire occidentale est censée rencontrer sa réalité. Au terminus, la civilisation doit étouffer et périr sous ses propres ordures, dans les pompes funèbres, au choix, de la grande crise économique, de la conflagration militaire ou de la catastrophe électronucléaire. L'antisémite vulgaire a l'avantage de ne pas dissimuler d'où il part, il exhibe haut et clair le fantasme primaire d'une mise à mort juive de toutes choses. Au contraire, l'économiste, le sociologue, l'écologiste « fondé », souvent marxistes et toujours scientifiques, méthodologisent au rebours de l'intuition qui les guide, comme si une analyse « impartiale » du « système » et de ses tensions nécessite de conclure à sa fin inexorable et prochaine. Évitant d'assumer la version brute, que l'antisémite se donne pour acquise avant de raisonner, l'antibourgeois entreprend de fonder, sur l'étude objective du bourgeois, le radical rejet qu'il en propose. Il tombe, ce faisant, dans les cercles vicieux, présupposant sa conclusion en cherchant à déduire ses présuppositions. C'est à la lumière d'un aboutissement catastrophique, unidimensionnel et global qu'il rétroprojette l'unidimensionalité du monde bourgeois, laquelle, réciproquement, rend inévitable et sans équivoque sa mise en bière.

Le théologien prouve que Dieu existe parce qu'il est parfait et que l'existence participe de la perfection. Cela s'appelle la preuve ontologique. L'expert critique-critique démontre que la société bourgeoise doit disparaître parce qu'elle est imparfaite donc minée par ses contradictions. L'identité de l'être et de la perfection, comme celle de l'imperfection et de l'inexistence, implique une semblable pétition de principe : ce nerf de la preuve ne peut, sans abus, être prouvé par la preuve. Si un pouvoir hitléro-stalinien ou nucléo-totalitaire constitue l'accomplissement révélateur et obligé du Way of life occidental, le raisonnement écolo-révolutionnaire tient ; encore ne faut-il pas accrocher l'évidence d'une telle contre-apothéose à l'argument qu'elle commande.

Déduire ou décrire la disparition totale d'un ensemble dont nous faisons partie procède du paralogisme pour autant qu'il nous est logiquement difficile non point de concevoir notre mortalité, mais de nous asseoir bien vivants à notre chevet. Ainsi en va-t-il de celui qui se rêve réintégrant sa pureté à mesure qu'il désintègre le bourgeois, le juif, l'Occidental en lui. La dénonciation théoricienne de l'américanisme relève d'une condamnation à mort, travestie en certificat de décès. La critique croit échapper au cercle logique en l'imputant à l'objet de son acrimonie : l'AmériKKKe serait une mort vivante et une vivante mort ; elle se donne à voir simultanément comme système crépusculaire et crépuscule du système. Du coup, l'observateur, qui s'affirme impartial, se borne à prendre acte. Mais il a un problème et pousse de grands cris : la disparition ne veut pas disparaître ! Elle envahit même le ban et l'arrière-ban de la création, son trop-plein de présence la rend insaisissable. À croire qu'en attendant que le monde passe cadavre, c'est le cadavre qui se fait monde, avec l'exubérance de la plus vivante des vies. Il ne reste à la critique savante qu'à décréter qu'une telle animation est pure apparence et que cette apparence exhale les derniers soupirs de l'être : l'Amérique étale et propage un effondrement du sens, signe avant-coureur d'une auto-volatilisation nue, sans phrase. Le paralogisme des phobies fossoyeuses se trouve ainsi innocenté, car il se borne à refléter l'insensé dans la chose elle-même.

Tout sens procède d'une double articulation et suppose la mise en batterie de couples duels : l'esprit et la lettre, le signifiant et le signifié, l'idée et la chose, le signe et son référent. La culture américaine passe pour amorcer l'annihilation de toute culture en supprimant les dualismes constitutifs. Telle serait la conséquence d'une célèbre formule de McLuhan « le médium est le message ». Elle fut élevée au statut d'un « sésame ouvre-toi » philosophique entrebâillant le mystère du nouveau continent. On y découvre un espace « dont la courbure n'est plus celle du réel, ni celle de la vérité, l'ère de la simulation s'ouvre donc par une liquidation de tous référentiels... » Baudrillard anathémise la société où le sens est devenu simulacre et simulation par la substitution au réel des signes du réel. Ou encore Umberto Eco : « L'imagination américaine veut sa chose vraie et doit réaliser le Faux Absolu pour l'obtenir. » En sacrifiant toute distinction à une hyperréalité, « le tout vrai s'identifie au tout faux, l'irréalité absolue s'offre comme présence réelle ». L'incapacité de différencier le monde réel et son costume imaginaire, stigmatisée aujourd'hui comme une « disneylandisation » générale, avait depuis longtemps effrayé nombre de lettrés européens : « Le cinéma remplace tout, procure tout, contient un abrégé de tout... Et cette machine terrible, compliquée d'éblouissements, de luxe, de musique, de voix humaines, cette machine d'abêtissement et de dissolution compte aujourd'hui parmi les plus étonnantes forces du monde. J'affirme qu'un peuple soumis pendant un demi-siècle au régime actuel des cinémas américains s'achemine vers la pire décadence. J'affirme qu'un peuple hébété par des plaisirs fugitifs, épidermiques, obtenus sans le moindre effort intellectuel, j'affirme qu'un tel peuple se trouvera, quelque jour, incapable de mener à bien une œuvre de longue haleine et de s'élever, si peu que ce soit, par l'énergie de la pensée. » (Duhamel.)

D'aussi alarmées mises en garde présentent l'inconvénient d'être suscitées moins par l'objet visé que par le ressentiment qui les prodigue. À l'époque (1930) où Georges Duhamel s'angoissait des « scènes de la vie future », les ethnologues répertoriaient d'analogues déficiences intellectuelles dans les scènes de la vie passée, attribuant au « primitif » une mentalité « prélogique », qui s'obstinait à confondre idée et chose, nom et référent, imaginaire et réel : le pré-Européen vit dans l'onirique comme le post-Européen se laisse happer et capter par l'écran cinématographique ou télévisuel. Lévi-Strauss, à propos du totémisme, montra, pourtant, que les prétendus sauvages ne se prenaient pas pour des perroquets, même quand ils en empruntaient le nom ; il fallait plutôt imputer ladite mentalité prélogique à l'ethnologue incapable de saisir la distinction indigène entre classifications symboliques et identifications imaginaires. Les amateurs de westerns, de films noirs et le lecteur de romans policiers remarqueront, dans la foulée, que le Yankee, comme l'Indien d'Amazonie, semble bien au contraire un mordu de la différence entre l'apparence et ce qu'elle cache, puisque la difficile nécessité de lever les masques et de percer les mensonges pimente les intrigues et organise les scenarii dont il raffole.

Le risque de confondre image et chose n'a rien de spécifiquement américain, il définit le kitsch aux yeux de l'intelligence viennoise, en 1900; il est dénoncé idolâtre par le militant iconoclaste à Byzance; il caractérise l'univers sophiste pour l'Athénien socratique. L'antiaméricanisme ne révèle, ni n'invente le danger de vivre dans l'apparence et de l'apparence, péril qu'aucune civilisation ne se prive de repérer dans sa demeure, mais il ajoute que la pente est fatale et que l'Amérique incarne le devenir inculte de la culture occidentale. Moins le damné s'en aperçoit, plus le condamneur s'en persuade.

Retour à la case départ : l'imprécation antijuive, antiaméricaine, antibourgeoise ont le même statut logique et sémiologique. La prophétie se confirme elle-même, le performatif théorique-terroriste ne décrit pas, ne fait pas signe mais tranche et prend possession. De même que le promis instaure l'alliance dans une déclaration d'amour, « tu seras ma femme », le critique intégriste déclenche les hostilités par une déclaration de guerre : Tu es inculte, un danger public, un rat visqueux, tu es au bout du rouleau, si tu relèves le défi tu te confirmes ennemi, si tu t'abstiens tu te révèles déjà défait. De profundis.

On aurait tort de se laisser prendre aux étiquettes épistémologiques ou au faire-valoir publicitaire qui différencie l'écorce des multiples intégrismes. En leur fond ils procèdent tous – sans autres égards pour la science ni respect pour la tradition – d'une aperception cadavérisante. Quel que soit le fautif incriminé (juif, bourgeois, Amérikkke ou le savant mélange des trois), nous sommes à l'« ère du péché totalement accompli », exposait, voilà soixante-dix ans, un jeune juif messianique, G. Lukács, qui passa du marxisme au stalinisme. La formule, édictée par Fichte un siècle plus tôt, ne dépare pas les professions de foi diffusées de nos jours à Téhéran, Alger ou Islamabad. Face aux sortilèges sataniques, on invoque à qui mieux mieux le remède miracle d'une « classe-messie de l'histoire du monde ». Lukács la reconnaît dans le « prolétariat ». D'autres dans un peuple ou une race élue, d'autres encore dans une religion nouvelle ou renouvelée.

Opposant à une réalité moribonde un mythe rédempteur, sous vernis théorique ou dogmatique, l'intégrisme raconte une histoire et fait rêver. Nommé commissaire du peuple à l'Éducation, lors de l'éphémère révolution communiste de Béla Kun (1919), Lukács décrète la lecture obligatoire des contes de fées dans les écoles et les hôpitaux pédiatriques de Hongrie. Variables sont les crimes imputés à l'ogre, diverses les puretés exigées des enfants de troupe; Blanche-Neige ou les contes à dormir debout changent, par contre la volonté de suivre ou contrôler, du berceau à la tombe, toute une population persiste.

Froidement calculateur quand on l'attend sentimental, irrationnel pour qui prétend lui faire entendre raison, aventuriste souvent, mais adepte futé de l'esquive, l'intégriste cultive énigmatiquement ses paradoxes. Il demeure insaisissable à qui néglige son désir d'une apocalypse replâtrée. Citoyen de nulle part, il se place à l'exacte intersection d'un enfer qui s'autoabolit et d'un paradis en suspens; il s'incruste en l'instant sacrificiel où l'histoire mondiale paraît aussi mince qu'une feuille de papier, dont le recto et le verso, le bon et le mauvais côté s'opposent et se recouvrent si parfaitement qu'ils ne se rencontrent jamais. Les hauts et les bas de la guerre qu'il mène en permanence, ses offensives éclairs, ses coups de main téméraires et ses effondrements subits s'expliquent dès qu'on découvre que son action se veut essentiellement indirecte. Le mal doit agir sur le mal et faire place nette en procédant à sa propre extinction, tandis que le bien s'épanche et occupe les lieux en s'autoperfectionnant. Vu du dehors, l'intégrisme est une perpétuelle agression. Vu du dedans, il est une province pédagogique en expansion infinie.

Tiers monde, Allemagne IIIe Reich, Moscou troisième Rome, la position tierce n'est pas due au hasard. Une fin apocalyptique oppose Gog et Magog, le premier et le second monde aussi néfastes l'un que l'autre, à charge pour un troisième larron de profiter des entre-dévorements. Telle est la position « tenaillée » que, dans les années 30 à 40, Heidegger, accordant son soutien plus ou moins critique à Hitler, assignait au vieux continent et au peuple allemand en particulier : « Cette Europe qui, dans un incurable aveuglement, se trouve toujours sur le point de se poignarder elle-même est prise aujourd'hui dans un étau entre la Russie d'une part et l'Amérique de l'autre. La Russie et l'Amérique sont toutes deux, au point de vue métaphysique, la même chose ; la même frénésie sinistre de la technique déchaînée et de l'organisation sans racines de l'homme normalisé... Nous sommes pris dans l'étau. Notre peuple, en tant qu'il se trouve au milieu, subit la pression de l'étau le plus violent, lui qui est le peuple le plus riche en voisins et aussi le plus en danger, et avec tout cela le peuple le plus métaphysique. » Une analogue myopie géopolitique permit à la IIIe Internationale de renvoyer dos à dos les deux camps de 14-18, puis le nazisme et l'« impérialisme britannique », en attendant que Khrouchtchev se sente coincé entre Washington et Pékin. Mao affirme, quant à lui, que sa Chine étouffe entre l'URSS et les États-Unis. Et le même cliché préside à la naissance de l'intégrisme shiite, qui table sur la double décadence du système occidental (syndrome vietnamien) et du pouvoir soviétique (fin du brejnévisme). L'anti-Occident mode fin de siècle accentue le trait, en ouvrant une « troisième voie », contredisant simultanément les modèles socialistes et bourgeois.

Cette position « en étau » règle le cadrage sociologique des éruptions fondamentalistes. En pays d'Islam, un duel serré confronta, des décennies durant, experts occidentalisés, d'obédience marxiste ou libérale, et cadres traditionnels souvent religieux. Les porte-parole et les supporters des récents mouvements prennent à revers ce débat codé. Ils avancent, avec l'ardeur de jeunes générations, universitaires ou populaires, qui voient les débouchés bloqués par les vénérables factions rivales. Piégées dans les mâchoires d'un occidentalisme – « outre-mer insolite » – réservé aux happy few et celles d'un traditionalisme parasitaire, outre-monde familier, elles prennent la tangente, en amalgamant les et... et... avec les ni... ni... dans un salmigondis fidéiste. Les étudiants musulmans retrouvent, par bien des aspects, la situation de l'intelligentzia révolutionnaire russe, un siècle auparavant. Se faufilant entre les slavophiles par trop rétrogrades et les occidentalistes excessivement élitaires, des « hommes nouveaux » allaient « au peuple ». « C'est là une chose très facile pour ceux qui aiment effectivement le peuple, qui l'aiment non en paroles mais du fond de l'âme. » En opérant la synthèse des refus radicaux (ni, ni) et des ambitions sublimes (et, et), ils entreprirent d'exorciser par la magie des grands mots le retard historique qui accablait leurs fratricides aînés. Tchernychevski admonestait sa génération qui se rengorgeait à penser « que nous sommes appelés à conduire l'humanité vers de nouvelles destinées, que nous possédons des forces plus vigoureuses et plus fraîches que les autres peuples, que nous comprendrons et réaliserons plus rapidement, plus facilement que les autres peuples les bienfaits inédits que l'Occident n'a pas encore intégrés, et qu'il ne peut comprendre ni acquérir sans notre aide.

En un mot, si nous avons été et resterons encore pour un temps très court, peut-être seulement quelques années, les élèves de l'Occident, il n'est pas exclu que bientôt (même encore dans notre génération) nous devenions ses maîtres et ses guides. Cette chimère est extrêmement répandue chez nous [...]. Nous n'avons pas encore rencontré un seul occidentalophile qui ne se soit au fond révélé un slavophile, si l'on considère comme un indice de slavophilie l'utopie à propos de notre vocation de guide de l'humanité dans le progrès futur. »

Générations après générations, les révoltes spirituelles et militantes projetèrent l'intelligentzia dans la situation flottante des héros de Dostoïevsky, retrouvée aujourd'hui outre-Méditerranée : « Les nouveaux intellectuels vivent dans une tension permanente entre la revendication exacerbée au maniement, voire au monopole du symbolique (d'autant qu'ils disqualifient les intellectuels occidentalisés pour manque d'authenticité et les oulémas pour traditionalisme excessif et compromission avec les pouvoirs illégitimes) et la faiblesse de la ligne de partage avec l'autre, le “ non-éduqué ”, en terme de statut social et professionnel. L'éduqué vivra aussi de petits métiers, sera lui aussi chauffeur de taxi et veilleur de nuit. L'éducation ne donne ni savoir, ni pouvoir, ni statut. C'est par le maniement incantatoire et politique d'un corpus venu des oulémas et de concepts empruntés aux intellectuels que les éduqués peuvent espérer ressaisir, dans et par la prédication politique, un statut que l'État leur dénie. » (O. Roy.) En apparence on ne saurait imaginer cassure plus nette avec l'athéisme du socialisme scientifique, pour qui Dieu sert « à maintenir le peuple en esclavage ». En réalité, l'enthousiasme révolutionnaire nimbe de religiosité, niée ou avouée, frileuse ou triomphante, chaque insurrection contemporaine.

Après 1789, certains réformateurs sociaux n'hésitaient guère à se réclamer, tels Fourier et Saint-Simon, d'un « nouveau christianisme », dont matérialistes et spiritualistes se disputèrent vigoureusement la définition. Pareille tension traversa la gauche « hégélienne »; en vain, s'acharne-t-on à cantonner chez le « jeune Marx » un sentimentalisme mystico-messianique, hérité de Feuerbach, entre autres pères. Le « vieux Marx », tout bardé de présupposés scientistes, perpétue l'équivoque. Lorsque éclate la Commune de Paris, il commence par condamner cette effervescence « chauvine » et anachronique pour célébrer ensuite la grand-messe du nouveau Prométhée prolétarien parti escalader le ciel. Entre la religion de la science revendiquée à grands cris et la science vécue comme une nouvelle religion, le socialisme n'a cessé d'opérer de saintes synthèses. Depuis Auguste Comte jusqu'à Guevara et aux théologies de la Libération.

Les Shiites accueillirent le retour de Khomeiny et la chute du Shah comme l'accomplissement de la Promesse et l'amorce de la désoccultation du dernier imam. Le décor spirituel calquait furieusement celui où, en 1905, en Russie, dans la foulée de l'insurrection, proliférèrent « les chercheurs de Dieu », les « constructeurs de Dieu » et autres appelés disputant fiévreusement de la mission eschatologique assignée, nul n'en doutait, au futur ordre socialiste russe. Merejkovsky, entouré des poètes Blok et Bieli, des écrivains Rozanov, Tchoulkov, etc., prêche la religion du Troisième Testament. Au Premier qui révéla Dieu au monde, au Second qui incarna le Fils de Dieu, succède le Nouveau-Nouveau qui manifeste Dieu dans l'humanité et parachève la divino-humanité. Dans l'entour de Berdiaev, on insiste davantage sur un Dieu extra-mondain, mais on réitère l'affirmation d'une vérité religieuse et mystique du socialisme. Sur l'autre aile, athée, Gorki, Bogdanov et Lounatcharsky, ministre soviétique jusqu'en 1929, font l'impasse sur Dieu, mais récupèrent l'essentiel, la sainte Trinité : au nom du Père c'est-à-dire des forces productives, du Fils-prolétariat et du Saint-Esprit qui est le socialisme scientifique, « la plus religieuse de toutes les religions ».

Lounatcharsky de conclure : « Le véritable social-démocrate est un homme profondément religieux. » Lénine, par doctrine, infirme, mais le charisme qu'il recherche et exerce tend à confirmer. La foi qui l'enchâsse dans un mausolée soulève les montagnes, bâtit Magnitogorsk la cité de l'acier, affame l'Ukraine, ouvre le Goulag pour sombrer à Tchernobyl. Cette foi-là, pharaonique, relève moins de la bigoterie anticalotine de l'auteur de *Matérialisme et Empiriocriticisme* que de la fièvre qui secoue les jeunes intellectuels en crise. « J'affirme qu'actuellement une nouvelle religion est en train de naître en Russie, une religion qui jaillit de mon âme et de celle de centaines de mes camarades » écrit, prémonitoire, Lounatcharsky, en 1908.

Accomplir la Grande Promesse, par tous les moyens, religieux ou non, tel est le serment « scientifique » qui traverse les enthousiastes diabolisations millénaristes. Elles fondent une foi terrestre ou céleste. Elles luttent sur deux fronts. Contre les bourgeoises religions du progrès, qui promettent trop peu. Contre les confessions somnambules, traditionnelles, empêtrées de tabous, intimidées et paralysées. (C'est au forceps qu'il faut accoucher l'homme nouveau.) Elles empruntent leurs armes aux deux camps. Elles reprochent aux églises, mosquées, temples et synagogues de chanter l'âme d'un monde sans âme, sans tenter la moindre réanimation. Contre les tenants des programmes athées, elles travaillent à la Kierkegaard et mettent en lumière l'énorme lacune « psy » de projets collectivistes muets devant la mort, l'amour et le désespoir. La séparation est en même temps reconnue et dépassée. Elle opposait l'ici-bas où l'homme est un loup pour l'homme, et l'au-delà où l'homme devient un dieu pour l'homme. La superposition verticale des sphères – sublunaire, céleste – glisse en succession d'époques. L'espace déchiré se réconcilie. Un temps s'achève, un autre naît que la nouvelle religion révolutionnaire inaugure sur le cadavre du grand belzébuth juif, américain, occidental.

IX

Double métaphysique de l'intégriste

Et si le pimpant révolutionnaire n'était qu'un faux prophète ? La question ne se pose pas seulement après coup, quand la réponse est : oui. Elle obsède, dès l'origine. De révolte à révolte, d'Église à contre-Église, de conviction à confession, elle divise les partis et les chapelles; elle rebondit entre élite, entre masses, outre avant-gardes. Elle couve dans les différences de classes et de nations. Aussi assoiffé de consolations et d'espérances qu'on le suppose, le grand public n'est pas disposé à croire n'importe quoi. Le marché de la prophétie est encombré de concurrents avides et sans scrupules. Nostradamus court les dîners en ville, Cagliostro hante les ruelles, Billy Graham pullule dans les mass media. Appartient-il au premier beau-parleur venu de rafler la mise sous prétexte d'entraîner les foules hors d'Égypte ?

Le chanteur de charme, la tireuse de cartes, l'astrologue, le démagogue xénophobe, l'avocat des médecines douces ont beau étaler de pimpants succès municipaux, ils ne font pas le poids. À panacée particulière, rayonnement restreint et vogue éphémère. Supérieurs, le prêche intégriste et le discours communiste se proposent de part en part universels. Avant même qu'il soit question de croire ou pas, ils secouent. Les dangers fantasmagoriques qu'ils ciblent ne négligent nul recoin et n'épargnent aucun havre. Le sale juif se glisse dans des draps éperdument privés et au plus haut des pouvoirs publics. L'impérialisme culturel subvertit, Hollywood et Disney aidant, le pouvoir intellectuel, comme Wall Street gouverne les puissances matérielles. Il n'y a rien dans le ciel et sur la terre qui ne soit corrompu, dégradé par la machine maléfique. Quand les camelots ordinaires vantent de locales applications et se soumettent à la concurrence, le prêcheur va au fond des choses et s'autorise d'une démonie sans frontières. Il ne souffre ni objection, ni objecteur, ni rival.

L'argument intégriste fait mouche avant de convaincre. Les forces religieuses qu'il réveille, il les noue métaphysiquement. On se souviendra que la métaphysique prend en compte, non pas tel ou tel secteur scientifique ou folklorique de la réalité, mais considère plus amplement les êtres « dans leur ensemble » (kat'olou). Les intégrismes sont révolutionnaires car ils ne se limitent pas à la subversion régionale d'une partie de la culture ou des mœurs. Ils sont conservateurs radicalement, car, sans chercher à sauver la parcelle gracieuse d'une tradition originale, ils risquent tout pour sauver le tout. Ils sont vétéro-apocalyptiques et s'acculent au pari du suprême ou rien. Bien au-dessus des vantardises publicitaires pour euphorisants ordinaires, l'ambition fondamentaliste se fait valoir plus vaste, plus profonde, sublime par la seule généralité du suspense qui l'introduit.

La détermination métaphysique de l'intégrisme émerge dans la trop fameuse « humiliation », décapée de ses interchangeables maquillages idéologiques et dépouillée des rationalisations rétrospectives qui additionnent naïvement d'amovibles causes. De cette humiliation court-toujours, véritable nerf moteur des grandioses mobilisations, le noyau insécable est l'angoisse. Non pas la crainte d'un danger précis, dont on pourrait soupeser les risques et la probabilité. Mais un sentiment premier qui précède les causes qu'on lui assigne et s'avère plus tenace que les successives doctrines dont on l'affuble. Angoisse décrite par Heidegger en 1929 : « C'est un mouvement d'approche vers l'essentiel de toutes choses. »

L'humiliation et l'angoisse tissent des rapports d'ensemble à l'ensemble des êtres et des choses; elles transcendent chaque motivation ponctuelle. Un prétendu déclencheur de troubles est monté abusivement en épingle; on l'innocente, en vain : on récuse le prétexte, on n'atteint pas l'évidence qui permane sous-jacente. Parce qu'elle nous met en présence de « l'étant dans son ensemble », remarque Heidegger, l'angoisse ne dépend pas de l'occasion qui l'a fait naître. Elle est en elle-même et pour elle-même révélante.

L'angoissé ne saurait préciser de quoi il a peur. Un n'importe quoi glace davantage qu'un événement précis et bien dessiné. Le naufrage de chacun découvre l'ensemble des naufrages comme ensemble en naufrage. L'angoisse, humiliation, aliénation font des expériences qui se suffisent. Elles ne sauraient être mises en cause de l'extérieur par quelques bons conseilleurs et singes savants. Parce qu'elles n'ont pas d'extérieur. Parce qu'elles mettent simultanément en cause l'objet de l'expérience, son sujet et la corrélation qui les noue. L'angoissant et l'angoissé perdent pied pareillement. À la différence de l'effrayant et l'effrayé, ils ne se fixent pas sur tel ou tel fait. La menace demeure quelconque. Et son indistinction est, elle-même, d'autant plus étouffante dans sa présence d'ensemble, infractionnable en données détaillées et circonscrites.

Ce n'est pas parce qu'il ignore quand il meurt que l'homme n'est pas confronté à sa mortalité. Au contraire c'est parce qu'il ne sait jamais, quand, où et comment il sera frappé que la faux l'obsède, impitoyable et permanente présence de l'absence à venir. D'une façon analogue, avance Heidegger, le monde ne se donne comme ensemble des êtres que dans l'horizon de sa fragilité. Ensemble promis à disparition des êtres promis à disparition. L'angoisse est irréfutable et autosuffisante. En elle, les éléments de l'expérience et l'expérience des éléments, qu'ils soient « objets » ou « sujets », basculent en même temps : « Dans l'angoisse nous flottons en suspens. Plus clairement dit : l'angoisse nous tient ainsi suspendus parce qu'elle produit un glissement de l'existant dans son ensemble. » (Heidegger.)

Métaphysiquement générale, présentation de l'ensemble monde, l'angoisse s'érige paradoxe d'une actualité inébranlable de l'ébranlement. Clé du paradoxe ; elle n'est pas une expérience négative, encore moins une négation, mais une expérience du négatif. « L'angoisse révèle le néant... dans l'angoisse l'existant dans son ensemble devient branlant. » (Heidegger.) L'angoissé se trouve investi par la « parfaite étrangeté du radicalement autre », il perd ses appuis, ne se sent plus chez soi. Il chavire, racines coupées, ancres larguées, enchantements dissipés. Il vit directement et sans fards la minute de vérité que désigne et recouvre à la fois cette malnommée « humiliation ». Sous ce vocable, les Européens des trois derniers siècles et les Terriens d'aujourd'hui signalent qu'ils flottent, vidés par une dépression métaphysique. Ils acquittent le billet d'entrée en Occident.

Des sentiments, il en existe beaucoup. Les uns euphoriques. Les autres tristes. L'angoisse est un sentiment de fond (Grundgefühl) qui ne relève ni de l'aimable, ni du désagréable. « Abyssale », sans fond, l'angoisse est elle-même fondamentale. Elle n'admet pas de se laisser fonder par quelque sentiment plus profond. Pour qu'une visée de la misère ne soit pas misérable, mais essentielle, il faut qu'elle dévoile une authentique, insurmontable détresse qui, comme telle, échappe à tout apitoiement complaisant. Les élucidations pascaliennes du divertissement et de l'ennui, ou heideggeriennes de l'angoisse et de « l'ennui profond » font surgir, derrière les états d'âme anecdotiques et les états de choses circonstanciels, une négativité plus forte que les consciences et les objets qu'elle décompose. « Le Néant est originairement antérieur au Non et à la négation. » (*id.*) Pour que le néant ne soit pas une simple idée qu'on se fait, il doit être saisi en lui-même et pour lui-même sans addition étrangère. La mort, à sa manière, *est*, le meurtre *est*, la vie qu'on perd se vit comme perte ou divertissement, notre idée du néant n'est pas une privation d'idée. Ce qui manque, ce qu'on n'a pas, ne se réduit pas à ce qu'on a, affecté du signe supplémentaire d'une négation. « Plus abyssales que l'adéquation pure et simple à la négation logique sont la rudesse de la *transgression* et la morsure de l'*exécration*. Plus responsables sont la douleur du *refuser* et la cruauté du *défendre*. Plus accablante, l'âpreté de la *privation*.

« Toutes *ces* possibilités du comportement néantissant – forces dans lesquelles la réalité-humaine supporte sa déréliction, sans en être toutefois maîtresse – *ne sont point des espèces de la négation pure et simple*. Mais cela ne les empêche pas de *s'exprimer* par le *Non* et par la négation. Il est vrai que par là, le vide et l'ampleur de la négation ne font que se trahir encore mieux.

« Que la réalité-humaine se trouve de part en part *transie* par le comportement néantissant, voilà qui atteste la manifestation continuelle bien qu'obscurcie, du Néant que l'angoisse seule dévoile. » (Heidegger.)

La dureté de la réalité ambiante se présente dans une donation originaire, elle n'a pas besoin d'être déchiffrée à partir d'une autre vérité qu'elle-même. « Un homme se sait misérable. » (Pascal.) L'évidence de granit d'un vide qui nous vide est première. La mort n'a jamais proprement lieu. Lorsqu'elle est, nous ne sommes plus. Mais elle est continûment présente, n'importe où, n'importe quand, son indifférencié n'importe nous porte. Elle menace nos projets de ne pas laisser le temps et contrepèse chaque espérance. « Avec la certitude de la mort va de pair l'indétermination de son quand. » (Heidegger.) L'imprécision concernant le jour et l'heure est essentielle. L'indétermination propre à la mortalité est plus forte que toute détermination du caractère et des volontés. La plus résolue des décisions doit compter avec elle, et, plus encore, doit prendre appui sur l'anéantissement qu'elle remémore. « Dans la mesure où nous déprécions l'angoisse... nous dégradons l'essence de la vaillance. Or celle-ci est capable de soutenir le rien. » (*id.*) Les dieux qui ne meurent pas, les Olympiens, ne sont jamais qu'au spectacle; ils ont besoin des mortels pour découvrir le sérieux et l'audace de l'héroïsme ou de la passion amoureuse. Seul celui qui n'a qu'une vie trouve sa grandeur à la risquer.

L'angoisse étend métaphysiquement l'expérience de la mortalité individuelle à celle de l'ensemble. En elle, le néant affecte « tout », au point que la première apparition du tout comme tout – « monde » – est en même temps son apparition comme totalité promise à disparition. De même que ma mortalité implique paradoxalement de garder en tête la possibilité de mon impossibilité, la toute-mortalité oblige l'angoisse à penser l'impensable, l'ubiquité d'un engloutissement qui emporte, avec les sujets et les objets éphémères, les idéaux, projets ou aversions qui furent supposés éternels. Un cataclysme si général qu'il ne laisse rien derrière lui – et dont la possibilité doit être pensée comme possibilité du rien – ne se laisse pas concevoir sans douleur. La tragédie grecque ouvre immanquablement sur une peste latente (*Orestie*) ou patente (*Œdipe roi*). Elle affecte le corps et les cœurs, l'intérieur des foyers et palais autant que la place publique, intervertit le sensé et l'insensé, renverse les valeurs et révèle que le plus quotidien de la vie est gros d'une ruine générale non maîtrisée.

Lorsque la peste prend la parole, par la bouche des prophètes de malheur, Calchas, Tirésias, Cassandre, nul ne consent à prêter oreille. Elle « humilie ». Elle ronge le narcissisme des grands, dénigre les bonnes manières des petits et débilite la confiance de ceux qui habitent leurs habitudes. L'humiliation s'auto-entretient ainsi dans le refus angoissé de l'angoisse, prenant la fuite devant l'infection, à son insu elle envenime le mouvement même de la contagion pesteuse. Sentiment-de-fond, l'angoisse n'a pas de bords auxquels s'agripper. Qui recule devant elle la redouble et s'y noie. Qui la récuse, s'humilie de s'angoisser, s'angoisse de s'humilier et multiplie son malaise par le refus qu'il oppose.

L'ensemble des mortels n'est pas moins mortel que chacun de ses éléments. Au point, nous confie le *Prométhée* d'Eschyle, que Zeus aurait délibéré la suppression pure et simple du genre humain. Le génocide trouvera-t-il place ? Le titan déjoue-t-il à temps les projets divins ? On l'ignore à ce jour, les dramaturgies qui donnaient le fin mot de l'histoire furent perdues. Une fois conçu, un tel crépuscule perdure en possibilité indépassable. Le maître d'œuvre devient occasionnellement l'homme lui-même, remplaçant le dieu auquel il ne croit plus assez. La culture occidentale publia cette Mauvaise Nouvelle et par-là suscita, en elle comme sur ses bordures, d'immanquables réactions de rejet. L'humiliation balise le parcours du terrorisé devenant terroriste, elle fuit, dans la panique, la panique qui la suscita.

Gommons la Cause-du-mal, tout ira bien ! Je ne suis pas impliqué, ni le monde. Seuls le juif, le bourgeois, l'AmériKKKe m'expulsent de moi-même. Le déluge est leur faute. Les intégrismes conquièrent un public planétaire par l'amplitude de leur diagnostic. L'Occident est effectivement porteur d'une maladie mondiale, il infecte les hommes de l'évidence d'une vulnérabilité telle qu'il n'en reste pas un pour sauver l'autre. Les intégrismes fascinent et enchaînent leurs fans en se targuant d'inoculer l'antidote. Ils publient d'un coup l'énoncé du poison et l'annonce du contre-poison, qui ne serait séduit ? La proposition allèche et se contredit.

L'angoisse humilie par son inébranlable ébranlement. Or voilà que diverses fois militantes suggèrent d'éradiquer le méchant et, de la sorte, réduire un malheur si général à une passagère vapeur collective. En faire porter à un être intra-mondain le chapeau, la charge et les responsabilités revient à confondre logiquement la partie et le tout. C'est minimiser la dimension métaphysique d'un malaise-de-fond pour le ramener au superficiel effet d'une méprisable et localisable perversité. Entre l'intramondain et l'englobant mondial, la rhétorique nazie camoufle le grand écart. Elle joue de la métonymie : le rat juif vaut pour le système – la partie est donnée pour le tout. Elle file la métaphore : la ploutocratie internationale exhale sa juiverie – le tout se condense dans la partie. L'islamisme extrémiste tisse volontiers des relations causales : Israël se dresse comme l'instrument par excellence de l'impérialisme américain, quand ce n'est pas le gouvernement américain qui devient le pantin des lobbies juifs. Le communisme baptisa dialectique le double enveloppement, qui définit tout bourgeois comme valet de l'Amérique et l'Amérique comme suppôt de la bourgeoisie, quitte à démontrer hégéliennement que les deux termes ne sauraient s'identifier sans se contredire, ni se contredire sans se réconcilier. Autant de manières de confondre l'intra-mondain et le mondial, ou l'ontique et l'ontologique selon Heidegger, dont il faudra se demander s'il évite les formes les plus subtiles d'un péché qu'il épingle dans la bavarde vulgarité des autres.

L'impératif aveugle d'assigner une cause et d'administrer un remède à la déstabilisation de l'être-dans-le-monde semble à première vue voler très bas. Les réponses des diseuses de bonne aventure – votre mauvaise étoile bourgeoise, la conjonction néfaste d'un lion américain et d'un scorpion israélite... – croupissent loin au-dessous du niveau métaphysique – celui de l'existant dans son ensemble ! Rares sont les guides intégristes qui ne roulent dans la fange d'un crétinisme sordide et de superstitions éculées. Néanmoins, ces faiblesses représentent la contrepartie de leur force férocement métaphysique. Les solutions – souvent débiles – tiennent la rampe, pour ce qu'elles apportent, aux yeux du collectif qui les adopte, une réponse d'ensemble à la question d'ensemble qui ébranla tout.

Qu'est-ce que le communisme ? Une religion du travail étayée par une confiance indéfectible, le mythe d'un producteur qui se produit lui-même en produisant le monde et qui, s'aliénant dans son œuvre, n'est jamais que son propre esclave avant de s'y mirer, maître de lui comme de l'univers. Qu'est-ce que le racisme ? Une religion de la vie qui se reproduit eugéniquement, s'insurge contre de périlleux abâtardissements, s'assure race pure en s'autogarantissant l'immortalité du sol et du sang. Qu'est-ce qu'une foi intégriste ? Une religion de la parole détenue comme insoupçonnable et inaltérable, sans scories ni tergiversations. D'où le scandale que Salman Rushdie souleva, suggérant qu'un texte sacré, le Coran, pût inclure des paragraphes douteux, corrompus, voire sataniques.

Pour la religion de la parole, les versets mêlés; pour la religion de la vie, les sangs mêlés; pour la religion du travail, les boursicoteurs contre-productifs. Trois mélanges maudits, trois versions du péché des péchés. Ces cocktails malvenus passent pour faire obstacle à la volonté métaphysique, qui seule rassérène une inquiétude non moins métaphysique.

Travail, vie et langue sont les trois puretés cardinales où chaque intégrisme trempe ses faire-part théoriques et les dogmatismes de son action. La triade organisait le savoir des Européens éclairés du XIXe siècle. Elle polarisait ses révolutions épistémologiques (économie politique, biologie et médecine, linguistique) autour des trois piliers « transcendantaux » (ainsi spécifiés par Michel Foucault pour ce qu'ils élèvent des disciplines particulières à un point de vue panoramique sur le vivant, l'agissant, le parlant en tant que tels). Parallèlement le nouveau régime de gestion interventionniste des flux démographiques et sociaux les transforme en leviers de commande et écrans de contrôle, puisque toute collectivité nécessairement 1. parle, 2. existe et procrée, 3. produit et se reproduit produisante. En apparence la mise au pinacle de ces trois conditions d'existence collective relève de considérations réalistes, on ne peut plus scientistes et terre à terre : l'homme doit manger pour vivre, travailler pour manger, communiquer pour travailler. En vérité, un découpage préalable sélectionne, à l'exclusion d'autres (l'art, le militaire...), les traits pertinents retenus, en fonction d'un principe de clôture.

Pour qu'un ensemble circonscrit et fermé s'avère gérable, il doit en effet correspondre avec lui-même (la langue maternelle, la langue d'avant Saussure, est censée ne pas mentir), assurer la survie de ses éléments (produire) et leur duplication (procréation). L'idéal des cités à économie fermée et autosuffisante régit ainsi la promotion de la triade sacro-sainte. Reste à interroger la présupposition qui a imposé le paradigme de la cité close hermétisant sa clôture par les trois « transcendantaux ». Avant d'abaisser les rideaux de fer et d'élever barrières et murs.

Amour et érotisme s'entrelacent et nul Alexandre scientifique ne sait trancher pareil nœud gordien de vraies et fausses candeurs. Les sciences de la vie et la gestion des flux démographiques semblent se prêter à réguler de haut, statistiquement, le mouvement brownien des relations dites sexuelles. Les idéologies eugénistes et racistes prétendent les discipliner de l'intérieur : bon sang ne saurait mentir. L'acte producteur génère également l'équivoque ; l'invention de l'imprimerie et celle du canon ne vont pas l'une sans l'autre remarquait Rabelais, avant que Sakharov ou Openheimer ne brodent sur un thème parent. Ils signalent que forces productives et forces destructives progressent d'un même élan. Entre-temps, régna le préjugé d'une production créatrice, dont les moments destructeurs sont absorbés et rédimés par son mouvement constructif : la vérité de la production est hallucinée production de vérité. La parole menace à son tour d'être trompeuse, elle charrie le vrai et le faux, hantée par la possibilité de leur ambiguë et fallacieuse équivalence. On se console en postulant que la vraie langue – la maternelle – dit le vrai, et si correctement entendue, rien que le vrai. Comme la production fabriquerait en définitive bien. Comme la vie désinfectée, purifiée, s'avère belle et purement belle. Vrai, Bien, Beau : derrière les transcendantaux épistémologiques, techniques et gestionnaires du XIXe siècle, reconnaissons les catégories de la toute-perfection.

La sagesse et la vertu de la très platonisante Renaissance découvraient l'ordre du monde sous les auspices des transcendances canoniques : Unum, Verum, Bonum, Esse. Un ensemble analogue, pour la chrétienté médiévale, reflétait l'empreinte du créateur sur la création. En remontant le temps, on trouve la double détermination aristotélicienne de l'être comme être en général (kat'olon) et de l'être par excellence, l'être parfait (akrotaton). La distinction s'achève au XVIIIe entre la metaphysica generalis et une metaphysica specialis qui gère les transcendantaux à travers trois objets privilégiés, le moi, le monde et Dieu. Quand mes contemporains, déplorant l'absence de gratifiants enjeux, guettent les valeurs perdues, aspirent à « savoir où on va », réclamant des idéaux inoxydables, ils ne font rien d'autre qu'espérer un retour à la Terre promise de la métaphysique spéciale, où le moi jouit d'une âme si possible immortelle, où le monde autoproduit son ordre et où Dieu parle vrai.

L'angoisse qui nous rapporte au monde (à l'étant dans son ensemble) est métaphysiquement générale. Les réponses qu'apportent les divers intégrismes sont métaphysiquement *spéciales*, elles tablent sur l'inébranlable d'une vie, d'un langage ou d'un travail religieusement immaculés. Race pure, travail productif libéré de la vampirique bourgeoisie, langue originelle dont la mise en doute est blasphématoire, font autant de tremplins idéologiques empruntés à la plus haute tradition d'Occident. Quand l'intégriste prétend délivrer les masses de l'humiliation, c'est la métaphysique spéciale qui promet de résorber la blessure d'angoisse ouverte par la métaphysique générale.

L'ébranlement philosophique général disqualifie l'homme qui a perdu ses vertus dites « naturelles »; il se retrouve en question dans son être, témoin de sa vulnérabilité, « sentinelle du néant ». Par contre, le citoyen qui accède à l'une des trois grâces transcendantales de la métaphysique spéciale devient « berger de l'être », il s'installe sain et sauf par-delà le bien et le mal, c'est-à-dire dans un bien où la question du mal ne se pose plus. Nuance décisive : la sentinelle découvre dans le rien, non un phénomène négatif, mais le phénomène du négatif. Le rien en tant que rien *est* et présente l'ensemble-monde sur fond de sa néantisation toujours possible. Le berger, par contre, « apprend à éprouver dans le rien l'être ». Il traverse tout juste l'angoisse, comme l'antichambre de « l'appel » de l'être, (Anspruch, Gunst). Il se retrouve chez lui, dans la langue des poètes, des penseurs qui jamais ne mentent.

Sentinelle du néant et berger de l'être, la double détermination est présentée par Heidegger, depuis 1947, sous couvert d'une innocente conjonction de coordination, comme équivalente. L'homme est destiné à l'un ET l'autre, comme si cela revenait au même. En fait, il faut choisir. Auparavant, dans le texte de 1929, l'angoisse de la sentinelle, déployée dans l'illimité d'une métaphysique générale, semblait sur le point de tout engloutir sans aucune exception.La question se posait de savoir si elle, « l'ennui profond » et le « divertissement » pascalien ne triomphaient pas toujours de la splendeur du beau, du sublime et du bien, si les sentiments-de-fond, incoercibles, n'étaient pas en état de « suspendre même la splendeur du bien et le prestige du beau » (J.L. Marion). La métaphysique générale régnait hégémonique et rendait dérisoire un retour aux garanties de la métaphysique spéciale. L'évolution de Heidegger, son fameux tournant (Kehre) des années 30-40, privilégie l'issue inverse du primat de la question de l'être sur celle du non-être et affirme la prépondérance de la métaphysique spéciale sur la générale. D'où l'apostrophe fameuse : « Seulement un Dieu peut encore nous sauver. » Ayant procédé à une cruelle autorectification, le penseur de l'être préserva ainsi la possibilité d'un réenracinement futur, dont une multitude d'intégrismes se disputent, ici et maintenant, la sous-traitance.

La guerre des deux métaphysiques est déclarée. L'une dé-moralise implacablement l'existence. L'autre re-moralise, dévaluant comme partielle et passagère la menace d'anéantissement que l'angoisse propage. L'une dit vrai et désespère. L'autre rassure et trompe. Le coup d'État – ou de grâce –, par quoi une foi révolutionnaire-conservatrice prétend échapper à l'universelle instabilité, suppose l'existence de vérités-refuges encore inviolées. Il lance une lutte sans merci pour les préserver. Il offre de sauver la pureté des gènes contre le mélange des races et d'extirper la race qui, par nature, se mélange. Il préserve l'activité productrice de sa corruption, il combat le parasitisme spéculatif des exploiteurs, il purge un béni prolétariat de tout miasme bourgeois. Il protège la maternelle intériorité de la langue, face à l'invasion babélienne d'un impérialisme culturel. On se contente trop vite de réduire les explosions intégristes, fussent-elles athées, à la sauvagerie d'une passion religieuse. Après tout, la référence à une parole innocente, à un travail pleinement créateur, à une vie sans tare est antinomique d'une méditation religieuse anxieuse du négatif et du péché originel. Qu'une vie divine coule dans les veines des bien-nés, que le travail humain calque la création du monde et que le céleste parle dans notre « langue essentielle », voilà des ritournelles bien péremptoires et des escaliers bien mécaniques entre ici-bas et au-delà. Une oreille historiquement ourlée y perçoit de traditionnelles hérésies, dont les confessions contemporaines se défendent mal, coincées, à leur insu, entre un désarroi métaphysique et une contre-offensive réparatrice non moins métaphysique.

Tel que l'exhibent les fondamentalistes, Satan, au xxe siècle, ne triomphe qu'en professionnel, il possède ses cibles et ses méthodes spéculatives préétablies. Premier objectif : l'Un (unum). En chacun, il attaque l'intégrité physique et morale, « à la juive », dans les draps, dans les têtes. Il brouille l'identité qu'assure une filiation parentale linéaire et spirituelle close. Deuxième objectif : le Bien (bonum), dans lequel les communautés communieraient pour un grand œuvre collectif, n'étaient les « eaux glacées du calcul capitaliste ». Un Lucifer bourgeois dévoie des Terriens, au reste pétris de bonne volonté. Troisième objectif : le Vrai (verum) qu'il disperse à tous vents. Le malin soumet « impérialistement » les convictions fermes à la circulation anarchique des idées et des sentiments. Il brouille les cartes à la manière des possédés dostoïevskiens qui mêlaient les images pieuses et les vignettes pornographiques dans le panier des enfants de Marie. Chaque soir, en mondiovision, télé-Occident procède à semblable exercice; elle désarçonne la belle âme intégriste juchée sur son tas de règles indubitables, tel Harpagon sur son trésor. La bonne monnaie du Bien-Beau-Vrai se voit chassée par la maléfique télédiabolique.

L'Un, où la Renaissance pointe le secret du Beau, le Bien et le Vrai doivent naviguer de conserve. Sinon ils empiètent les uns sur les autres et dérivent vers un pugilat exterminateur, où les tenants de l'art pour l'art affrontent ceux de la rigueur morale, sous le regard blasé des libertins du savoir. Traditionnellement, l'Être arbitre leurs connivences. Une chose ne saurait être sans être de quelque façon bonne, belle, vraie. Les « transcendantaux » composent ainsi le visage du monde, l'apparaître vrai de ce qui serait effectivement. Les intégristes se cramponnent à cet être de la métaphysique spéciale, ils s'enfoncent dans le refus angoissé de l'angoisse et du désenchantement occidental. Billet d'entrée, le vide du non-être. Billet de sortie, la plénitude de l'être, la parousie. Entre les deux s'ébroue une folie massacreuse d'autant plus exubérante que familiale et intime.

Heidegger est le penseur du siècle : il en porte au jour, non pas la vérité, mais le drame. Quitte à s'empêtrer, se fourvoyer et perdre jusqu'à l'usage de ses propres concepts. De l'être, il formule la question, martèle l'exigence et prend soin d'abandonner aux naïfs idéologues la prétention d'en fourbir une définition pour tomber dans la confusion ontique-ontologique. Aux simples de quêter l'absolu dans la biologie, l'économie politique ou la théologie universitaire, voire dans les formes idéologiques et populaires de leur vulgarisation activiste. Le penseur, pour sa part, respecte l'occultation de l'Être que seul l'Être, pas lui, pourrait lever. Sa méditation pudique se condamnerait à un pieux silence, n'était la formidable imprécation qu'autorise ladite pensée de l'Être, quand elle se retourne contre ce qu'elle veut à tous prix écarter. Elle fonde le front uni intellectuel des intégrismes, en clamant plus haut que chacun d'eux l'abomination du non-être.

De même que le Beau, le Bien, le Vrai s'appartiennent dans l'Être, de même toute la laideur, la fausseté, la méchanceté du monde convergent dans le non-être que le penseur allemand épingle comme destin de l'Occident, volonté de volonté, domination de la technique, dislocation de la Terre, etc. La civilisation moderne a, selon lui, abouti, non pas au « système » accusé de tous les vices par les réformateurs radicaux de jadis, mais à pire : une présence fantastique qui échappe aux prises en main et s'élève au-dessus du concept. Heidegger nomme cette énigme omnivore le « Gestell », un ensemble qui s'auto-pose et dispose de chacun, qu'arbitrairement il compose, prépose et dépose. Dans cette caverne de la désolation, on travaille à rendre définitivement introuvables les objets perdus. L'écologiste fondamentaliste pleurant sur l'absence de rapport naturel à la nature y croise le premier prix du catéchisme cherchant un sens de la vie livré avec bon de garantie. Et les héros en disponibilité inquiets du sens de la mort, devenu lui aussi problématique. Et les militants en mal d'inflexibilité, et les tendres en quête de cocon. Et les papillons amoureux de terre ferme qui se préfèrent chenilles. Plaque tournante des réactions de rejet, plate-forme commune des refus les plus catégoriques, la pensée heideggerienne délimite le paysage mental, où chaque intégrisme prend ses quartiers d'hiver. D'un côté, la perpétuité du ne pas être. De l'autre, la perspective de l'être. Dans l'entre-deux le plus profond des abîmes. De quel prix se paie une aussi impitoyable partition ?

Le découpage heideggerien rend toute morale

improbable et inutile. Improbable : tant qu'un destin omnivore domine et surdétermine chaque bonne volonté, elle ne sait plus à quelle intention porter l'hommage de ses actions. Inutile, dès qu'on touche l'Être, car dans l'abri de la vie, de l'œuvre et des paroles « honnêtes », l'hébergé heureux s'élève loin au-dessus de toute option morale ; le bien y repose, le mal est tenu à distance définitive. Quand le penseur avoue n'avoir jamais réussi à se faire quelque idée de la démocratie, pourquoi s'en étonner ? Les prémisses de sa démarche commandent un résultat aussi lacunaire : tant que le « Gestell », cette Amérikkke spéculative, règne, les choix individuels, autonomes et conséquents, entre un mal et un pis que mal virent à l'illusion. Sous l'apparence de la démocratie sévit nécessairement la perte de sens d'une technique vouée à manipuler ses propres manipulations. L'heure du choix responsable ne peut jamais sonner, il est toujours trop tôt à l'horloge de la dévastation occidentale et trop tard, lorsque l'appel de l'être nous élit sans que nous ayons à l'élire. Heidegger vérifia sur sa propre personne une si décisive irresponsabilisation.

Platon soutint Denys tyran de Syracuse. Soljenitsyne fut stalinien. Heidegger hitlérien. Les deux premiers, ayant reconnu et publié leur erreur, se retournèrent sur elle philosophiquement et la transformèrent en source de connaissance. Expliquant comment, pourquoi il parvint à rédiger *L'Archipel du Goulag*, Soljenitsyne confia : J'ai moi-même participé ; réexaminant des enthousiasmes lointains, j'ai retrouvé intérieurement les racines de l'insensibilité communiste ; jeune officier, j'avais le goût des épaulettes, le respect de l'autorité et du prestige des savoirs, autant que du savoir lui-même ; pour comprendre le stalinisme, je commençai par m'ausculter scrupuleusement... Quel blocage intime interdit à Heidegger une réflexion de même calibre ? J'ai été nazi, c'est politiquement mon tort, mais philosophiquement ma chance, car je puis procéder en personne à l'autopsie de la pulsion qui promut, et des complicités qui laissèrent s'accomplir, la catastrophe... Cette occasion intellectuelle, unique, fut parfaitement gâchée. Le penseur le plus prestigieux – à juste titre – de l'Allemagne contemporaine disposa, après 1945, d'une trentaine d'années pour méditer en paix, intérieurement, l'horreur nazie. Les témoignages sur Auschwitz avaient soufflé toute velléité de détourner les yeux et de persévérer dans une ignorance plus ou moins volontaire. Or la pensée pensante du maître de Fribourg ne pipa mot. Pas un de ses écrits ne relève le défi. Certains fidèles attribuent ce lourd silence à la pudeur, à la décence, à une juste retenue. D'autres, non moins favorables, plaident à l'inverse que sa méditation sur et contre la technicisation planétaire – inaugurée pendant la Seconde Guerre mondiale et amplifiée par la suite – lance une « seconde navigation » autour du désastre hitlérien, une manière détournée de prendre en considération une détresse jamais directement mentionnée. La remarque ne manque pas de finesse. Mais son élan louangeur mérite d'être stoppé net. Cette méthode d'évocation indirecte interdit sciemment, savamment, une prise de position franche et insinue, au contraire, que nul n'est responsable.

Une fois, une seule, au regard des textes connus à cette heure, Heidegger mentionne les camps de la mort. L'intervention était orale, elle est enregistrée, son authenticité ne fut jamais contestée : « L'agriculture est maintenant une industrie alimentaire motorisée, quant à son essence la même chose que la fabrication de cadavres dans les chambres à gaz et les camps d'extermination, la même chose que les blocus et la réduction de pays à la famine, la même chose que la fabrication des bombes à hydrogène. » (1949.)

Premier. Dernier mot. Aussi désolant que l'Almanach Vermot. Rien d'autre sur le plus grand génocide de l'histoire : « QUANT À SON ESSENCE, LA MÊME CHOSE QUE L'AGRICULTURE MOTORISÉE. »

Il y a du chat chez le vieil enseignant, une volonté d'effacer les traces, de recouvrir de sable l'ordure précédemment produite. Autant Soljenitsyne renvoit le lecteur à sa responsabilité potentielle et lui découvre que nous sommes tous porteurs de cruauté, autant Heidegger se lave les mains de son engagement premier et se siffle hors jeu en incriminant un destin plus fort que nous, la « technique », ce mauvais démiurge qui produit notre actualité.

Peu importent les circonstances biographiques et les motivations personnelles, la grille de lecture trouve moult preneurs sur le marché académique. On recense foison d'essayistes, pas nécessairement les plus sots, parfois juifs, qui souscrivent allégrement, sans avoir le sentiment de déraper, aux thèses heideggeriennes dans une version aplatie. Plus grave qu'Auschwitz, affaire du passé, regardez Disneyland !, ai-je lu sous une plume instruite. Tel quel ! On peut à loisir « élever le débat » et élargir le champ de la dénonciation, passer du dessin animé au destin de Hollywood, à l'esprit américain, à la maîtrise scientifique du monde, à la mathématisation cartésienne, à la révolution copernicienne, à la civilisation machiniste, au Kapital, au Gestell, etc., toujours plus haut ! toujours moins nous ! la conclusion ne diffère pas. Elle rejette les détresses ambiantes sur une cause lointaine, multiplie le plaisir de se flatter innocent, en brossant le portrait d'un Grand Méchant Responsable. Je ne l'ai pas fait exprès, je ne l'ai pas vu, c'est la faute à... Il arrive aux grands penseurs, comme aux feuilletonistes, de raisonner en petit enfant. Ou en chef de camp exterminateur traîné à Nuremberg : « Not guilty ! » Le mauvais démiurge, l'auteur d'une contre-création, « nous dispense même de nos regrets, puisqu'il a pris sur lui jusqu'à l'initiative de nos échecs » (Cioran). La technique est capable donc coupable du nazisme, du communisme, de l'extermination des juifs et de l'agriculture moderne !

Les intégrismes instituent une démarcation absolue entre *le* bien tel qu'on le prêche et *un* mal qu'on s'acharne à dénoncer. La topologie heideggerienne, bien qu'elle mérite le Dé d'or de la haute couture spéculative, ne jouit pas des privilèges de l'exclusivité. Plutôt que le Gestell, son compatriote Rosenzweig incrimine à l'avance une Égypte profanatrice et un fatalisme « musulman » censé habiter le progressisme bourgeois, la dialectique hégélienne et la tristesse ambiante.

Brodant sur le projet commun d'insuffler une âme à leur Allemagne sans âme, celle des années 20 à 30, Rosenzweig livre, avec Buber comme une traduction nouvelle de la Bible hébraïque, Heidegger, une méditation des textes clés d'Héraclite et de Sophocle. On peut admirer la vigoureuse ardeur de la recherche, tout en doutant de cet « esprit de l'utopie » (Bloch), qui pousse à ériger « Athènes » ou « Jérusalem » en paradis perdus et retrouvés de la métaphysique spéciale. Chaque fois qu'un intellectuel intégriste, fatigué de sa pratique fanatique, tente de se conforter philosophiquement, c'est vers l'Allemagne intellectuelle des années 20-30 que naturellement il se tourne, comme on va à la fontaine.

Après la Deuxième Guerre mondiale, dérive proche parente en France. Évoquant ceux, dont lui-même, qui vécurent de l'intérieur le renouveau des études juives engagées, Henri Atlan constate « à quel point nous avons contribué – parmi d'autres – dans les années 50-60, à partir des expériences de l'École d'Orsay et ce qu'Emmanuel Levinas appelait alors l'École juive de Paris, à baliser le chemin des intégrismes juifs. Le grand projet de faire parler aux vieux textes juifs un langage moderne a tellement bien réussi qu'il a favorisé, par un mouvement de facilité, de glissement dans le sens de la plus grande pente, le développement d'un discours qui ne fait qu'emprunter à la modernité son jargon pour mieux renforcer les intégrismes existants... »

Atlan poursuit, en soulignant combien les mouvements intégristes islamiques, protestants et catholiques déploient une histoire mentale parallèle. « Bien sûr, ce qui les différencie reste d'une importance pratique décisive, mais cela concerne beaucoup plus leurs environnements sociaux et politiques, essentiellement démocratiques ou non. Car leur sont communs les déterminismes internes, les stratégies de prise du pouvoir, à la fois sur les âmes et les institutions, les processus dialectiques du développement en leur sein de mouvements rivaux dont les oppositions ne font que renforcer l'aspiration globale à un retour de plus en plus " authentique ", de plus en plus fermé aux influences pernicieuses de l'" Occident ". D'où, entre autres caractéristiques communes, une surenchère de l'orthodoxie et de l'intégrisme dont le processus est le suivant : le point de départ est le rejet de l'" Occident ", de la part souvent d'intellectuels et techniciens formés dans les universités et les instituts technologiques. Déception d'une civilisation qui ne tient pas ses promesses de libération, qui a nouri en son sein la pire des abominations, scientifique et technologique, la Shoah, mais aussi les oppressions et les massacres coloniaux et enfin les tromperies et le goulag du messianisme révolutionnaire. Chacun, en fonction de son appartenance historique et culturelle, est plus ou moins sensible à telle ou telle de ces perversions de la modernité. Mais commune est la recherche d'un nouveau salut, hors de cet Occident et de sa philosophie des Lumières responsables de tous les maux, dans un retour aux sources et une recherche d'identité. Celle-ci trouve tout de suite sur son chemin l'ancienne tradition qu'il s'agit alors de faire renaître sous une forme " authentique ", précédant les contaminations qu'elle a pu subir de la modernité, mais en utilisant pour cela un vocabulaire moderne et les techniques modernes de communication. Dans un premier temps, cette recherche est le fait de penseurs profonds et exigeants, politiquement non engagés ou modérés, minoritaires et peu connus dans leur milieu d'origine. Mais bientôt, et d'autant plus que le message passe mieux et qu'il est entendu par les masses, aux questions se substituent les réponses, à la pensée un jargon scientifico-mystique, et surtout, se mettent en place les stratégies de prise du pouvoir... » (Atlan.)

Élaborée au cœur de l'Europe, sur fond de guerres mondiales, la plate-forme de l'intégrisme n'est pas intégriste. Elle échappe à chacune de ses vulgarisations – nazie, communiste, fasciste, islamiste – parce qu'elle les rend toutes possibles, sans tomber esclave d'aucune. Une telle théorie méta-intégriste gère trois opérateurs princeps, où toute idéologie puise l'essentiel de l'illumination qu'elle reproche à ses concurrentes de trahir.

1. La séparation léthifère des deux mondes – le pire, le meilleur – est cimentée condition d'impossibilité de l'éthique. Rien à voir avec la duplication, religieusement postulée par la tradition, qui suppose entre ici-bas et là-haut un rapport, même s'il est

polémique et difficile. Œuvres, sacrifices, prières, crucifixions jalonnaient comme autant d'expériences et d'épreuves l'entre-deux d'un rachat négociable ou d'une grâce gratuite. Désormais les contacts sont rompus. Entre la sphère fermée de l'aliénation et son intouchable ailleurs, entre la désespérance générale et la sotériologie spéciale, la fracture des deux métaphysiques recoupe et durcit celle, classique, qu'introduisent déjà les anciennes apocalypses « dont le contenu va au-delà des prophéties de jadis. Osée, Amos et Isaïe ne connaissent qu'un monde, dans lequel tous les événements se produisent, y compris les grands événements de la fin des temps. Leur eschatologie est de caractère national; elle parle du rétablissement de la maison de David, alors en ruines, et de la gloire future d'un Israël revenu à Dieu; elle parle d'une paix perpétuelle, du retour de toutes les nations vers le Dieu unique d'Israël et de leur rejet des cultes païens et idolâtres. Dans les Apocalypses, il est question par contre de deux éons, qui se suivent l'un après l'autre et se tiennent dans un rapport antithétique : le monde présent et le monde à venir, le règne des ténèbres et le règne de la lumière. L'antithèse nationale entre Israël et les Nations s'élargit en antithèse cosmique. » (Scholem.)

Le résultat le plus clair d'un aussi tranché découpage est d'interdire la moindre cohabitation du pur et de l'impur, de la vie et de la mort, du péché encapsulé dans sa nuit et de la sainteté nimbée de lumière. L'action éthique devient alors contradictio in adjecto, son sujet s'échinerait à tenter un ridicule et vain saut périlleux entre des entités barricadées et mutuellement répulsives.

L'individu qui s'installe au terminus de l'aventure cosmique n'a jamais à choisir entre du bon et du mauvais. Il ne peut que se penser en deçà, errant dans l'aire du mal, ou au-delà, paissant dans les pâturages du bien, sans jamais mentalement accommoder sur une croisée des chemins où il aurait sauté le pas. Cet état d'apesanteur morale, qui ne laisse pas le choix, qui n'accorde à personne la confrontation éthique d'une alternative, condamne, en contrepartie, à un a-légalisme systématique.

Dans l'étude qu'il consacre à Sabbatai Tsevi (1626-1676), Scholem baptise « anomique » pareille conduite nihiliste. Un messie apocalyptique de première grandeur mobilisa la diaspora juive, de Jérusalem à la Baltique, de Lisbonne aux confins perdus d'une Russie presque ignorée. Il finit sa vie converti à l'islam, sans perdre pour autant ses plus fidèles sectateurs, qui déchiffrèrent en l'apostasie une preuve supplémentaire de son anomisme, donc de son élection. Car la violation de la loi vaut pour son véritable accomplissement. Aux yeux de Nathan de Gaza zélateur entre les zélateurs, le Messie « représente la contestation, celui qui dans son principe n'est lié à aucune tradition... il se tient au-delà du Bien et du mal, au-delà des commandements et des interdictions et il n'a jamais quitté la condition paradisiaque ». La sortie du Vieux Monde est marquée par la levée des tabous et des prohibitions, la régénération rééducatrice se déploie sur les brumeuses terres de la non-éthique. Rappelez-vous Hitler : « Ce ridicule tu ne dois pas! »

2. Activiste, extatique, millénariste, la gesticulation prêcheuse manifeste en son incohérence même l'inspiration divine qui l'anime. L'homme ancien est porté en terre. L'homme nouveau balbutie à peine. Le passage de l'un à l'autre s'effectue comme un procès sans sujet. L'humanité se découvre davantage spectatrice qu'actrice. Au contraire de la tragédie grecque, où les Olympiens n'agissent que par mortels

interposés, la mise en scène intégriste attelle divin à l'œuvre, tandis que l'homme regarde et se laisse faire. « Dieu est vivant, il se permet tout en nous comme hors de nous », annonce son Messie qui paie d'exemple. Ses convulsions sacrées, ses révolutions profanes, ses conversions survolent les lois qui ne sont plus, au nom de celles qui ne sont pas encore : « Ce sont précisément les aspects extravagants de la vision messianique qui ont joué le plus grand rôle dans les transpositions de celle-ci au plan profane et séculier, comme il ressort, aujourd'hui même, des écrits d'un penseur comme Ernst Bloch. Ces réinterprétations séculières en ont conservé l'optimisme, même s'il n'est qu'eschatologique, contre les mises en garde de la raison et de l'histoire. Le messianisme prouve à notre époque sa puissance, précisément en réapparaissant sous la forme de l'apocalypse révolutionnaire. » (G. Scholem.)

La brouillonne irrationalité des leaders totalitaires participe de leur charisme. Ils échappent aux règles qu'ils abolissent, ils évitent soigneusement la faiblesse de se soumettre à celles qu'ils ont la force de promulguer. Leur plus grand désordre s'affiche source de l'ordre. La rationalité de leur irrationalité unit la « fonction rédemptrice du Messie » et le « mystère de la création ». Profane ou sacrée, toute révolution intégriste verrouille hermétiquement l'alpha dans l'oméga, la Genèse avec l'Apocalypse, le vide de l'être-en-général par la plénitude de l'être-par-excellence. Elle se moque nihilistement des lois, parce que, quoi qu'elle fasse, elle est la loi vivante et même faisant n'importe quoi elle manifeste encore la pureté de son élection.

3. L'homme de la fin des Temps opère la conjonction de l'ésotérique et de l'exotérique, accolant la

sainteté intérieure du militant et la militance extérieure du saint. Il incarne le paradoxe et la solution du paradoxe. Tout intégriste part en guerre contre l'actualité en s'armant d'une exigence morale absolue. Il mène sa guerre, sans souci, avec une immoralité parfaite. Parce qu'en lui-même et pour lui-même, il jouit paisiblement de sa victoire originelle. Le monde ambiant vit encore à l'âge du mauvais démiurge, dans la phase désastre – style 14 – d'une apocalypse tronçonnée que seuls semblent assumer les héros tragiques à l'ancienne. Ces Grecs, Rosenzweig les mure dans le silence d'une mort prochaine, et dessine, en regard, « l'exact contrepoint du héros antique », le portrait-robot du rédempteur moderne : « Le but à peine entrevu est celui-ci : mettre à la place de l'immense quantité des caractères l'unique caractère absolu, un héros moderne qui soit aussi unique et aussi immuable que celui de l'Antiquité. (...) cet homme absolu qui non seulement fait face à l'Absolu en le sachant, mais qui l'a éprouvé dans sa vie et qui, à partir de cette expérience, vit en lui, ce caractère vers lequel les tragédies faustiennes ne font que tendre sans jamais l'atteindre, parce qu'elles restent toujours embourbées dans la vie limitée, ce caractère n'est nul autre que le saint. » (Rosenzweig.)

De l'ultramoralisme à l'extrême immoralité, le chevalier des Temps Nouveaux saute sans problème. Il gère l'Écriture sainte, œuvre complète, avec fin dorée. D'ores et déjà ailé et hélé, il représente le passage paradisiaque au paradis. Cours camarade, l'enfer s'essouffle en vain derrière toi !

À l'image quelque peu idyllique du saint revu par Rosenzweig, ou du poète essentiel selon Heidegger, ou du *lider maximo* façon énième intégrisme, une seule explication : ces héros modernes ont touché les rivages bénis de la métaphysique spéciale, ils campent dans un amour de vie non trompeuse, parlent sans mensonges une langue vraie, ils produisent sans crainte ni reproche. Ils ne risquent rien, vaccinés contre le mal. Tout ce qui est inhumain leur est étranger. Le militant fondamentaliste est la mesure de toutes choses, de celles qui sont, en tant qu'il les décrète, de celles qui ne sont pas parce qu'il les ignore.

Quel fut le terrain psychologiquement porteur du phénomène totalitaire ? Le « caractère autoritaire » et l'esprit Junker ? L'anarchisme infraplébéien (« lumpen ») et l'esprit gangster ? Les cercles académiques débattent, à l'infini, de la racine SA ou SS d'une mentalité qui allie les deux, sans s'embarrasser de l'antithèse, dont elle encombre les autres. L'anomisme du hors-la-loi dictant sa loi exprime l'unité indivisible de la personnalité de base apocalyptique. Elle conjugue sans équivoque son goût (cynique) de l'ordre et ses penchants (dionysiaques) pour le désordre. Tout mouvement intégriste draine ces activistes bifrons, qui rampent d'autant plus servilement qu'ils cultivent l'impression de n'obéir qu'à leur moi profond et qui commandent avec l'arbitraire du joueur qui pose à l'arbitre. Derrière nos meneurs d'hommes à la triste figure, la métaphysique (spéciale) du siècle, témoins Heidegger, Rosenzweig..., mitonne la figure rédemptrice du « saint » ou du « berger de l'être ». On comprend pourquoi, en regard, Gershom Scholem consacra mille pages démystifiantes à pister l'histoire moins sublime, plus heurtée, d'un messie, doté d'un paradigmatique curriculum vitæ : « Sabbatai Zevi fut un type de saint assez étrange, très éloigné du type qu'un Juif traditionnel pouvait admettre ou même simplement imaginer pour le Messie. Il ne fut pas un Messie venant mener toutes choses à leur accomplissement, comme le voulait la tradition... Il fut un homme affecté d'un grave déséquilibre mental, oscillant entre l'euphorie de l'extase et l'angoisse de la mélancolie et qui passa par des états maniaques dépressifs successifs. Ayant reçu une bonne éducation rabbinique, il connaissait la tradition talmudique et il était profondément versé dans la Kabbale. Mais il ne se distingua vraiment du commun que sur un point. Dans ses moments d'exaltation religieuse, il en vint à commettre des actes étranges consistant à enfreindre la Loi. Il prit plaisir à ces infractions à la Loi et il se livra à des manifestations excentriques en déclarant qu'il s'agissait de cérémonies religieuses ayant un sens particulier. Ces divers actes avaient pour lui apparemment un sens mystique dans le processus de la restauration universelle. »

La réplique apportée par Scholem aux glorifications imprudentes du messianisme intégriste réitère celle de Montaigne jaugeant les exaltés des guerres de Religion et leurs folies grammairiennes, « entre nous ce sont choses que j'ay tous jours veües de singulier accord : les opinions supercélestes et les mœurs sousterraines ».

Quatrième partie

L'APPRENTISSAGE DE LA TRAGÉDIE

Nous disons donc que l'ami, qu'il s'agisse de l'âme ou du corps ou de toute autre chose, est ce qui, n'étant ni bon ni mauvais, est amené par la présence du mal (dia kakou parousian) à être ami du bien.

Platon, *Lysis,* 218 c.

X

Se rendre malade d'être malade ?

« Intégriste toi-même ! » N'importe quel enfant réinvente la malice élémentaire d'un renvoi de balle, agrémenté d'un boudeur « C'est celui qui le dit, qui l'est ! » Les exemples ne manquent pas de catéchistes animant leurs débauches de la flamme dont brûlait leur dévotion, jadis. Les inquisiteurs et les staliniens repentis retournent souvent leur ancienne intolérance, impavide, contre les idoles qu'ils encensaient. Serais-je en train de requérir intégristement contre l'intégrisme ? Comment éviter le cercle vicieux ? Je sais que le guerrier d'une foi, quelle qu'elle soit, me dévisage semblable à lui, carré, buté, mal élevé. Il subit mes critiques comme autant d'agressions. Il tient mes attaques pour tentatives de meurtre. Quand bien je lui explique ma volonté de neutraliser la maladie pour sauver le malade, il n'en a cure. À ses yeux, l'épidémie c'est moi. Reste à me convaincre seul à seul, sous le contrôle d'un éventuel lecteur, qu'on peut ne pas tomber dans le piège du chasseur mitraillant son miroir. Entre l'excès – « pas de liberté pour les ennemis de la liberté » – et l'aplatissement – « il est interdit d'interdire » –, existe-t-il une troisième attitude qui ne boite pas, modérantiste, cyclothymique, entre les deux premières ?

Quand l'Occident fortuné, démocratique, plus ou moins revenu de ses fantasmes, critique l'intégrisme, qui parle ? Un ancien fanatisme, émoussé, avachi ? Ou bien une volonté systématique, d'autant plus impérieuse que dissimulée sous une feinte douceur ? Ou bien encore, serait-il possible, telle est mon idée, de se choisir authentiquement anti-intégriste, en faisant fructifier l'anti aux dépens de l'intégriste, qui d'origine m'habite ? Il faut, en ce cas, se poser en s'opposant, sans tomber esclave de ce à quoi on s'oppose, fût-ce dans l'obsession de vouloir l'éviter. Sous peine de vainement conjuguer les vœux pieux de l'humanisme d'antan et les damnations du siècle, il convient de scruter avec méfiance et prudence les lettres de créance d'une pareille option, avant de conclure, comme je l'espère, à la possibilité éthique et opérationnelle d'un humanisme quelque peu tragique, ayant tiré sa révérence aux messies.

Examinons d'abord l'enjeu. Commençons par proscrire la fausse route des fausses routes : la très fréquentée voie royale du Bien. Elle ouvre une interminable querelle. Primesautier comme vous, comme moi, l'intégriste promet volontiers la lune. Le soleil. Les deux en un. Accusé de tartuferie, d'abus de bien public, d'inflation morale et de démagogie sentimentale, il renvoie le compliment. Chacun s'autoproclame le meilleur et partant le meilleur juge. Qui tranche en dernier appel ? Replié dans son for intérieur, alléguant le témoignage de sa conscience pure, incriminant l'impureté des rétifs, le moindre des prêcheurs a loisir de se décerner un certificat de parfaite conduite, présente, passée et à venir. Il peut l'agrémenter d'un doute propre à manifester son humilité, afin d'auréoler ses innombrables qualités d'une supplémentaire modestie. Arbitrer la concurrence des bons et régler l'ordre du monde sur leurs prétentions revient à jeter l'huile sur les feux pour les éteindre. Qui est la plus belle ? interrogent les trois déesses.

Pâris eut la faiblesse de répondre et d'opter. Il provoqua la guerre de Troie, dix années qui durent encore.

Quel est le plus sage ? c'est à lui que devait échoir le fameux trépied dévolu au maître des maîtres de vérité. Les sept doctes de la Grèce légendaire le jetèrent à la mer, évitant sagement de potentielles dissensions. Dans leur foulée, Socrate se proclama « inscient », sa sagesse fut de se connaître non sage (pas sophos, mais à distance : ami de la sagesse, philosophe). Nous sommes les meilleurs, affirment les rois de l'épopée ou de la tragédie, suivis par les citoyens de l'Athènes de Thucydide. Les poètes et les écrivains grecs repèrent, dans cette outrecuidance, la racine d'immenses déconvenues. Les bergers de l'être, du bien, du beau, du vrai patronnent les débats infinis et les combats sans limites.

Face aux illusions intégristes, un Occidental sachant lire et écrire dispose d'une boîte à outils intellectuels. S'il n'en connaît pas plus long que quiconque sur le bien, il lui appartient d'affronter le mal avec des armes spécifiques. Quelles que soient les effusions et perfusions de satisfaction que s'administre un euphorique, son engagement se discute dans le seul horizon des maux que les bénévolents motifs dissimulent, protègent et par conséquent attisent. Une préalable expérience du Mal, que la grande littérature du XIXe siècle détailla, permit de prédire et de prévoir les calamités qui suivirent. Libre aux incultes que nous sommes de faire les étonnés devant Hitler, Staline ou Khomeiny, l'analphabétisme des enthousiasmes immédiats dissimula longtemps que ces douces créatures descendent en droite ligne des *Possédés* de Dostoïevsky. Quant à l'accueil naïf, béat, suiviste, que réservèrent aux sauveurs suprêmes des populations, ici mobilisées, là immobilisées, il ne devrait pas stupéfier un attentif amateur de *L'Éducation sentimentale* ou de *Madame Bovary*. « Je me sens submergé par le flot de la bêtise... et j'éprouve la terreur qu'avaient les contemporains de Noé, quand ils voyaient la mer monter toujours », écrivait Flaubert. Jeune intellectuel polonais des années 50, Jan Kott décrypte le petit monde communiste qui l'étouffe, en travaillant Shakespeare. La lecture de Kafka a nourri la contestation antitotalitaire de Prague. Le multiplicateur idéologique, repéré par Soljenitsyne, se trouve déjà épinglé par la tragédie grecque. Il gouverne le passage d'une activité meurtrière artisanale, de type l'Éventreur – quelques dizaines de victimes – à l'efficience multimillionnaire de ceux qui tuent avec principes, portés par la bonne parole.

Ne lâchons pas le fil conducteur. L'anti-intégriste évitera le piège du miroir et ne versera pas dans un autre intégrisme si, et seulement si, il n'emprunte pas les gris-gris de son adversaire. Ce dernier s'imagine investi par une expérience du bien, dont l'infaillibilité le cuirasse. Inutile de surenchérir. Mieux vaut prendre l'ennemi à revers et contrepeser sa prétention au meilleur par une prescience du pire.

À l'origine grecque de la civilisation occidentale, l'expérience du mal se donne comme un savoir précis et irréductible. Dès les premières pages de *L'Iliade*, la peste frappe les Achéens qui assiègent Troie. Calchas, le devin, doit explorer les tenants et les aboutissants du fléau, élucider son sens et trouver le remède. Non sans hésiter, l'aveugle révèle la responsabilité d'Agamemnon, chef suprême, qui refuse de restituer contre juste rançon la captive Chryséis. Colère du roi des rois, il insulte l'augure : « prophète de malheur ! », « devin des mauvaises choses » (Manti kakon). La véhémence du souverain n'altère pas l'exactitude de son propos. Calchas est, en effet, spécialisé dans la prédiction funeste. Il ne voit pas le bien mieux que quiconque. Son don, c'est la voyance du mal, mot à mot : « toujours les maux sont chers (phila) à toi dans le cœur à prédire ». En clair, Calchas est un prophète de malheur. Jamais, insiste Agamemnon furieux, un prophète de bonheur. Sophocle, à l'ouverture d'*Œdipe roi*, conte semblable affrontement. Le prince, au sommet de sa gloire, repousse les sinistres avertissements de Tirésias, le voyant aveugle. Il soupçonne le prêtre de fomenter un obscur complot contre les autorités. Au crépuscule de la tragédie, Œdipe, les yeux crevés, défait, revendique pour son compte ce noir savoir qu'il refusa à Tirésias. Il en campera l'incarnation, dans *Œdipe à Colone*, porté par le respect que lui voue Thésée, fondateur d'Athènes.

Les professionnels de la pré-monition du pire paient chèrement leur vocation. Selon Eschyle, Cassandre voit juste, mais privée de la capacité de convaincre, elle clame dans le désert et ne peut échapper à la fatalité. Elle prédit le carnage et prévoit qu'elle en fera les frais. Les devins ne détiennent pas le monopole de la sombre voyance, ainsi Œdipe y accède, Antigone également qui brave Créon. La douleur tragique confère à ceux qu'elle frappe une intelligence du malheur. Comme si de le subir et souffrir introduisait à la logique secrète qui le produit et le perpétue. Avoir mal ouvre à la science du mal, énonce l'adage le plus fameux d'Eschyle, liant pathein et mathein. Dans l'épreuve cuisante surgit la connaissance.

La prophétie de malheur connaît un statut incertain et ambigu. Tous y accèdent, mais inégalement. Elle hante la réflexion solitaire de la sentinelle qui, juchée sur le toit du palais, guette, au début de l'Orestie, les signaux transmis depuis Troie. Elle remue les chœurs inquiets et agite le simple citoyen. Arbitraire et diffuse, comme la rumeur, qui n'est qu'une manifestation infantile, un premier degré de l'obscure prescience. À l'autre bout de la chaîne, devenue discipline savante et dûment codifiée, elle se pare de tous les attributs de la science des sciences. Elle profère, avertit Homère en présentant Calchas : « la connaissance de ce qui est, de ce qui a été et de ce qui doit être ». La formule, inaugurale, inchangée, définira plus tard le savoir absolu, l'ontologie fondamentale, les plus hautes et les plus religieuses sagesses, et, pour finir, la métaphysique et la théologie, en sus des théurgies, des païens ou chrétiens mystères.

Dire ce qui est, a été et sera, n'est-ce point atteindre l'éternel ? La concurrence fait rage entre les « maîtres de vérité » qui revendiquent l'omniscience. Pratiquant l'art inspiré de la mémoire, le poète aède – Hésiode, Pindare – évoque les Muses pour se garantir l'exercice d'une « parole magico-religieuse » (Détienne). Par elle, il éternise la « gloire » du guerrier ou le fait chuter dans l'oubli. Une telle souveraineté est accordée aux légendaires rois de justice, dont le sceptre est une baguette d'enchanteur. Que la toute-puissance soit politique ou poétique, il n'y a pas de distance entre l'acte et une parole qui « baigne dans un présent absolu, sans avant, ni après, un présent qui comme la mémoire englobe ce qui a été, ce qui est, ce qui sera » (Détienne). Cet ici et maintenant transparent devient, par la suite, l'enjeu de l'interrogation méditative du philosophe. « Le monde, le même parmi tous, pas un, ni dieu, ni homme ne l'a fait, mais toujours il était, il est, il sera, feu toujours vivant... » (Héraclite.) Très tôt, cette omnitemporalité rebondit énigmatiquement en quasi-extratemporalité : « Ni il était, ni il ne sera, puisqu'il est à présent tout entier à la fois. » (Parménide.) Si la pensée du malheur perce l'écran de la dispersion temporelle, elle se trouve coiffée rapidement par une autre avidité, d'allure autrement fondamentale, qui s'acharne à saisir le présent vivant dans sa totalité.

Au lieu de trop frivolement absorber et noyer la voyance du mal dans une vision plus édifiante et globale, respectons-la, telle qu'elle se donne, dans le domaine qui lui est propre. Elle se manifeste alors comme une expérience première et autonome. Citons notre témoin surprise : Platon. Il ne saurait être suspecté de partialité. Il n'incline pas spontanément à conférer des lettres de noblesse à la saisie du mauvais. Il aspire plutôt à « sortir de la caverne », à mesurer les êtres à l'aune des idées et des normes, et à classer celles-ci à la lumière de l'idée du Bien, qui, tel un soleil intelligible, participe au divin, échappe au nocturne et élude le mal. Ce platonisme, qui gouverne le culte bien-pensant des épigones et les exaltations de Diotime, la prêtresse ivre et sublime, commande-t-il l'œuvre du philosophe et sa pensée de derrière ? On peut en disputer. Toujours est-il qu'une certaine tension travaille les *Dialogues*. Jusqu'au bout, sans fin, demeure posée la question concevable d'une inverse idée de la boue, du déchet et du mal. Ce n'est pas une interrogation en l'air. Elle s'étaye dans un dialogue de jeunesse, le *Lysis*, sur l'épreuve fondatrice et difficilement négligeable de la maladie : « " Si nous considérons, en effet, un corps en santé, il n'a besoin ni de médecine ni de secours, il a le nécessaire, et tant qu'un homme se porte bien, il n'est pas ami du médecin pour sa santé. N'est-il pas vrai ? " – " C'est vrai. " – " Mais le malade est l'ami du médecin à cause de sa maladie ? " – " Sans doute. " – " Or la maladie est un mal, tandis que la médecine est utile et bonne. " – " Oui. " – " Le corps, en tant que corps, n'est ni bon ni mauvais. " – " C'est juste. " – " C'est à cause de la maladie que le corps est obligé d'accueillir la médecine et de l'aimer ? " – " Je le crois. " – " Ce qui n'est ni bon ni mauvais devient donc ami du bien à cause de la présence d'un mal ? " – " C'est vraisemblable. " »

Que soigne-t-on ? Un mal. De quoi s'autorise le médecin auprès des patients ? De lui-même ? Comment, dans ce cas, le distinguer du charlatan ou du prétentieux ? La maladie est le tiers médiateur entre le soigné et le soignant, la pierre de touche de leur relation. Demande de l'un et services de l'autre mesurent leur authenticité, et leur fausseté, au contact de cette réalité qui les précède et les vérifie : le roc d'une présence (parousie) des maux.

On consulte un thérapeute à cause de la souffrance et en vue de la santé. Platon distingue soigneusement, car la relation peut être interprétée dans deux sens. Premier cas : je me trouve mal et, par voie de conséquence, je cherche un mieux. Deuxième cas : je ne me sens pas bien, ou pas assez bien, je cultive une idée de la perfection qui éclaire mon état présent d'un jour défavorable, je désire le mieux. Si se sentir bien revient à se sentir moins mal, l'expérience de la parousie des maux est première, et notre idée de la santé dérivée. Si se trouver mal ne se comprend qu'à partir d'un ne se sentir pas tout à fait bien, renvoyant à un idéal se sentir totalement bien, notre volonté de santé commande notre perception de la maladie. Celle-ci se borne alors à témoigner d'un manque, comme une demi-lune n'est qu'une pleine lune diminuée de sa moitié. Santé = non-maladie, ou bien maladie = non-santé ? Logiquement les options paraissent équivalentes : un verre à demi plein est également à demi vide. Pratiquement, la différence d'optique s'avère considérable. Un écrit hippocratique l'illustre. L'auteur y chante l'éloge d'un savoir médical honorable et efficient, qu'il révère comme « l'ancienne médecine ». Il l'oppose à la manière tape-à-l'œil « nouvelle » de jouer le savant en plastronnant « qu'il n'est pas possible de faire de la médecine si l'on ne connaît pas ce que c'est l'homme ». Il souligne : la nouvelle médecine prétend légiférer à partir d'un modèle d'homme, ou d'un homme modèle, à la manière des poètes de la nature, qui décrivent la genèse du monde (Empédocle est nommément pris à parti). Au contraire, dit-il, l'ancienne médecine s'oriente sur les souffrances (pathémata). Empirique, sérieuse, elle remédie à une affection particulière qui touche un tempérament précis.

Il y a un siècle, Littré crut reconnaître une prémonition de méthode positiviste dans les procédés de cette « ancienne médecine », qui s'attache au cas par cas et s'abstient, avec rigueur, de pontifier, juchée sur des sommets panoramiques pour survoler « l'ensemble de la nature humaine ». En fait le positivisme, qui tombe aussi dans les généralisations abusives, importe moins que le souci constamment réaffirmé de s'en tenir à « l'épreuve de la souffrance » (kakopatheia). Elle permet au praticien d'éviter les spéculations abstraites en reprenant pied, comme le géant Antée, sur le sol incontestable de la douleur humaine.

Devant la parousie du mal, quel est le choix de l'intégriste ? Les apparences trompent. Il feint de tailler la part belle à la dévastation envahissante. Il lance la dénonciation radicale d'un système pervers – le Kapital, le Gestell, la corruption occidentale. Il ignore les nuances et le compromis. Justement ! Celui qui prononce une condamnation si globale et sans appel s'exclut forcément de l'objet de sa vitupération. C'est d'un ailleurs qu'il juge. Il prend de la hauteur et contemple la maladie du point de vue d'une âme saine dans un corps sain. L'environnement funeste, dont il relève chaque facette et abomination, lui paraît sourdement gouverné par une poigne invisible. Il reconduit insensiblement l'étalage diasporique des tracas et calamités à la malfaisance unifiée d'une cause méchante. L'éradication de la tumeur maléfique rendrait êtres et personnes à leur quiétude naturelle, originelle et finale. L'intégriste, paradoxalement, surcharge les tableaux ignominieux de l'empire du crime, afin d'allégrement l'expédier dans les dépotoirs de l'histoire. C'est invivable, nous n'y vivrons plus, ça ne survivra pas... Le désert croît, la décadence progresse, la fin des temps s'accomplit : l'heure de la grande santé sonne. L'intégriste annonce en fanfare l'ablation chirurgicale du mal.

Entre les gens promis à félicité et les ignobles rampant dans la fange, la tragédie grecque refuse de scinder : au moment précis où le personnage central s'estime sauf, et au-dessus de la mêlée, la catastrophe monte vers son paroxysme. Ravageuse est l'illusion d'échapper au mal, comme si l'expérience pouvait en être assumée au téléobjectif, préservant en chacun une part intouchée, inviolable. La relation d'extériorité fantasmée, entre le fléau qui gangrène la cité et le roi Œdipe qui se croit sage, déclenche les désastres en cascades. Ils cessent, lorsque le bon roi « innocent », ayant perdu couronne et superbe, se découvre pestiféré et pestiférant. L'épreuve du mal dans sa parousie enveloppe les objets et les sujets de l'expérience sans exception. Elle lève les immunités et ne laisse personne indifférent ou intact. L'intégriste est, à un œil hellène, malade du mal qu'il gomme avec tant d'ardeur. Il a la peste, ce paradigme des malaises de notre civilisation qu'explorent

L'Iliade d'Homère, l'*Œdipe* de Sophocle, *L'Histoire* de Thucydide et le poème de Lucrèce.

Universel, le fléau tragique ne l'est pas seulement par l'espace qu'il dévore – il est contagieux, et touche à tout. Il s'exaspère de la résistance qu'on lui oppose ; les soins mêmes répandent la maladie. Tous, campagnards et citadins, nantis et sans logis, « race des hommes et troupeau de bêtes » (Lucrèce) sont égaux devant l'épidémie. Complet, le naufrage physique se redouble mental. La dépression s'étale, « nous voyons sous le coup d'une peur de l'esprit souvent les hommes s'affaisser » (Lucrèce). Tandis que la folie rôde, la normalité se fissure, les relations sociales sautent, les interdits sont levés, les tabous s'évaporent, les gens qui se terrent dans les temples y restent pour mourir et les cadavres pourrissent sans sépulture. « Devant le déchaînement du mal, les hommes ne sachant que devenir, cessèrent de rien respecter, soit de divin, soit d'humain. » (Thucydide.)

Perpétrant un implacable tête-à-queue des valeurs, la peste devient son propre multiplicateur et s'amplifie par le spectacle qu'elle offre. « La mort est aussi de voir la mort. » (M. Bollack.) Thucydide analyse en détail la mécanique fatale de cette vertigineuse chute morale. « Crainte des dieux ou loi des hommes, rien ne les arrêtait. D'une part, on jugeait égal de se montrer pieux ou non, puisque l'on voyait tout le monde périr semblablement, et, en cas d'actes criminels, personne ne s'attendait à vivre assez pour que le jugement eût lieu et qu'on eût à subir sa peine : autrement lourde était la menace de celle à laquelle on était déjà condamné ; et, avant de la voir s'abattre, on trouvait bien normal de profiter un peu de la vie. »

Complète, universelle, autoréflexive, plus vivante que la vie, la maladie mortelle rebondit, spectaculaire, sur elle-même. Ce rouleau compresseur physique et psychique n'épargne rien et entretient sa propre dynamique. Dernier trait, la peste apparaît « soudain », libre comme l'air, portée par les vents, soufflée depuis les confins du monde. Elle vient de nulle part, d'au-delà de l'Égypte ou d'une Éthiopie située aux limites de l'illimité, sur le bord extérieur de l'univers. Elle naît du vide et persévère vide de sens. Elle « doit son horreur particulière au fait qu'elle ne tient à rien et ne conduit à rien » (M. Bollack). Ainsi déploie-t-elle, accident absurdement total et totalement absurde, la force de l'inépuisable, immense parousie du mal (vis immensi... morbi, Lucrèce).

La peste est une révélation, au sens « désabusé » de l'apocalypse style 1914. Premièrement, une révélation qui se révèle par elle-même. Deuxièmement, une révélation qui, ne révélant rien, révèle le rien. Tels l'effroi pascalien, l'angoisse heideggerienne et l'ébranlement selon Patočka. La tourmente passée, le statu quo ante devenu impossible, le survivant entre en agonie, avec Oreste et Antigone. Il se reconnaît vulnérable, sans détour ni recours.

L'homme grec sut monnayer son intuition du non-être. Comme l'exercice de l'ancienne médecine s'autorise de la douleur, les arts et les techniques se proposent en dispositifs de survie et pas en domination du monde. Démunis, les hommes des premiers âges « voyaient sans voir, ils écoutaient sans entendre, et, pareils aux formes des songes, ils vivaient leur longue existence dans le désordre et la confusion. Ils ignoraient les maisons de briques ensoleillées, ils ignoraient le travail du bois, ils vivaient sous terre, comme les fourmis agiles, au fond de grottes closes au soleil... » (Eschyle, *Prométhée*, v. 447 sq.)

Lorsque Prométhée fait don du feu et des savoirs (métallurgie, arithmétique, élevage, navigation, médecine), il ne procure pas le Bien, il tente de prévenir des maux : sans ces premiers secours, le genre humain est promis à une annihilation dont Zeus envisage l'éventualité avec complaisance. Devins, médecins, techniciens font profession de conjurer les malheurs, plutôt que de promouvoir, comme s'en flattent plus tard les sophistes, quelque infaillible bonheur.

Deux motifs pour consulter un médecin : à cause d'un mal ou en vue de la santé. Deux manières d'interpréter les oracles : la prophétie spécialisée dans ce qui ne va pas ou la prédiction du beau temps. Deux raisons pédagogiques : on corrige les enfants soit pour leur éviter l'aventure pénible dans laquelle ils foncent tête baissée, soit pour les dresser et diriger vers un but clair et distinct. Deux modalités de l'efficace technique, selon qu'elle ruse avec les périls, ou qu'elle modèle la nature et maîtrise la société. D'un côté, la voie négative de qui, dans l'urgence tragique, combat les éléments, les circonstances et rassemble astuce, ardeur, intelligence pour parer au plus pressé. De l'autre, la voie positive, de qui sait où il va, prévoit le but, le parcours et l'art d'y parvenir. Science de contrer les échecs et science de réussir sans échec supposent des investissements moraux et mentaux distincts, développant des épistémologies fort dissemblables, pour conclure à des conceptions antinomiques de la civilisation occidentale. Laquelle se trouve à la croisée des chemins, du temps de Platon comme du nôtre.

L'écrivain engagé ou simplement pétitionnaire fait énigme après un siècle de prises de positions éclatantes, parfois judicieuses et prémonitoires, souvent absurdes et terroristes. En 1991, sur le petit écran d'une chaîne nationale de la télévision française, on put voir une série d'émissions tirant le portrait des intellectuels « modernes ». Tous floués. Tous trompeurs. Tous coupables. Au terme de l'épluchage, trois têtes seules sont sauvées : celle de Benda qui pourtant finit stalinien, celle de Camus qui se tut, et... celle du réalisateur de la série.

À prendre les intellectuels à la lettre de leurs promesses, le distributeur de bons points se met hors service et réserve compliments et sucre d'orge à son exclusif usage. Ces guides ne se réclamèrent-ils point d'un îlot de béatitude échappant à l'océan des aberrations qu'ils surent dénoncer par ailleurs si justement ? Ils s'abusaient des mythes dont ils consolaient leurs fidèles, le communisme, le prolétariat, la nation, le tiers monde en libération, la folie poétique, les continents noir ou féministe, etc. Camus, si lucide qu'il fût à l'égard des fumées qui fatiguaient les cervelles voisines, sacrifia derechef à l'idéologie d'une culture solaire et tolérante, dont le pourtour méditerranéen serait la réserve naturelle et indestructible : on conçoit son désarroi devant la guerre d'Algérie, on imagine sa confusion s'il avait vu s'abattre les tempêtes fanatiques et les carnages bellicistes, qui, après son décès, balaient, à la libanaise, sa zone de paix mentale.

En prêchant à tort et à travers, les hommes de plume imaginent répondre à l'attente de leur public et le mener dans le droit chemin : « L'intellectuel ? On peut dire : quelqu'un qui croit aux valeurs. Ou quelqu'un qui se veut, se prétend l'intercesseur idéal entre les valeurs et la Cité. Ou quelqu'un qui s'arrête parfois d'écrire pour se vouer pratiquement à cette œuvre d'intercession. » (B.-H. Lévy.) Tout faux! Libre à l'écrivain de s'auto-intoxiquer en s'estimant dépositaire d'un savoir du Bien, ce n'est pas à ce titre qu'on l'interroge. Quand Zola descend dans l'arène pour défendre Dreyfus, on écoute l'auteur à scandale, celui qui traîne ses personnages dans les vomis de l'absinthe, dans les putasseries de grands magasins et l'ivresse des curés en proie au démon de midi. Parce que l'auteur de *L'Assommoir* s'y connaît en putréfaction, il peut s'attaquer en spécialiste, voire en professionnel, à la pourriture de l'État-Major. Gide l'immoraliste sut apprécier les vertus ultramorales du communisme en Russie. Lorsque Sartre fulmine contre les crimes coloniaux, lui prête-t-on l'oreille comme à sainte Bernadette ? Passe-t-il pour un intercesseur entre le ciel et nous, celui qui torche en plusieurs paragraphes la méticuleuse description d'un poulet coincé dans le tiroir et possédé par un mortel en manque ? Ce philosophe qui fraie volontiers avec les perversions sent le fagot et semble, quoi qu'il en ait, plutôt pauvre côté « valeurs ». Un goût, peut-être équivoque, pour les aspects douteux des relations sociales le qualifie pour expertiser les activités des galonnés traitant leurs féaux à l'électricité. Il proteste d'une voix que le grand public s'accorde à trouver sinon autorisée, du moins avertie, parce qu'il s'est fait préalablement connaître comme porteur littéraire et philosophique d'un savoir de l'inavouable.

C'est en tant que dégustateur des bas morceaux de l'existence qu'il requiert contre la torture et l'assassinat. En connaissance de cause. En écrivain salace, bien placé pour repérer l'impureté chez autrui, lui qui la scrute en lui-même.

Il est un analyste de l'angoisse, des troubles de l'âme et des sens, pas un gourou, ni le garçon d'ascenseur chargé des allers et retours pour le septième ciel. Quant à lui, il rêve, il voudrait bien écrire une morale, être la Voie et le Chemin, guider ses lecteurs vers le salut et c'est alors, précisément là, qu'il se plante littérairement et politiquement.

Dès qu'ils s'acceptent médecins de l'âme, diagnostiqueurs de mauvais augures, plutôt que guérisseurs, les intellectuels donnent à penser. Même, et peut-être surtout quand ils se trompent. Un médecin qui tombe malade n'en est pas déconsidéré pour autant, sauf en l'estime des stupides. Les malins s'inquiètent d'un praticien qui affirme ne jamais être sujet aux affections qu'il soigne. Cet « intercesseur » de la santé en soi, qui se proclame professionnellement sain et sauf, ne peut être qu'un saint ou un sot.

XI

Le complexe de Platon

L'ambition de substituer aux lumières sur ce qui va mal la lumière qui fait tout aller bien constitue, par excellence, l'opium de l'Occident. Le grand Inquisiteur dostoïevskien presse un Christ revenu incognito d'assurer – enfin – la félicité de l'humanité, fût-ce en l'asservissant. Il argumente à la manière dont les illuministes enjoignaient aux philosophes du XVIIIe de ne plus s'encombrer d'esprit critique pour convenir d'une théosophie propre à éduquer le genre humain. Quoi qu'aient imaginé le naïf Saint-Just, les démagogues électoraux et les programmateurs totalitaires, le bonheur n'est en Europe nullement une idée neuve, plutôt une des plus primitives et mère d'une ribambelle de vices.

La tentation d'être heureux sans restriction, ni réticence, manque d'originalité. L'analyse que propose Lévi-Strauss des mythologies des peuples sans écriture offre un témoignage flagrant de l'universelle banalité des chasses à la félicité. Soulignant l'« intransigeant refus de la pensée sauvage que rien d'humain (et même de vivant) puisse lui demeurer étranger », l'ethnologue articule ses mythes autour de la triade du cru, du cuit et du pourri dans l'opposition polaire d'une origine où les cultures (cuisine) se séparent dramatiquement de la nature (cru) et d'une fin où elles la retrouvent (pourri, conçu comme « cuisine naturelle »). Réfléchissant sur les conditions de possibilité de la société humaine, le mythe détecte une scission originelle qu'il ne cesse de vouloir combler par des histoires qui devraient se terminer heureusement mais qui, à leur insu, involontairement redoublent la crise initiale. « Tout mythe est une recherche du temps perdu », une quête d'un passé harmonieux où la culture collait à la nature et où l'homme « voyait l'ouvert » comme seul sait l'animal aujourd'hui, estiment Rilke le poète et le conteur nambikwara.

L'Occident transforme la tentation permanente en tentatives à répétition. La quête mythologique du bonheur s'érige guide pour l'action et sous le beau vocable de paideia (culture), elle se confère la mission pédagogique et thérapique d'instituer les petits et de sauver les grands. S'évertuant à remuer le monde plutôt qu'à le contempler, la nouvelle fabulation activiste trouve son mythe natif dans la légende platonicienne de la Caverne érigée paradigme de la condition humaine.

Dans l'antre maléfique, tout s'organise pour le pire. L'illusoire règne. Les pensionnaires garrottés, paralysés, possédés par la tromperie ambiante n'ont pas même le sentiment de se trouver prisonniers et esclaves. On ne saurait imaginer aliénation plus complète. Les admirateurs de Marx et Heidegger peuvent découvrir dans le mythe platonicien l'original dont les décalques motivent leur ravissement. Dehors, brillent le soleil et la vérité. Une opposition si tranchée ne laisse aux intéressés aucun choix : pour que les entravés sortent, il est nécessaire de les virer de vive force. Une puissance mystérieuse devra rompre leurs liens, briser leur immobilité et les tirer hors les murs. D'où vient cette salvatrice intervention ? Pas une seconde des prisonniers habités par une servilité sans failles. Pas davantage des choses, simulacres et fantasmagories qui les captivent et les séduisent, loin de les rebuter. Rien de ce qui existe dans la caverne ne saurait frayer de passage vers l'extérieur. Contraints, forcés, arrachés, les inconscients se trouvent catapultés à l'air libre.

L'attraction gouverne les deux espaces, le monde inférieur est réglé par la séduction qu'exercent les choses fausses sur les esprits faux, comme le supérieur par l'attrait des vrais pour le vrai. Aucune réaction autonome ne saurait, par conséquent, éveiller les encavés et les presser vers la sortie. Les malheureux ne cherchent pas la délivrance « à cause » de leur état malade, qu'ils prennent pour bien-être.

Seule sauve une discipline que les reclus subiront, à corps et esprits défendants, et dont ils ne saisiront la légitimité qu'après coup, une fois traversé le calvaire d'une coercition arbitraire dans son principe et inintelligible dans son exercice. La libération est nécessairement vécue comme une agression et une déportation. Barrant la possibilité, à l'intérieur des sanctuaires de l'ignorance, d'une connaissance du désagréable et malsain comme malsain et désagréable, Platon élimine la chance d'une répulsion, négativement libératrice par le dégoût qu'elle générerait. Deux maîtres despotiques, la puissance attachée au faux et la dure autorité du vrai, se disputent une âme qui n'y peut mais.

Passive, la conscience captive n'infléchit ni n'arbitre la bataille. De l'alternative, qu'il posa dans *Lysis* – on consulte « à cause » de la maladie ou « en vue » de la santé –, Platon ne retient, ici, que la seconde option. Dans la grotte de l'illusion, l'embastillé baigne dans une fausse santé. À l'air libre, le sage vit en vue de la vraie santé. Et l'un et l'autre font comme si l'épreuve du pathétique n'entrait pas en ligne de compte, comme si le mal avait disparu ou, plus exactement, n'apparaissait jamais en personne, crûment. Cette hypothèse, que Platon énonce et qualifie de « comique » – dans le *Lysis* – régit – dans *La République* – le mythe de la Caverne.

Le conte à dormir philosophiquement debout cristallise la grande entreprise de dépassement de la tragédie, conduite à travers les dix livres de *La République* et conclut sur la proposition d'expulser hors de la cité idéale Homère, Eschyle et autres blasphémateurs. Dans l'obscur sous-sol, la peste règne, mais elle reste invisible pour ceux qu'elle affecte. Au soleil, elle se dissipe. Le mythe platonicien rend structurellement impossible la tragédie grecque qui culmine à regarder l'horreur en face. Sous terre comme sur terre, la perception d'un mal en tant que mal serait la seule expérience que l'homme ne puisse jamais traverser ni effectuer.

Quelques précautions préalables viennent nuancer notre propos. 1. Platon n'est pas résumable dans le platonisme, ni réductible au mythe de la Caverne, lequel ne diffuse pas nécessairement le dernier mot de la pensée platonicienne. 2. On peut s'adonner au platonisme sans verser dans l'intégrisme. Par contre tout intégriste pêche dans le platonisme, serait-ce dans ses traductions vulgaires et dévoyées. Pour les intégrismes religieux, la filiation s'avère historiquement directe. Le shiisme iranien jette une passerelle, non dépourvue d'ambiguïtés, entre les platoniciens de Perse et les fidèles de l'imam Khomeiny. Dans le cas des intégrismes d'allure athée ou païenne, la liaison, davantage retorse, fut souvent examinée. Rappelons qu'Aristote critiqua le « communisme » de Platon et que la fine et complice défense du mythe de la Caverne par Heidegger fut prononcée en 1940, imprimée discrètement en 1942, dans une Allemagne nazie qui ne parut ni particulièrement enthousiaste ni outrageusement choquée.

Pour commencer, la coercition. Platonisme et intégrisme postulent, en commun, que le citoyen ne s'extrait pas de son propre ressort. « L'allégorie présente la montée de la caverne jusqu'à la lumière du soleil comme entièrement contrainte. » (Leo Strauss.) Le mythe superpose deux espaces d'enfermement. En haut, l'homme se rend à un Bien captivant et ravissant, au point que le sage ne redescend qu'à contrecœur éclairer les paumés de l'étage inférieur. En bas, une fascination aussi prenante travaille dans le faux-semblant et chacun s'y englue, serviteur d'un amour excessif de soi-même où Platon désigne la « cause de toutes les fautes » (*Lois* V, 731e).

La dualité spatiale du mythe recoupe une scission sociale, le bien commun n'est pas identique au bien privé de chacun. Non seulement, il n'y a pas de correspondance stricte entre la cité et l'individu, mais une fracture les sépare, que seule peut réduire une discipline violente. Proie de son égoïsme et de son égotisme, l'animal des cavernes doit être extradé pour accéder à un horizon politique. Il faut pénétrer, par effraction, dans son for intérieur et perpétrer un permanent viol de conscience, afin de le rendre gouvernable. À la hiérarchie montante et « naturelle », qui ordonne les catégories sociales en fonction de leurs mérites, correspond une psychopédagogie politique descendante et discrétionnaire qui domestique les inférieurs.

Économiquement et anthropologiquement, la cité idéale du platonisme se divise en trois couches. Il y a les hommes du plaisir, du désir et de la production matérielle des richesses, artisans, commerçants, paysans. Il y a les gardiens qui affrontent les périls extérieurs et intérieurs, ils gèrent la cité. Il y a les éclairés du sommet, qui se règlent sur le modèle du roi-philosophe, « à moins qu'on ne voit réunis dans le même sujet la puissance politique et l'amour de la sagesse... il n'y aura pas de relâche aux misères qui désolent les États et même, je crois, à celles du genre humain » (*La République* 475d). Cette tripartition officielle masque le dualisme plus essentiel séparant les genres de vie. On n'existe pas de même façon, gouverné ou gouvernant.

La caste dirigeante, gardiens et philosophes mêlés, pratique un communisme paramilitaire. Elle s'interdit la propriété privée et la vie de famille. Les enfants sont élevés collectivement dans l'ignorance de leurs géniteurs. À l'opposé, dans les marais majoritaires, la populace vaque à ses occupations privées. Mais s'il s'agit de chose publique, elle n'a plus voix au chapitre et paie, d'une obéissance obligée, la rançon de son anarchique liberté.

D'un côté les bergers, de l'autre les moutons. Chacun se retrouve, grand ou misérable, puissant ou serf, selon qu'il traîne une existence intracaverneuse ou qu'il sort pour « se rendre semblable à Dieu et aux êtres qui valent mieux que lui » (*Lois*, 716a). Que les intérêts privés et publics ne coïncident pas, voire se combattent, voilà une vérité banale, personne ne la couronnera comme grande découverte. L'originalité commune du platonisme et de l'intégrisme se manifeste, quand l'opposition se durcit, jusqu'à refermer complètement sur elle-même la sphère de la société sexo-civile et, en regard, le monde non moins clos d'un appareil théologico-politique. Ou bien la caverne, ou bien la caserne. Les élites au pouvoir dans la cité vivent à la « communiste », elles collectivisent l'habitat, le partenaire sexuel et les enfants pour supprimer les occasions d'injustice, dont la principale est la chair, avec sa différenciation sexuelle, esthétique et son investissement singulier que la jouissance suscite. Le communisme de *La République* implique, autant que faire se peut, « l'abstraction du corps » (Leo Strauss), tandis qu'inversement la masse vulgaire écrase les besoins de l'âme sous les exigences de la peau. L'individu vit dans le corporel comme dans un tombeau (*Phédon*), la collectivité des meneurs d'hommes dompte soigneusement sa permanente subversion et l'homme éduqué s'en éloigne comme d'un cloaque. La distinction âme-corps n'est pas neuve, mais bien le coup de scalpel, volontaire, qui incise, taille et charcute.

L'intégriste est un platonique malheureux. S'il coupe l'histoire en deux – le règne du démon puis le millénium –, c'est qu'il désespère de pouvoir faire coexister l'égoïsme et le salut collectif, le divertissement et la dévotion, l'ego et Dieu. Projetant la subordination spatiale sur l'axe des successions temporelles, la hiéro-histoire totalitaire sacralise la hiérarchie de *La République*. Le même soleil éclaire désormais le terme d'un procès universel et pas seulement le sommet d'un édifice cosmique.

Rétrospectivement, le platonisme paraît un intégrisme réussi, il suppose utopiquement assurée la cohabitation polémique des réalités les plus antinomiques. À l'examiner de près, la face heureuse et pacifiée de la solution laisse entrevoir d'inquiétantes zones d'ombre. La violence apocalyptique, que l'intégrisme ramasse à l'heure de la fin des temps, paraît sourdement transir à perpétuité l'architecture de Platon. C'est intellectuellement inévitable : ici bas le mal existe, la majorité moisit dans ses sous-sols, elle n'en sort ni de ses propres forces ni par volonté. Nul, de surcroît, n'est garanti contre les chutes et les retours en arrière. La conclusion coule de source : la suspicion fait rage, la surveillance est de tous les instants, il faut sévir en permanence. Même s'ils furent admiratifs et favorables, les commentateurs attentifs relevèrent combien le grand philosophe idéaliste avait légitimé des procédures parfaitement totalitaires, que le XXe siècle mit en œuvre :

1. L'ubiquité de la délation. Puisque les gouvernants sont seuls à savoir ce qu'il convient de vouloir, il paraît douteux que les autres obtempèrent sans rechigner. Ils devront donc se surveiller les uns les autres et se dénoncer mutuellement. Si l'élite s'oblige à la transparence en supprimant les murs de l'habitat et les barrières de la vie privée, la masse vivra dans les rumeurs et le cafardage. La délation est le communisme du pauvre.

2. La noblesse du mensonge. De la « République », furent expulsés les poètes les plus célèbres, « non point parce qu'ils racontaient des mensonges, mais parce qu'ils racontaient la mauvaise espèce de mensonges » (Leo Strauss). Dans la cité idéale, les auteurs édifiants et moralisateurs sont prisés, les enfants boivent leurs paroles dès le plus jeune âge. Pour réconcilier l'inclination passionnelle et l'utilité générale, Platon en vient à recommander une mythologie d'État et charge les gouvernants de produire des croyances unanimes, de fabriquer le consensus en gérant astucieusement « la puissance étonnante de la rumeur, la situation où personne ne se risquerait même à respirer autrement que ne le veut la loi. » (Détienne.)

3. L'infantilisation générale. Si par miracle un philosophe platonique écopait du pouvoir, il devrait, pour fonder sa cité, réformer les âmes, se limiter aux esprits pas encore déformés, expulser de la vie civique et reléguer aux champs tous les plus de dix ans (*Rép.* 541a). Pas d'autre expédient pour neutraliser la corruption dominante. L'apparente boutade

livre le secret de l'ensemble. Partout, toujours, il faut une main infaillible et invincible qui guide et secoue un individu incapable de se mouvoir par lui-même. Enfermé dans sa crypte comme dans le ventre d'une mère-marâtre, il s'y trouve bien. Il éprouve le plus grand des malheurs, celui de ne pas connaître son malheur, donc de ne pouvoir s'y opposer. Ne changeant de place qu'extirpé, il ne change de mentalité que sous la férule d'une autorité tyrannique. La contrainte subie, lors de sa sortie, n'a rien d'épisodique. C'est l'acte de naissance du platonisme, le trait le plus pur, le plus dur et le moins évacuable dont hérite l'intégrisme.

Vouées définitivement à vivre dans le mensonge « utile » et condamnées à l'espionnite générale, les créatures de *La République* sont poings et têtes liés, derechef encagées. On leur raconte qu'elles vivent à l'air libre, au grand soleil de la Raison. On les persuade, les voilà convaincues. Tout comme auparavant, dans leur sous-sol, elles misaient, dur comme fer, sur la vérité vraie des fantômes et autres hallucinations. Sans qu'on leur demande leur avis, elles ont été poussées d'un cinéma à l'autre. Elles gobent la nouvelle illusion aussi ingénument qu'elles agréaient l'ancienne. Aujourd'hui, la projection se revendique belle, bonne et vraie, comme hier il était interdit au film de révéler une fausseté, la laideur, sa malfaisance. Il n'y a pas de différence pour un public réduit à opiner du bonnet. C'est clair, l'ascension mythique transfère le troupeau de caverne en caverne.

Nommons « complexe de Platon » le dispositif qui métamorphose les acteurs en taulards permanents. La cervelle soumise à la publicité mensongère vantant l'excellence du logis, quel qu'il soit, ils ne sortent d'une oubliette que pour entrer dans une autre, tout aussi étouffante. Ils n'en ont cure, car le mythe procède à l'ablation préalable de leur sens critique. Plus exactement, le mythe en suppose l'inexistence. Bien entendu, le récit de Platon manquerait les palmes de l'illusionnisme philosophique s'il n'assurait l'éducation des ex-troglodytes, à qui l'on inculque, dose par dose, la capacité de distinguer et de juger. Cette aimable intention convaincra le convaincu. Elle fait doucement sourire ceux qui se souviennent, avec Kant, que le jugement, s'il se perfectionne, ne saurait être insufflé à un être qui en manquerait totalement. Comment celui qui apprend à juger jugerait qu'on lui enseigne le jugement et pas des balivernes ? Il lui faut jouir d'une préalable et imprescriptible faculté, fût-elle balbutiante, de discernement. Plongeant ses mannequins humains dans une erreur telle qu'ils ne peuvent la dévisager, les rendant si malheureux qu'ils nomment bonheur leur misère, Platon verrouille son attrape-conscience : le piégé abandonne tout espoir de se dégager, il ne peut fuir un fléau dont il ignore l'apparaître.

Supprimer le mal : deux méthodes sont imaginables. La première, triomphante, l'abolit. Ainsi, les platoniciens accostant aux « îles bienheureuses », ne le rencontrent plus. Suivis de près par les gardiens « communistes » qui prétendent en saper le mode égoïste de production et de reproduction. La deuxième se satisfait d'en supprimer l'évidence, cas des imbéciles heureux qui s'ébattent dans la sinistre catacombe. Soit le mal n'existe plus. Soit le mal existe trop pour être perçu. Dans les deux cas, il compte pour du beurre. Le monde imaginaire du platonisme et de l'intégrisme est celui de l'attraction passionnelle exercée par l'apparence du Bien ou sa réalité. Il ne connaît pas de hérissement ni de frisson intérieur : tout est histoire, ou illusion, d'amour. Postuler la fin de tous les maux est difficile à soutenir, « car il est nécessaire qu'il y ait toujours quelque chose d'opposé au bien, et le mal fatalement fait sa ronde parmi la nature mortelle et le lieu d'ici-bas » (*Théétète*, 176a). Par un tour de passe-passe spéculatif, on tente de réduire le scandale, on relègue les sources de détresse dans une existence diminuée, indirecte, déduite.

On suggère, péremptoire, que seuls le positif, le bien ou la santé sont objets de connaissance et que la considération du négatif procède d'une opération seconde, qui découpe et retranche. Tout mal ne serait qu'un moindre bien, une déflation du mieux. Admis, à contrecœur, comme un fait, le mal sera allégé, flottant, strictement dépendant des conditions de son apparition ; il ne refléterait, au moment de l'épreuve, que l'humeur de celui qui l'éprouve. Les sophistes, ainsi, coincent la douleur, dans son ici et maintenant, pour l'exhiber convention. Ils signalent que ce qu'un être fiévreux ressent comme amertume n'est pas amer en soi pour le bien-portant. Les raisonnements platoniques diluent semblablement l'expérience du mal. Perchés sur le primat du bien qui en commande la pensée, dressés sur celui du sujet qui en gouverne la perception, ils négocient sa double relativisation. La tragique parousie des maux n'est pas radicalement niée, mais devient douteuse dans son contenu, comme dans ses manifestations. Elle traîne, bâtarde, aux confins de l'humanité de l'homme, dans les marges de l'inaperçu.

Primat de l'expérience du mal ? La tragédie ouvre alors sur la scène primitive d'une peste générale. Ou primat platonique de l'expérience du Bien ? L'alternative transperce l'histoire occidentale. Elle clive, irréductible, ses concepts directeurs. Au premier chef, celui d'Autorité. Qui contraint qui ? Qu'est-ce qu'un commandement politique, juridique ou éthique ? À quel type de personne s'adresse-t-il ? Est-ce une voix extérieure, étrangère au contrôle de son entendeur ? Une loi venue d'ailleurs, que Kant désigne « hétéronome » ? Ou bien faut-il qu'un commandement soit moralement accepté, reconnu comme juste par celui qui s'y plie et ne cède de la sorte qu'à lui-même ?

Autonomie, disent les kantiens. En apparence, le mythe platonicien cerne la sphère caverneuse de l'hétéronomie, où les simples sacrifient aux prestiges des faux biens. Puis, en regard, il glorifie la sphère lumineuse où, sous le soleil de la vérité, l'éclairé cultive le bien authentique et travaille à son propre salut. Où la loi est sa loi. Mais s'agit-il d'autonomie ? Nenni ! Le mythe dramatise le passage d'une sphère à l'autre. Il faut interroger l'instant où tout bascule pour découvrir que celui qui bascule n'y est pour rien. Platon le souligne avec soin et détails, l'homme est trimbalé contre son gré vers la lumière. Le revirement de tout son être n'a pas sa source dans son être, le retournement de l'âme passe l'âme. Son ascension de l'inculture à la culture ne se soutient ni de l'une qu'il quitte, ni de l'autre où il se trouve introduit. Entre le faux bon commandement et le vrai, le choix échappe. Je suis soumis ou à l'un ou à l'autre, sans même la faculté d'hésiter et de balancer entre les deux. « On » me catapulte, jamais la décision ne m'appartient. Les commandements, même s'il s'en trouve de parfaitement adaptés à mon moi profond, me connaîtraient mieux que je ne me connais. Ils m'ont adopté, avant que je ne les adopte, ils ont choisi avant que je choisisse : nous nageons en pleine irrécupérable et définitive hétéronomie.

Pour que ma conversion – du bas vers le haut, de la nuit au jour – soit mon œuvre, il faut et il suffit que je trouve en bas ma raison de passer en haut. Or le (vrai) Bien du dehors ne brille pas dans la caverne et le (faux) Bien de l'intérieur me retient captif. Donc les raisons de m'extraire ne sauraient emprunter à aucun bien, seule la répulsion née d'une situation problématique, d'un malaise, d'un désagrément peut me propulser vers la sortie. Dans la plupart des *Dialogues*, en particulier ceux qui se terminent en queue de poisson, sur une difficulté non résolue (aporie), Socrate prend un malin plaisir à attiser de telles crises. Ses interlocuteurs paniquent progressivement, ne sachant plus où ils en sont (atopie). Empêcheur de tourner en rond, le blasphémateur fut condamné à mort comme tel. Destructeur des préjugés, profanateur de croyances, premier des intellectuels gêneurs, Socrate, en se revendiquant torpille, se proclamait d'utilité publique.

Pour qu'une contrainte ne soit pas arbitraire, mais consentie, je dois trouver en moi les motifs de mon acquiescement. Il ne peut tenir à l'ancienne justice que je rejette, ni à une nouvelle que j'ignore. Dans l'état de crise, avec l'aide socratique, je découvre que je ne sais rien, sinon la crise. C'est elle, dans le sentiment du mal vivre, mal penser, mal aimer, qui m'oblige à quêter quelque issue. L'ébranlement socratique, implacable, condamne à l'autonomie. « Nous sommes, ce jour, plus près du sinistre que le tocsin lui-même. C'est pourquoi il est temps de nous composer une santé de malheur. » (René Char.) Le complexe de Platon colmate les oreilles de cire et ne laisse pas ouïr le tocsin.

Interdisant d'expérimenter l'aporie susceptible de nous réveiller et de nous redresser, la caverne organise un abri anticrise. Les faux biens ficellent, la béatitude règne, l'inquiétude est exclue. Et Socrate avec elle. On dira : l'antre aux illusions, c'est Athènes qui condamne, à la majorité, le philosophe qu'elle ne comprend pas. Et non ! Dans la grotte des faux miracles, Socrate ne pourrait commettre rien de répréhensible. Il ne saurait, comme sur l'Agora, dévoyer des jeunes gens, attentifs à ses questions sans réponses. Par essence, les simulacres caverneux ont réponse à tout, les pensionnaires n'ont de question sur rien. Socrate est impossible. C'est Platon contre Platon. Socrate raconte donc un mythe qui ne lui laisse aucune place. Il ironise. Lui, qui passse son existence à apostropher les jeunes, les vieux, les généraux en retraite, en active, les poètes extasiés, les politiques infâmes, les sophistes « psy » et les amants en déroute, le voilà expliquant que nul ne saurait l'entendre, sinon les enfants en bas âge.

Si le mythe de la Caverne est vrai, Socrate n'est qu'un agitateur de pouponnière. On rétorquera : n'a-t-il pas échoué partout ailleurs ? L'image de la caverne ne publie-t-elle pas son triste bilan ? Platon ne clôt-il pas son histoire par une allusion évidente à la mise à mort de Socrate ? (517.) Je rétorque au rétorqueur : Platon avoue qu'il condamne Socrate une seconde fois. Il renchérit sur le tribunal d'Athènes, car s'il ne tue pas le philosophe, il le réduit de son vivant à une totale impuissance. Il met en cause, non pas la réussite ou l'échec de l'agitation, mais la capacité d'agiter. Il faut au trublion un public susceptible d'être troublé, le mythe le lui refuse et abandonne le philosophe à deux parterres béats, immergés l'un comme l'autre dans la conviction inentamable de nager dans le vrai bien. Peut-être, re-rétorquera-t-on, Socrate est-il cette secousse extérieure qui pousse dans la bonne voie les aliénés du sous-terrain ? À quoi je répondrai : la force de Socrate n'est pas d'emboquer avec des convictions et des dogmes, mais de renvoyer chacun à son tribunal intérieur. Si bien que l'interlocuteur, éclairé par les difficultés surgies au cours des discussions, finit par ne plus savoir ce qu'il avait cru savoir. La réflexion est « un entretien de l'âme avec elle-même » (*Théétète*, 189, *Sophiste*, 263). L'argumentaire de Socrate procède toujours ad hominem : tu affirmes ceci, qui implique cela, qui soulève une nouvelle question... Qu'en penses-tu ? Le dialogue entrechoque des idées, ping-pong de libres questions. Il n'aurait jamais lieu parmi les prisonniers mentaux de la caverne, alors qu'il rebondit, entre Athéniens, lors du moindre banquet, dût-il se clore en beuverie et sous la table.

La différence aiguë entre la contrainte imposée – donc violente – et la contrainte consentie – légitime juridiquement et moralement –, n'a pas attendu la séparation kantienne de l'hétéro et de l'auto-nomie. « Convaincs-toi toi-même », suggère Socrate, en prônant la connaissance de soi. Dans la foulée, suit, capitale, la distinction par Aristote entre la « praxis » ou action éthique et la « poesis » ou production créatrice. L'ensemble des activités humaines est partagé en deux sous-ensembles. Dans l'un, entrent toutes les productions (poesis) qui réalisent une œuvre extérieure, exemple : l'architecture. Dans l'autre, toutes les actions (praxis) qui ne se parachèvent pas dans une œuvre distincte, exemple : la politique. L'éthique participe de ce deuxième groupe, puisque le sujet moral, en quête d'un art de vivre, cherche à s'améliorer lui-même. « Tandis que la production a une fin autre qu'elle-même, il n'en saurait être ainsi pour l'action, la bonne politique étant elle-même sa propre fin. » À la lumière de ce partage, fondateur de toute responsabilité morale, comment apprécier l'instant crucial où le prisonnier passe à la lumière ? Son extraction n'est pas sa *pratique*, au contraire la force qui le pousse violemment, le *produit* homme de bien. Belle occasion pour noter que la fable ne réduit pas seulement Socrate au chômage, mais s'avère immorale. Quelle plus éclatante leçon d'irresponsabilité que de laisser croire, haut et court : nul n'est bon volontairement.

Tout commandement transmet un message double. S'il prescrit, il reconnaît implicitement qu'il est possible de ne pas le suivre. S'il interdit, il suggère du même coup qu'il n'est pas impossible de passer outre. À la limite, toute prohibition risque d'induire en tentation. En martelant ce qui n'est pas permis, elle révèle par la bande ce qu'on peut se permettre. Des mystiques subtils relèvent qu'à déconseiller les pommes, le Dieu judéo-chrétien en avait peut-être diffusé le goût. On croit échapper à cette ambivalence, en supposant le commandement « incontournable », inesquivable; il collerait à la peau; en lui parlerait le sang, la race ou l'irréfutable voix de la conscience. Il exprimerait notre substantifique moelle ou une grâce plus profonde que le cœur et les reins qu'elle condescend à visiter. C'est réduire à zéro notre mérite d'obéir, qui suppose la faculté de refuser. C'est, plus grave encore, ramener le commandement à la violence brute du fouet. Lui ôter toute nature d'un com-mandement, c'est-à-dire d'une adresse à qui peut, favorablement ou non, répondre. Toute commande implique demande, donc dialogue. « On obéit au commandement, on exécute un ordre », remarque Pierre Larousse dans son dictionnaire. Littré souligne pareillement la non-substituabilité des termes : « étymologiquement le commandement est l'action de recommander; l'ordre, l'action de disposer; l'injonction, l'action d'imposer une obligation ». L'homme de la caverne franchit le seuil sous le coup d'une injonction qui lui en impose, sans qu'il sache pourquoi. Il obtempère, flagellé par un ordre qui dispose de lui et l'extrade. Sur le pas de la porte, une force qui le dépasse le trimbale d'un côté ou de l'autre; pauvre marionnette à face humaine. Cet exilé de sa propre cervelle ne saurait trouver en lui, par lui, des raisons de consentir à la contrainte subie. Le sujet platonicien n'est pas « commandable », il est manipulable.

Pas de hasard, donc, si le platonique et l'intégriste arrachent leur néophyte à sa moralité courante et le projettent dans une éthique nouvelle, en usant de procédés intrinsèquement immoraux. Ni les circonstances, ni la psychologie des leaders, ni les erreurs de direction ne jouent. L'obsession n° 1 est la caverne originelle : le Kapital, le Gestell, l'empire des infidèles, l'Égypte impie. Seul remède : la cravache pour transformer le monde, révolutionner la société et convertir les âmes!

XII

Œdipe, ou les yeux pour voir

Un soir, à la télévision, une jeune fille russe, interrogée par un présentateur d'ordinaire futé et averti, le cloua, muet, sur place. « Mademoiselle, qu'avez-vous préservé des ruines du communisme ? Qu'avez-vous appris ou sauvé de ces soixante-dix années pénibles ? » demandait-il. Butée, elle répondit : « Rien. » « Tout de même... » insistait-il, gourmand de je ne sais quel charme slave atavique conservé à l'abri des modernités dévastatrices, avide de découvrir une humanité recroquevillée, tenue au chaud en plein cœur de la tourmente... « Rien, réitéra-t-elle, sauf... » Il humait d'avance sa félicité, quand elle parut se reprendre : « sauf... une expérience qui vous est étrangère, l'expérience de soixante-dix années qui ne mènent nulle part. » Stupéfait, il ne comprit pas, en vain espérait-il un sentiment positif, une émotion, une nostalgie... Il paraissait désespéré, pas elle. Peut-être se réjouissait-elle de le découvrir médusé et interdit. Peut-être savourait-elle tout ce qui lui restait, son capital le plus précieux, le savoir si neuf d'un échec aussi complet. Comme le plongeur touche le fond avant de rebondir vers l'air libre.

Les regardant, je pensais « Le Goff ». Si le journaliste s'était souvenu de l'historien et de *La naissance du Purgatoire*, il eût été moins désemparé. Après l'an mil, l'Europe avait connu deux siècles dramatiques, le cortège des épidémies, des guerres, et la fin du monde pour demain. Au tournant du XIIIe siècle, apparut une nouvelle société urbaine. Une inédite vision de l'au-delà intercala, entre le paradis et l'enfer, une zone neutre, le purgatoire. Simultanément, un tiers état émergeait à l'écart du noble et du prêtre. La mise à distance des alternatives apocalyptiques ouvrait entre le tout et le rien, le diable et le bon Dieu, l'espace d'une civilisation médiane, qui reportait à plus tard, sur terre, l'embrasement final et, dans le ciel, l'heure du jugement dernier. « Le couple Enfer-Paradis ne suffit plus à répondre aux interrogations de la société. La période intermédiaire entre la mort individuelle et le jugement collectif devient l'enjeu de réflexions importantes. Entre les fanatiques de l'eschatologie qui refusent cette réflexion, concentrant toutes leurs aspirations sur l'avènement du Millénium ou du Dernier Jour et ceux qui au contraire s'installent sur cette terre et s'intéressent donc à son appendice, l'entre-deux entre la mort et la résurrection, l'Église arbitre en faveur de ces derniers. Si l'attente doit être longue, il faut s'interroger sur ce que deviennent les morts dans l'intervalle, sur ce que nous deviendrons demain. Certes, face à cette installation de la majorité des chrétiens sur terre, une minorité s'insurge, réclame plus fort la Parousie et, en attendant, le règne des justes ici-bas, le Millénium. De Joachim de Flore à Célestin V, de la croisade des enfants aux Flagellants et aux Spirituels, les " fanatiques de l'Apocalypse " s'agitent plus que jamais. » (Le Goff.)

Comment devient-on bourgeois ? En inventant un lieu mental, social et spirituel qui échappe au pire infernal, bien qu'il demeure privé de la vision béatifique et que les portes du septième ciel apparaissent closes. Avant et après sa mort, mais préalablement à l'ultime arrêt, l'individu devient responsable de ses fautes et comptable de son rachat, « toute la vie spirituelle et morale est désormais dirigée vers la recherche de l'intention, vers l'enquête sur le volontaire et l'involontaire » *(id)*. Comme s'il convenait que l'Occidental désinvestisse simultanément les flammes du tartare et les suavités éthérées de la quintessence pour se prendre en main.

Le choix du purgatoire, qui éloigne la hantise d'être damné sur l'heure et sur-le-champ, évacue dans le même geste la passion de gagner immédiatement et sans appel son salut. L'accession à l'existence urbaine (plus tard bourgeoise) ne s'opère pas en vertu d'une éthique positive, à l'encontre du montage qui pose l'éthique protestante à l'origine de l'esprit capitaliste. Ce n'est que par une sorte de ruse de la Raison ou de fraude pieuse, que l'ascétisme puritain peut, selon Weber, accoucher de son contraire, le cynisme glacé de la grande entreprise. La foi qui instaure et sauve le bourgeois serait nécessairement aveugle et l'homme ne s'occidentaliserait que les yeux bandés, lui qui se fait fort de tisser des calculs « désabusés » dans un monde « désenchanté ». En fait, bien avant l'épisode de la Réforme, l'individu s'urbanise et s'embourgeoise par un pas qui rétrocède. Il instaure un espace, à mi-distance d'un gouffre infernal devant lequel il tente de reculer et d'un paradis qui, du même coup, s'éloigne.

L'étudiante soviétique forçait-elle l'entrée dans le capitalisme, comme l'homme du XIIIe siècle inventait le purgatoire et la vie citadine ? Pour avoir découvert que soixante-dix années d'apocalypse vécue hic et nunc ne conduisent nulle part. Inégalités, exploitations, concurrences, égoïsmes, toutes les difficultés se trouvaient devant elle amassées, sauf une : celle d'avoir à choisir entre l'enfer et le paradis. La petite sœur des *Possédés* pouvait en remontrer à ses frères aînés, sur un point ô combien capital. Elle paraissait disposée à s'engouffrer dans la vie active, à reculons, comme les philosophes selon Pascal : « S'ils ont écrit de politique, c'était pour régler un hôpital de fous et s'ils ont fait semblant d'en parler comme d'une grande chose, c'est qu'ils savaient que les fous à qui ils parlaient pensaient être rois ou empereurs... pour modérer leur folie au moins mal qu'il se peut. » Afin d'échapper au tout-ou-rien intégriste, le choix occidental oppose à l'enfer le purgatoire et au délire du persuadé, la logique du moins mal. Farewell, jeune fille ! L'enfer existe ; vous l'avez rencontré, d'où la passion des dissidents pour les droits de l'homme, modeste clé de nos modernes purgatoires.

La thèse : le-mal-n'existe-pas sonne outrancière à l'oreille d'un public incommodé par les désagréments physiques et moraux, individuels et collectifs, dont l'envahissante épicerie pimente son existence. Une version douce se laisse davantage accepter : le mal est un accident. Le traditionaliste la soutient par l'évocation des temps révolus, où sous la monarchie d'un bon berger une collectivité disciplinée broutait en paix. Le sophiste moderniste (Hippias) s'emmitoufle dans une toute-puissance scientifique, qui réconcilie affaires publiques et choses privées, les soumettant à une thérapeutique générale (Hippias, 281). La Crète, mythique, du bon roi Minos fonctionne parfois dans l'imaginaire antique à la manière actuelle d'un « Moyen Âge » de nostalgie. Sophistes et rationalistes cultivent le mythe d'une technologie du bonheur, jadis pratiquée, aujourd'hui introuvable. Un dialogue attribué douteusement à Platon – *Minos ou De la loi* – préfigure le fantasme intégriste d'une réhabilitation des mœurs anciennes par les voies et les moyens des disciplines de pointe. Le dialogue relève la défaveur qui entoure le potentat de Crète et accuse les poètes tragiques d'Athènes de cultiver la rumeur du tyran mangeur d'hommes. La polémique antitragique fait indice majeur : une autre expérience de la douleur et de la finitude naquit en Grèce et irrigua tout l'Occident. Récusant la théorie du mal-accident, la tragédie invite à reconnaître au malaise, au malheur, à la malfaisance, une évidence première, un éclat qui désillusionne.

> « Il n'y a que le temps pour faire voir qu'un homme est juste.
> Il suffit d'un seul jour pour démasquer le bandit. »
> (*Œdipe roi*, 614-5)

Le mal se commet et se laisse donc prendre à l'acte, en flagrant délit. Le bien, pour le moins, ne se perçoit pas immédiatement. Qui plus est, les voluptés ne se goûtent qu'à contre-mal. « Le plaisir, n'est-ce pas que la pensée ait une demeure séparée du mal ? » Et le traducteur-philologue de pointer « le regard souverain... qui définit un bien conforme au tragique, l'absence de mal... » (Bollack.) Sophistes, platoniques et intégristes achoppent sur le roc d'un mal ni inexistant, ni accidentel, mais infiniment présent.

Derrière la peste, figure de la corruption universelle : la guerre. Quand Eschyle, Sophocle, Euripide et Thucydide l'installent origine et centre de toutes choses, ils ne sont pas les simples échos d'Héraclite : « Polémos est le père. » Ils revivent une souveraine intuition qui, depuis Homère, les poursuit. À la différence d'autres peuples qui chantent, avec naïveté, la magnificence euphorique d'une geste primitive, les Grecs s'abstinrent de fêter la der des der rétrospectivement. Ils méditèrent l'énigme d'un sinistre prélude. « L'histoire grecque a commencé par un crime atroce, la destruction de Troie. Loin de se glorifier de ce crime comme font d'ordinaire les

Nations, ils ont été hantés par ce souvenir comme par un remords... Nul peuple n'a exprimé comme eux l'amertume de la misère humaine. » (S. Weil.) Pas de misérabilisme pourtant. L'amère condition n'est point subie comme la machination d'un méchant Autre. La guerre n'a rien d'une punition administrée par une puissance extérieure à ses subordonnés désobéissants. Elle manifeste le destin que les hommes s'infligent à eux-mêmes. « Tuez tous les mâles troyens, embryons compris ! » ordonne Agamemnon, responsable en chef de mortels responsables.

Le deuil n'est pas escamoté, ni les meurtres, et le poids des fautes ne retombe nullement sur un ennemi malveillant. « Une extraordinaire équité inspire *L'Iliade*... c'est à peine si on sent que le poète est grec et non troyen. » (S. Weil.) Tant d'impartialité défait les engagements haineux et les unilatéralités belliqueuses. « *L'Iliade* est une chose unique, par cette amertume qui procède de la tendresse et qui s'étend sur tous les humains, égale comme la clarté du soleil. » (*id.*) À moins que ce ne soit la tendresse qui naisse de l'amertume. À moins qu'ensemble, amertume et tendresse, crainte et pitié n'émergent de la guerre donnée première, et qu'il s'avère donc incongru de rechercher quelque « fauteur de guerre ». Les peuples, comme les hommes, existent disparates ; ils mûrissent des projets qui ne coïncident pas, qui se heurtent souvent et embrasent des conflits un par un évitables, mais qu'il demeure, globalement, impossible de rendre impossibles. « La paix était une interruption contractuelle de la guerre, et non la guerre une interruption de l'état de paix. » (B. Keil.)

À l'extérieur de la cité, d'autres cités. Cela condamne chacune à dépendre d'affaires étrangères dont elle ne détient pas le contrôle et rend problématique l'espace d'autosuffisance de la communauté politique, que souhaite sanctuariser *La République* platonicienne. « Le manque d'ordre qui caractérise nécessairement la " société " des Cités, ou, en d'autres termes, l'omniprésence de la guerre, assigne une limite beaucoup moins élevée à la plus haute aspiration d'une cité quelconque à la justice et à la vertu que ne pouvait sembler l'avoir admis la philosophie politique classique. » (Leo Strauss.) Intramuros aussi, une inévitable foire d'empoigne accompagne la libre circulation des biens et des paroles, qui anime et enrichit les villes marchandes.

Pour Thucydide, le conflit du Péloponnèse devient la guerre par excellence : il conjugue subversions et agressions, sécessions civiles et invasions étrangères. La tragédie se saisit de cette situation, la couronne scène primitive et finale. Agamemnon revient d'une campagne militaire lointaine pour tomber, à domicile, dans une tuerie politico-familiale. Œdipe, triomphateur glorieux hors des murs et vainqueur de la Sphinge, introduit, à son insu, la corruption au cœur de Thèbes. Antigone assure à son frère, mort en ennemi, une sépulture familiale, mais réveille dans sa famille, en Créon, l'ennemi ; elle déclenche, malgré elle, l'hécatombe. Chaque fois, la porosité des frontières entre intérieur et extérieur fait communiquer le permis et le défendu.

La guerre est un état de fait que la tragédie élève état de droit, pour y scruter la source du non-droit. Dans le même temps, elle l'abaisse en état de non-droit, pour y examiner la source du droit. Comment la civilisation peut-elle naître du chaos sauvage, restant sans cesse menacée d'y retourner ? Telle est la question qui agite la scène tragique, quinze siècles avant que, sous le vocable « état de nature », jurisconsultes et philosophes des Lumières interrogent une analogue duplicité originelle : « Au reste l'esprit de lutte qui oppose entre elles les cités n'est qu'un aspect d'une puissance beaucoup plus vaste, à l'œuvre dans tous les rapports humains et jusque dans la nature elle-même. Entre les individus et entre les familles comme entre les États, dans les concours des Jeux, les procès du tribunal, les débats de l'assemblée comme sur le champ de bataille, le Grec reconnaît, sous les noms divers de *Polemos, Eris, Neikos*, cette même puissance d'affrontement qu'Hésiode place aux racines du monde et qu'Héraclite célèbre comme père et roi de tout l'univers. » (J.-P. Vernant.)

Ayant ainsi planté les décors de la peste, de la guerre et de l'infinie divisibilité des intérêts, nous nous immergeons dans une inextricable diaspora. Si même la cité s'unissait autour d'un bien commun, fixe, apparemment inébranlable, il lui en faudrait violer la norme pour l'imposer à ses voisines, ou pour se prémunir. L'excuse d'un à-la-guerre-comme-à-la-guerre renverrait à plus tard, de proche en proche à jamais, le respect inconditionnel de règles juridiques établies et sanctifiées. Pensé comme irréductible dispersion primitive, « l'état de nature » est forcément tragique. Sans supposer même que tous les hommes soient méchants, il suffit qu'un seul puisse l'être, ou que tous soient bons, mais pas de la même façon, ni selon quelque unidimensionnelle acception, pour que, de précautions en préemptions, le souci rationnel de protéger ce qu'on juge préférable allume une contagieuse méfiance et engendre de proliférants conflits. « La guerre est un métier aux façons violentes. » (Thucydide.)

L'état de nature rend impossible l'impossibilité du mal, mais il n'est pas pour autant un mal en soi. La multiplicité désunie, baptisée Genre Humain, ne peut sans équivoque convenir d'une unique fin, moins encore s'accorder sur les moyens de l'approcher. Si pareille entente maximale semble exclue, une harmonisation minimale demeure concevable, polarisée, non plus positivement sur un souverain bien, mais négativement contre de souverains maux. En témoignent, dit Locke, nos inquiétudes et notre malaise (uneasiness) : « Les philosophes de jadis se demandaient si le summum bonum réside dans la richesse ou les plaisirs du corps, la vertu ou la contemplation, ils se le demandaient en vain... En effet tout gravite autour d'un summum malum, le désir est toujours commandé par le mal, puisqu'il cherche toujours à le fuir. » (*Essays* II.)

Les hommes ne peuvent partager la même notion du bien. Ils n'en disposent pas moins d'un ultime fanal en se communiquant, au bord de l'abîme, une commune idée du mal. « La plus sublime vertu est négative ; elle nous instruit de ne jamais faire de mal à personne », s'exclame Rousseau, rencontrant La Rochefoucauld : « L'amour de la justice n'est que la crainte de souffrir injustice. » Ou encore Adam Smith : « More justice is, upon most occasions, but a negative virtue, and only hinders us from hurting our neighbour. » (La justice est le plus souvent une vertu négative, elle nous retient seulement de blesser notre voisin.) Et Schopenhauer de remarquer : « C'est le concept de tort qui est original et positif ; le concept antithétique de droit est dérivé et négatif... Le concept de droit ne contient que la négation du tort. » Il définit le juste (jus) par l'injuste (injuria), s'inspirant d'Épicure, qui décrivit le droit comme un contrat fondé sur « l'intérêt qu'il y a de ne pas se nuire mutuellement ». La formule se retrouve chez Antiphon. On la pressent chez Anaxagore. Elle paraît dans les pactes et les traités, où les parties contractantes s'engagent à « s'abstenir mutuellement de tout acte injuste » (Aristote). Elle est énoncée comme l'un des trois adages des *Institutes* (alterum non laedere). Constatez-le, la dissuasion ne date pas de l'arme thermonucléaire. S'entendre contre le pire, faute de s'accorder sur le meilleur, le programme résume une des plus anciennes et permanentes sagesses d'Occident. Il est opérationnel si, et seulement si, une vérité sur la prolifération des maux est pensable et communicable. Objection : la grotte platonique et les systèmes intégristes, dont les pensionnaires ne conçoivent ni ne parlent les calamités qu'ils subissent.

Œdipe navigue, au départ, dans une sorte de caverne mentale. Il croit dur comme fer que tout se passe pour le mieux sous le meilleur gouvernement possible, le sien. Le roi sauveur avance en confiance. Cette absence de méfiance l'enchaîne. Il dégrise peu à peu, de lui-même, à ses dépens. Qu'est-ce à dire ? Tout simplement que les captifs peuvent mener, avec exactitude, une enquête sur leur sort. Ils n'ont pas besoin de forceps pour devenir authentiques. Ils ne sont pas enfermés pour toujours dans leur inauthenticité. Selon les humeurs, on estimera que la scène tragique est plus optimiste que la geôle platonique, puisqu'elle autorise une vérité sur le mal éprouvé, laquelle fut refusée aux enchaînés troglodytes pâtissant sans comprendre, condamnés au Pathein et privés de Mathein. Ou bien, on jugera la leçon pessimiste, en soulignant que l'homme n'accède à son peu de vérité qu'à désespérer du soleil et de toute sortie pour se noyer dans la nuit, en se crevant les yeux. Optimistes et pessimistes ont plus de rimes que de raison, car la comparaison boite. L'homme platonique est un mutilé mental. Incapable d'expérimenter le mal, il reste vissé à ses (fausses? vraies? qu'en sait-il?) visions du bien. L'homme tragique transmue son propre calvaire en ultime lumière et s'exerce à interroger la bouche d'ombre.

Hagard, sanglant, Œdipe, finalement dépouillé de sa majesté et de son autorité, apostrophe le chœur : « Ne refusez pas de toucher le paria que je suis... car ces maux sont à moi seul, et il n'est pas d'être au monde qui les puisse porter, que moi seul. » (1413 sq.) L'instant sonne du plus grand « paradoxe », Œdipe revendique son exclusion absolue et il recherche le contact de peau à peau : Je ne serai point le souillé qu'on ne frôle pas, je suis le plus lointain et je suis votre plus proche ; ni l'exil, ni l'intouchabilité ne sont à la mesure de l'inhumanité que j'incarne pour toute la cité et dont la cité n'a pas à se détourner. D'où vient cette suprême insolence ? Serait-ce la hautaine et dernière suffisance d'un monarque oublieux du ruisseau auquel il retourne ? Faut-il admirer, avec le P. Festugière, la dignité endurante de « son indéfectible courage, le courage de se supporter » ? Ce serait trop individualiser le cas, trop l'héroïser : myopie typique du XIXe siècle. En prélude, Œdipe est le « premier des hommes », seule la crainte du blasphème retient le prêtre de le proclamer « égal des Dieux » (v. 31). À la fin, il erre dernier entre les derniers, le chœur sans hésiter l'affirme « égal à rien », identique au néant, isakaï to mêden (1187-8). Royal ou misérable, il reste le modèle du destin mortel, un comble de vulnérabilité, un point culminant, que tout homme doit envisager avant de se dévisager.

Dans *Les Perses* d'Eschyle, le carnage fait leçon, il parle : « Et des monceaux de morts, en un muet langage, jusqu'à la troisième génération, diront aux regards des hommes que nul mortel ne doit nourrir de pensées au-dessus de sa condition mortelle. » (*Les Perses*, 818-820.) Dans la pièce de Sophocle, un seul personnage est, tout à la fois, l'exécuteur, l'exécuté et le témoin.

Œdipe dévoile la condition des éphémères. Il en a hanté les sommets glorieux, il en a visité les sombres abysses. Il manifeste la « grâce violente » censée descendre de l'Olympe et rencontre les puissances nocturnes, un « Apollon du mal », un dieu noir, une divinité de la haine, dont le chœur angoissé interroge l'emprise :

> Quel délire,
> Pauvre homme, a fondu sur toi ? Quel est le dieu
> Qui, d'un bond plus large que le plus vaste du monde
> A rejoint ton destin d'infortune ?
> Ô tristesse ! Malheureux ! Mais je ne peux même pas te regarder, quand j'aimerais tant
> M'enquérir, tant apprendre, tant voir,
> Quel est le frisson que tu me donnes !

Œdipe – comme Oreste et tant d'autres – donne à voir le très haut comme le très bas. Il conquiert un regard qui fixe l'horreur dans les yeux. Le dieu ou « daimon », qui surgit dans un bond infini, « doit puiser ses forces monstrueuses en dehors du monde, dans la nuit du non-être » (Bollack). Œdipe n'est pas un cas psycho-pathologique, pas un type social, ni un contre-exemple politique, pas plus un berger bon ou mauvais. Le rejeton d'une constellation parentale quelque peu brouillée ne règle pas une querelle d'héritage et ne limite pas son horizon au linge sale de la famille. Il monte la garde aux confins du visible. Il se risque dans des espaces inexplorés et probablement inexplorables. Il exige, pour finir, que ses compatriotes reconnaissent, puis honorent en lui, non le roi qu'il n'est plus, mais la sentinelle du néant, qu'il n'a jamais cessé d'être. « Dans *Œdipe roi*, le héros, après la catastrophe, ne s'accuse pas mais assume son rôle, sur le mode de la lamentation. La larme fait voir, la plainte fait comprendre le sens de ce qui s'est joué... ce qu'on prend pour un châtiment est la revendication d'une extériorité, et d'une singularité absolue. » (Bollack.)

Il fait chier. Ici, la grossièreté s'impose, Œdipe l'institue. Il voit sans voir. Il parle de l'indicible. Il se veut touchant, touché, justement parce que son forfait trop lointain, si intime, pas un intouchable ne l'aurait commis, ni pensé commettre (lui non plus), ni pensé l'avoir commis (lui ose, et récuse le suicide). Rien de ce qui est inhumain ne lui est étranger : il a tué son père, couché avec sa mère, il s'annonce père de ses frères et s'avance frère de ses filles, s'avoue fils de sa femme, et refuse que l'on s'éloigne. Il n'a pas de mot pour dire son ignominie ni son innocence, mais, épouvantablement contagieux, il nous communique les deux. Il est à la fois notre nourrisson et notre nourrice. Je suis lui, il est moi, ou plus dérangeant encore, quelque chose nous empêtre l'un à l'autre. Rappelons Kilissa. D'Oreste, qu'elle pouponne nouveau-né, elle ne connaît que le corps; elle se souvient à fleur de peau, au ras de l'animé animal : « Ce qui n'a pas de connaissance, il faut l'élever comme un petit chien n'est-ce pas ? Se faire à ses façons. Dans les langes, l'enfant ne parle pas, qu'il ait faim, soif ou besoin pressant, et son petit ventre se soulage seul. Il fallait être un peu devin, et, comme ma foi !, souvent j'y étais trompée, je devenais laveuse de langes; blanchisseuse et nourrice confondaient leur besogne. » (*Les Choéphores*, 753-760.) À ses concitoyens, Œdipe déchu propose un enseignement ultime. S'agit-il d'une communion mystique au-delà du langage ? Plutôt l'en deçà, celui où Kilissa et Oreste échangent sans mot dire et tissent sans garantie une solidarité, prémisse d'une probable, future prise de parole. Merdeux, dans le merdier, face à la merde, avec ça, là-dessus, nous communiquons.

L'expérience d'Œdipe s'accomplit pour le compte et l'information de chacun, car elle porte sur des énergies qui circulent entre lui et les autres : l'aveuglement, la colère, la douleur, la rage. Il déniche ces grandeurs négatives au plus intime de son être, mais elles ne lui appartiennent pas en propre. Ça va, ça vient entre lui et ses contemporains, de ses ascendants à ses descendants. Ses aïeuls, criminels ou impies, lui lèguent un héritage lourd, qui le rend, non pas automatiquement coupable, mais obscur et problématique. Ses enfants en recueilleront une part maudite. Roi de Thèbes, enquêtant sur la peste publique, il examine sa vie privée, mais, jaugeant son cas personnel, il ne cesse de scruter, à travers sa lignée, la perversion des pères fondateurs, dont la ville entière véhicule l'empreinte. La pestilence vagabonde n'est pas simple infection physique, pas davantage le péché d'un individu ou une faille infantile refoulée, pas plus une affaire de famille. Elle est de part en part intersubjective. Elle cristallise autour d'Œdipe, car il est à la fois le malade par excellence et le médecin chef. À ce double titre, il traverse la double épreuve du Pathein le plus intense et du Mathein le plus lucide.

Prométhée, selon Eschyle, initie l'humanité aux arts, en effectuant un semblable doublé. « Ce médecin si habile est aussi un malade et un fou. » (S. Saïd.) Une complémentarité si ambiguë et si antinomique répond à la règle générale qui, dans les traités hippocratiques, relie médecins et malades. Ni les uns ni les autres ne disposent du monopole de l'autorité. Le patient s'intuitionne malade, mais imparfaitement, puisque fièvres et hallucinations peuvent brouiller l'entendement. Le soignant, fort d'une longue tradition et d'une ample pratique, connaît la maladie, mais n'est pas à l'abri de méprises ni de surprises. Pour les deux, la pierre de touche, c'est la maladie même. Côté pile, l'art du médecin entreprend « d'écarter les souffrances des malades et de diminuer la violence des maladies, tout en s'abstenant de toucher à ceux chez qui le mal est le plus fort, cas placé, comme on doit le savoir, au-dessus des ressources de l'art » (Hippocrate, *Traité de l'Art*). Côté face, les malades, en tâtonnant, demeurent juges, « ils ont reconnu par le soulagement ce qui était utile, et par le mal souffert, s'ils en ont souffert, ce qui était nuisible ». Erreur et vérité circulent entre le pâtir et le savoir ; elles ne sont pas séparables d'un coup, un long parcours expérimental est nécessaire. « À la vérité, tout le monde n'est pas capable de reconnaître les caractères de ce qui sert et de ce qui nuit. Mais tout le monde qui saura louer ou blâmer quelques points du régime sous lequel il a guéri, trouvera que tout cela est la médecine, et ce qui a nui ne témoigne pas moins que ce qui a servi... » (*id.*) Si le médecin ne s'autorise pas seulement de son savoir, si le malade ne se laisse pas obnubiler par l'aspect brut et débordant du mal qu'il éprouve, la présence de la maladie sert d'intermédiaire et autorise leurs dialogues. Son existence et son évolution infirment ou vérifient les diagnostics de l'un et les impressions de l'autre. Le socle d'une souffrance-critère soutient chaque tragédie.

« Connais-toi toi-même », le précepte socratique n'a pas attendu le philosophe. Dans *Prométhée enchaîné*, ces mots sont prononcés pour inciter le Titan rebelle à la prudence, voire à la reddition (v. 309). « Reste à ta place », « Tiens ton rang », « Obéis », « Parle à propos », « Cache ton bonheur pour contrer les jaloux », « Attends la mort d'un homme avant de l'estimer heureux », « Tiens la mesure », « Rien de trop », semblables adages, issus de la tradition gnomique, sont des thèmes de réflexion, des maximes pour une action qui, plus elle les applique strictement, plus elle les problématise par d'imprévus retournements. La tragédie ne se clôt pas sur des leçons de sagesse, elle en part, les remet en question au vu et au su des désordres du monde et de notre chaos intérieur. La pratique philosophique de Socrate prend appui sur une générale incertitude concernant le juste et le bon; elle se montre ainsi héritière directe, fille parfaitement légitime de l'enquête œdipienne. Ce disant, j'égratigne joyeusement l'opposition que Nietzsche et Hegel dressèrent entre un âge tragique et un crépuscule philosophique. Ces génies farfelus creusèrent l'incision dogmatique à grands coups de hache spéculative.

Le mythe de Typhon conte la cinglante défaite du maître de l'Olympe. Zeus, tendons et nerfs tranchés, enfermé dans la grotte Corycienne, abandonné des siens, fut à deux doigts de la chute. La colère du monstre, que Socrate invite à sonder en nous, débanalise le souci de soi : connais l'étrange et l'étranger en toi; connais-toi comme l'anti-dieu; connais ta rage; apprends qu'une puissance destructrice, à l'état pur, une violence infinie t'habite. Typhon né sans père, fils de la Terre, finit, selon Pindare, écrasé sous l'Etna. Il est la puissance nocturne et volcanique contre-symétrique d'Athéna, fille sans mère, céleste déesse de la sagesse, sortie toute armée de la tête de Zeus. La connaissance de soi, pratiquée par Œdipe et Socrate, mesure l'interminable face-à-face d'Athéna et de Typhon; ce couple antithétique ignore la jouissance du même-qui-contemple-le-même.

Décapée de ses vernis narcissiques et platoniques, la philosophie, ou amour de la sagesse, évoque le difficile parcours d'une sagesse qui sait se mettre à l'écoute de ce qui n'est pas elle, du non-sage. Elle ne se contente pas de s'ouvrir au tout proche et au semblable, elle offre son hospitalité aux hôtes les plus lointains et les plus dissemblables. Peu philosophe, huître s'hallucinant écrin de perle, l'intransigeant Créon mure soigneusement l'ouverture du philein : « jamais l'ennemi, même mort, ne sera un ami » (v. 522). Antigone l'emporte spirituellement. La tragédie et la philosophie accueillent l'autre dans son altérité stupéfiante, sauvage, nue. « Du fond des ténèbres, regardent désormais mes yeux... », signifie Œdipe s'aveuglant (v. 1273). Il est, de corps et d'esprit, investi d'une « connaissance du sein de la ténèbre d'inconnaissance, qui est la connaissance de soi » (K. Reinhardt). Sophocle érige l'homme en lieu de l'inhumain.

La Sphinge proposa sa devinette dans le désordre, interrogeant sur l'animal bipède, tripède et quadrupède. La réponse, par laquelle Œdipe libère Thèbes du monstre anthropophage, rétablit la chronologie; le petit d'homme commence à quatre pattes, se redresse sur deux, tandis que le vieillard se courbe axé par son bâton. La rectification œdipienne restitue l'ordre – cosmos, la filiation et la norme; elle annonce l'excellence du futur monarque, mais passe trop rapidement sur une subversion temporelle que le roi commence par ignorer pour finalement l'incarner. Il se retrouve contemporain de trois générations, la sienne, celle de ses fraternels enfants, et, par matrimoniale alliance, celle de ses parents. Répliquer « l'homme » à une question portant sur l'inhumanité de l'homme, c'est tomber juste en répondant à côté. Seule l'épreuve permet à Œdipe d'entendre l'interrogation jusqu'au bout : qu'en est-il si le parent est l'enfant, si le bon roi détruit son royaume, si le bien patronne le mal ? Que faire lorsque les oracles se taisent ou mentent, au moment où les sacrifices s'avèrent vains ou criminels tandis que les célestes tournent le dos ? Que penser quand le mariage devient la négation du mariage ? Quand le père tue, en tout bien tout honneur, pour le salut public, sa fille Iphigénie ? Quand le mari est assassiné par sa femme, Clytemnestre, et la mère par son fils, Oreste ? Œdipe cristallise une crise, qui le déborde de toutes parts. C'est par elle, en elle, que l'Occident, déboulonneur d'idoles, fulgure en devenant son propre iconoclaste.

Le déchiffreur d'énigme progresse en coupant attaches et racines, s'élève en perdant pied, invente en dépouillant les traditions, et erre, entre l'apparaître et le disparaître, à se demander, sans répit, s'il est en train de détruire pour construire ou de créer pour ruiner. Les modernes baptisent ce méli-mélo « crise des valeurs ». Socrate y repérait sa mission et l'objet de ses dialogues. Sur la scène athénienne, origine de la tragédie, il fallut « que la cité tout à la fois se reconnaisse et se mette en question... elle propose au spectateur une interrogation à portée générale... une sorte de savoir, une théorie concernant cette logique illogique qui préside à l'ordre de nos activités d'homme... Le héros cesse de se présenter en modèle, il est devenu problème. » (Vernant et Vidal-Naquet.) Si le XXe siècle s'avère celui des guerres et des révolutions, l'Athènes d'Eschyle et de Thucydide en est la capitale.

XIII

Le mur, de Thèbes à Berlin

L'intégrisme n'imagine pas pire aliénation, solitude, exil, misère, abandon, souillure que la vicissitude œdipienne.

Il poursuit une solution, à tous prix, et d'abord au prix des problèmes qu'il entend expédier ad patres avec la civilisation qui les révèle. Il réclame leur suppression pure et simple. Censure par la révolution et révolution par la censure ouvrent la voie finale de la résolution du complexe occidental. Une question est réputée radicalement réglée dès qu'il devient impossible de la mener au jour. Pour le tragique, à l'inverse, le malheur ne colle pas au problème qui le donne à voir, mais à l'interminable besoin d'une réponse-à-tout, censée l'abolir. Au « je suis la solution » qu'assène l'intégriste, la tragédie a pré-objecté : « je suis le problème et tu es la mort », à la source des désastres bouillonne l'ambition d'extirper tous les maux. « Les gens qui s'imaginent être seuls raisonnables et posséder des idées et des mots inconnus à tout autre, ces gens-là, ouvre-les, tu ne trouveras en eux que le vide. » (*Antigone*, v. 706.) La douceur à la Karl Kraus des anciens Grecs chuchote : l'intégrisme est la maladie fatale qui se donne pour sa propre thérapie.

Œdipe n'est pas juif et l'histoire d'Israël ne concorde pas avec la légende thébaine. Une conspiration stellaire apparente néanmoins les personnes déplacées et les personnages déplaçants qui hantent une cité occidentale, où les solidaires se retrouvent solitaires et les responsables, faillibles.

Œdipe se connaît sans coïncider. Sa noble semblance au sommet de la cité (upsipolis) se dénude vanité infra-citoyenne (apolis) d'un moins que rien, né damné. Hegel interprète : « Le destin est la saisie de soi-même comme un Autre. » Hegel réduit la connaissance œdipienne ou socratique de soi à une conscience de soi, laquelle, livrée aux retournements de l'être et du paraître, finit par s'auto-interpréter « dialectiquement » : ce duel n'est qu'une bataille qu'elle livre à elle-même, elle a fait ce qui la contrefait. Pareil dualisme introspectif rétrécit abusivement la connaissance grecque, qui abrite toujours un ménage à trois. Socrate installe Typhon en tiers, entre le questionné et le questionneur. Œdipe se débat avec une proto-histoire pré-individuelle, anticipant l'acte et la conscience : son destin n'est pas lui-même sous l'apparence d'un autre, mais c'est l'autre en lui comme une coupure plus vraie que ce qu'elle coupe. « Ne pas naître, voilà ce qu'il vaut mieux que tout », s'exclame le chœur des vieillards dans *Œdipe à Colone*. « Ne pas être né l'emporte sur la totalité du discours. » Il n'est pas dit quel discours flotte dans l'indétermination du mot à mot. Œdipe ne trouvera nulle part d'état civil.

Cet enfant de la nuit se retourne sur elle. Il est en état incivil, la nostalgie de non-naissance dessine « un en deçà de la vie, un " avant le début " qui interdit à tout jamais qu'il y ait un début » (N. Loraux). Initiale, un refus lanceur de dés irise la fameuse dénégation d'Antigone : « Je NE suis PAS née pour haïr mais pour aimer avec... » (v. 523.) Une identique évocation-repoussoir, dans la définition des bonnes

Constitutions, vient conclure *L'Orestie* : « NI despotisme NI anarchie. » L'enjeu est cette prééminence d'une négation rencontrée de prime abord, en lieu et place d'une origine affirmative revendiquée par les pères fondateurs.

Deux tribus défraient la chronique tragique. Une première, celle des Labdacides (Cadmos – ... – Laïos – Œdipe – Antigone, Étéocle, etc.) régit Thèbes. Le mariage de Cadmos, l'étranger venu de Phénicie, et d'Harmonie, fille de la beauté et de la guerre, préside à la fondation de la ville, en présence festive et amicale de tous les Olympiens. Thèbes naît sous les meilleurs auspices; l'entente et la plénitude doivent baigner ce lieu protégé, circulaire et parfait; plus tard, d'épaisses murailles, percées de sept portes, viendront sanctuariser l'ombilic de l'histoire humaine. Sur le trône, au centre, le pieux mais astucieux Cadmos colle au monarque-mage, premier des trois fonctionnaires de la civilisation indo-européenne, énumérés par Dumézil : le souverain, le guerrier et le fertilisateur prolifique. Par son épouse, il s'allie la troisième fonction pacifique, nourricière et féconde, « Harmonie est la compagne naturelle du Fondateur puisqu'elle est la garantie de la concorde et de la cohésion sociale. » (Vian.) Quant aux guerriers, ils sont tenus en subordination (deuxième fonction) : Cadmos, après avoir terrassé le dragon, en sema les dents, graines d'où naquirent quantités de combattants menaçants; puis, sans être remarqué, il se mit à les lapider. Apolitiques et belliqueux, les guerriers s'attribuèrent mutuellement l'agression, se ruèrent les uns sur les autres, se massacrèrent à qui mieux mieux, jusqu'à ce que le roi domestique les survivants. Thèbes étale l'utopie originelle : les dieux autour des fonts baptismaux; le mal extérieur, le dragon, la Sphinge, battus à plate couture d'entrée, la violence intérieure matée, sagesse et prospérité se conjuguent au pouvoir; Harmonie règne. Envers du décor : meurtre et inceste.

Autre famille : les Atrides. Agamemnon en est la figure de proue. Roi d'Argos, chef de l'expédition achéenne contre Troie, il sacrifie au slogan « tous contre l'autre! », avec une ferveur égale à celle que les Thébains consacrent au primat du Tout-entre-nous. L'harmonieuse Thèbes forme une grande famille, rien de ce qui est humain n'y est étranger (non sans que pointe le danger que plus rien ne paraisse étranger à une trop aveugle confiance). Argos pâtit inversement, rien n'y demeure humain. Le roi sacrifie sa fille aux nécessités météorologiques et militaires. Tout s'inhumanise et devient étranger, les rapports entre les chefs, de mari à femme, d'enfants à parents. La guerre civile et domestique prolifère à partir de la guerre étrangère omniprésente.

La ruine de Thèbes naît du plus intime : la corruption dans la famille entraîne la subversion civile qui ouvre finalement les portes à l'invasion. La folie de Thèbes est endomaniaque : marions-nous entre nous. La manie d'Argos est hétérocentrée : le trouble vient de l'extérieur, l'autre que l'on épouse est tellement autre qu'il ne peut que déserter et qu'il faut le poursuivre par monts, par vaux et par meurtres. Jocaste, Thébaine, est trop proche. Hélène, étoile d'Argos, demeure filante. Thèbes s'échine à préserver son « nous » originaire des atteintes de l'altérité maintenue en lisière de la pensée et de l'action, imaginée intrinsèquement monstrueuse. Argos s'entête à sacrifier le même à un autre sans cesse à reconquérir; la maîtrise de l'ailleurs, seule, y garantirait l'utopie d'un chez-soi-à-venir. Œdipe et Cadmos sont des fondateurs ex nihilo; la communauté qu'ils établissent ou rétablissent fait table rase d'une dispersion de départ ; ils n'ont, au fond, de rapports qu'avec eux-mêmes. Les Atrides, au contraire, instaurent l'ordre ex machina, dans l'affrontement entre camps déjà organisés, dans le heurt d'intérêts individualisés : Grecs contre Troyens, Agamemnon contre Clytemnestre.

Troie, avec son opulence, ses grandioses murailles, la fécondité hors pair de son roi, Priam, projette le mirage d'un définitif miracle thébain, fruit confit du même dans le même. Argos, image inversée où une irréductible altérité fait rage, s'inaugure au festin cannibale d'Atrée qui servit à son frère Thyeste ses enfants dûment accommodés. Atrée c'est le dragon de Cadmos devenu animal politique ; Argos, la Sphinge carnivore devenue cité vivante. Thèbes (double de Troie) suscite contre elle, à son tour, une expédition panhellénique modèle réduit – celle des sept Héros de la Grèce ; la trahison d'une femme (doublure d'Hélène) déclenche les hostilités (achetée par un collier néfaste, donné jadis par Aphrodite à Harmonia, Eriphyle pousse Amphiaros, son mari, à la guerre).

Symétriques et complémentaires, Atrides et Labdacides se distinguent et s'opposent, comme un fantasme de lutte finale et un rêve d'harmonie originelle, gros porteurs, tous deux, d'une catastrophe unique que chacun contemple sous la forme de l'autre.

Le songe cadméen, fait « d'autosuffisance incestueuse et d'homogénéité harmonieuse » (Bollack) tente une perpétuation endogame, qui glisse à la destruction de sa race. La vendetta atride, à rebours, se revendique hétérodestructrice, Oreste patronné par Apollon affirme que sa mère, qu'il tue, est étrangère, que son père, mort, est son seul vrai parent.

Argos vit le drame d'une cité vidée. Hélène a fui.

Guerriers et hommes mûrs se sont lancés à sa poursuite, seuls demeurent les femmes, les enfants, les vieillards; Oreste plus tard erre à son tour; la ville s'épuise en hémorragie permanente. Frappée d'un fléau contraire, par excessive concentration et condensation, Thèbes pourrit sur pied. « La race de Cadmos et d'Harmonie est condamnée par sa plénitude même. » (Bollack.) Jocaste s'auto-exécute. Œdipe s'automutile. Ils accomplissent, funèbres, le vœu d'autochtonie, d'autosuffisance, et d'auto-fermeture sur la félicité, qui nourrit le sens thébain de la perfection. Platon lui-même dira : « Vivre verrouillé derrière d'imperméables murailles favorise les pestes. » Sous la misère d'Œdipe permane l'histoire de Thèbes : premier mythe intégriste d'une solution finale apportée aux désordres de la civilisation occidentale.

Enceintes de Thèbes, mur de l'Atlantique ou de Berlin, voile islamique, autant de frontières matérielles et spirituelles chargées d'enclore hermétiquement en excluant impitoyablement. À l'intérieur, il y a nous, en fusion, en effusion, la vie. À l'extérieur, les incompressibles, les monstres dévorateurs, la Sphinge croqueuse, la société qui consomme la communauté : « De quoi pourrait bien se préoccuper le communisme, la franc-maçonnerie, le sionisme, l'énième croisade, l'existentialisme, le freudisme, le laïcisme, les rose-croix et le... Rotary Club en cette fin de millénaire secouée de chambardements politiques, étouffée de scandales écologiques, grisée de succès scientifiques ? Tout simplement d'abattre la cloison érigée par l'arbitre suprême entre l'homme et la femme, de déchiqueter le voile tissé par la nature entre le mâle et la femelle, répondent en chœur prêcheurs en eaux troubles du rigorisme islamique et pamphlétaires puritains et durs. Tracts, journaux et opuscules tirent la sonnette d'alarme tous les jours qu'Allah défait : la « razzia culturelle » occidentale balaie de ses « vents venimeux », submerge de ses ondes hertziennes la Maison de l'Islam. » (S. Zéghidour.)

Volonté radicale de réforme politique et incestueuse pulsion de vivre entre nous se tiennent. Vernant et Vidal-Naquet rapprochent avec bonheur la fable thébaine et l'histoire de Corinthe, contée par Hérodote. La cité est gouvernée par une oligarchie, les Bacchiades, qui « pour conserver à leur seul profit les privilèges d'une royauté dont ils assuraient la charge en commun, se mariaient exclusivement entre eux se réservant leurs filles qu'ils échangeaient à l'intérieur du groupe ». Une des filles, la « boiteuse », interrompt cette circulation, se mésallie, son rejeton bâtard, Cypsélos, échappe de peu à une exécution décidée par les oligarques. Sur le conseil de l'Oracle de Delphes, il s'insurge et les renverse. Son fils Périandre, lui succédant, parachève le massacre, couche avec sa mère, puis tue sa femme dans un accès de colère. L'affaire se termine au plus mal et ses fils ne lui succéderont pas. L'histoire, selon Hérodote, éparpille les éléments que le mythe réunit, le communisme gouvernemental et la tyrannie législatrice sont alternativement en symbiose et en concurrence. Mais leur conjugaison est toujours donnée comme à la fois nécessaire et impossible. Un grain de sable – désordre sexuel, ignorance, oracle mal interprété – suffit à enrayer l'harmonie. Ça dérape. Reprenant tout à partir de zéro, rejetant chaque loi afin d'en édicter de meilleures, évacuant l'autre en vue de rester entre soi, la communauté se rend éminemment vulnérable pour s'être inhumainement immunisée contre l'inhumanité : « Procédant d'une stabilité qui cherche avant tout à se maintenir, en vertu de sa propre perfection, la tendance à la perpétuation du même réduit le péril externe de la mutation, poussant à l'outrance de l'inceste le désir de se reproduire avec le moins d'altération. La volonté de vaincre l'écoulement du temps culbute, elle est conduite à l'échec sous une forme accrue de perpétuation, quand l'acte de la génération se retourne contre le générateur, quand l'autre, qu'il engendre, se met proprement à sa place. » (J. Bollack.)

Témoignant d'un goût prononcé pour la consanguinité, voire l'inceste, la passion thébaine ne verse pas directement dans le racisme. Par contre, tout raciste cultive le souci « thébain » d'échapper aux aléas des alliances, il se cuirasse de sécurités sociales, mentales et sexuelles. Un représentant autorisé en martela l'échelle de préférences : « J'aime mieux ma fille que ma nièce que ma cousine que ma voisine... » La prohibition de l'inceste focalise sur la circulation des femmes, remarque Lévi-Strauss. Comme par hasard, la formule lepéniste ne mentionne qu'elles, sur le mode dénégateur d'un commerce de bon voisinage, qui privilégie la relation parentale sur la conjugale et le rapport de dépendance sur la réciprocité des alliances, d'où la signifiante absence de la conjointe dans cette hiérarchie des dilections : cherchez la femme et vous trouverez sa fille.

Thèbes lève nécessairement la prohibition de l'inceste. La malencontre d'Œdipe n'est pas une tare individuelle, ni l'effet d'un désir impudique, ni celui d'un refoulement inachevé, ni l'aventure d'un tyran libertin. La volonté thébaine de fonder positivement, EN BIEN, les principes intangibles d'une société intégralement juste exclut, par ricochet, qu'une communauté originellement créatrice se sente liée par quelque prohibition : le monstre est mort! elle est au-delà du méchant! pourquoi se priverait-elle de quoi que ce soit ?

La tragédie antique retrouve le fondement primitif et négatif de l'interdiction. « La prohibition de l'inceste n'est pas une prohibition comme les autres; elle est la prohibition sous sa forme la plus générale, celle peut-être à quoi toutes les autres se ramènent. » (Lévi-Strauss.) Ce commandement des commandements, l'exogamie – il n'en est pas d'autre entouré d'un si constant respect –, s'exhibe négatif dans son expression et pas moins négateur dans son principe. Il casse les agrégats naturels et pré-sociaux; il ouvre la famille biologique; il subordonne la relation parentale à l'alliance sociale, en définissant cette dernière par le primat sine qua non qu'elle exerce sur la première. Comme l'explique un Arapesh à l'ethnographe M. Mead : « Tu ne comprends donc pas que si tu épouses la sœur d'un autre homme, et qu'un autre homme épouse ta sœur, tu auras au moins deux beaux-frères et que si tu épouses ta propre sœur, tu n'en auras pas du tout? Et avec qui vas-tu chasser? Avec qui feras-tu les plantations? Qui auras-tu à visiter? (Lévi-Strauss.)

La fondation des fondations, sur laquelle s'appuie toute collectivité pour s'ériger société, est de part en part dissuasive. Si le groupe social exige de ses membres le mariage extérieur à la famille, c'est parce qu'il s'accorde pour éviter un « péril mortel », le plus constant et le plus absolu, sa dissolution. La prohibition de l'inceste procède de la crainte de mal mourir et non du souci de bien vivre... L'adjuration de l'eugéniste et du psychologue – « Si tu ne touches pas à papa-maman, tu jouiras d'un esprit sain dans une enveloppe hygiénique » – arrive, superfétatoire, quelques années-lumière après l'initiale décision qui dit : « Si tu ne t'abstiens pas sexuellement de tes proches, tu meurs. » Quelle autorité formule si formidable injonction? Est-ce un maître social tout-puissant, une sorte de Léviathan ? Il faudrait croire que la société préexiste miraculeusement à la prohibition qui la fonde. Serait-ce la voix de quelque surmoi social archaïque ou barbare ? On chuterait dans un second cercle vicieux en supposant que le prohibiteur précède la prohibition, dont toute autorité sociale procède.

L'obligation d'exogamie se donne absolue et incontestable, sans exiger qu'un maître, derrière elle, céleste, terrestre ou psychique assujettisse les humbles créatures à son impératif suprême. Inutile de fantasmer quelque autorité verticale qui persuade par décret ; la logique dissuasive, horizontale et réciproque, suppose seulement l'égalité de tous devant la mort. Si j'épouse ma sœur, je deviens mon beau-frère, je me prive d'alliés pour la chasse et la guerre, je crève de faim ou je sombre sous les coups. Le choix est brutal : « Se marier à l'extérieur ou être tué par l'extérieur. » (Tylor) Respecter pères, mères et parents proches – dont la détermination concrète varie indéfiniment selon l'infinité des microcosmes sociaux considérés – fait une règle universelle. Pas parce que l'universalité de nos bons penchants l'appuie (la règle serait inutile), ni parce qu'un législateur universel l'édicte (vu le disparate du permis et du défendu, il aurait perdu la tête), mais parce que l'obligation d'échanger barre un péril fatal. La valeur fonctionnelle de l'exogamie, d'abord négative, « fournit le seul moyen de maintenir le groupe comme groupe, d'éviter le fractionnement et le cloisonnement indéfinis qu'apporterait la pratique des mariages consanguins : si l'on avait recours à eux avec persistance, ou seulement de façon trop fréquente, ceux-ci ne tarderaient pas à faire " éclater " le groupe social en une multitude de familles, qui formeraient autant de systèmes clos, de mondes sans portes ni fenêtres et dont aucune harmonie préétablie ne pourrait prévenir la prolifération et les antagonismes » (Lévi-Strauss).

Avant comme après avoir découvert l'écriture, les sociétés humaines s'organisent dissuasivement, plutôt que persuasivement. Elles se structurent contre. La seule législation qui leur soit commune se motive du gouffre qu'elle barricade. Face au risque permanent d'autodissolution, chaque société se sauve en échangeant et échange pour se sauver; l'exogamie règle ce jeu, à la fois condition de survie et mode de vie.

Pourtant une endémique inclination endogame affleure dans le mythe pré-historique d'une langue pure, ésotérique et primitive, échappant à la confusion babélienne. Elle émerge aussi dans le mythe post-historique du paradis où les jouissances ne seraient plus soumises à troc ou à éloignement. Voilà deux manières de rêver d'« un monde où l'on pourrait vivre entre soi » (*id.*). Deux manières occidentales, bientôt, de se hisser hors histoire : en se rétractant heureux et originaire, à Thèbes; ou en se projetant, glorieux, Atrides, dans la lutte finale. Deux manières d'intégrismes, très vite démystifiées dans la mise à plat qu'en propose la tragédie.

L'arme absolue des tragiques et des philosophes socratiques est l'évidence de la peste, d'un Typhon intérieur, de la parousie des maux. Dans *Lysis*, Platon, peut-être à son humeur défendante, reconnaissait une intelligibilité des maladies, qui ne suppose pas nécessairement une idée de la santé, mais qui suffit pour mettre le médecin au travail, ainsi que le politique, le poète tragique, Socrate et tout citoyen soucieux d'éviter le pire. L'élan intégriste saute inversement par-dessus l'expérience du mal pour instaurer le bien au nom du bien et produit, lui, ce pire... À moins qu'il ne s'éjecte en plein vol et qu'il n'entre vivant dans la mort, tel Œdipe « l'adversaire de lui-même, du fils de Laïos qu'il est » (Bollack).

Pour résoudre la crise de civilisation, Labdacides, Atrides, platoniques tentent de s'en extraire, rêvent d'un en deçà, d'un par-delà ou d'un au-dessus, de quelques hauts lieux immaculés où la caverneuse histoire puisse être purgée de ses miasmes morbides. La tragédie, quant à elle, creuse la crise, teste les solutions miraculeuses et les démonte, pointant leurs effets intensificateurs, qui rajoutent à la détresse qu'elles prétendent guérir. La culture tragique n'entre pas en transes sur un promontoire mythique et béni, elle pense le haut lieu en interrogeant le besoin que nous en manifestons. Elle ne se mire pas dans Thèbes, mais réfléchit Thèbes – comme origine – sans s'étouffer d'admiration, sans transposer un patriotisme athénien, sans se vouloir édifiante.

La première pierre du mur de Berlin, paradigme des multiples enceintes intégristes, fut posée dans la Thèbes mythique. Soigneusement verrouillée, imperméable aux perturbations extérieures, la communauté boira la bonne parole et infusera les bons sentiments. La nation allemande régénérera l'Europe et ressuscitera les antiques vertus si, et seulement si, elle s'emprisonne, dans un « État économiquement fermé », qui l'immunise contre la corruption et le trafic franco-anglais. Ainsi parle Fichte pour une génération née à l'orée du XIXe siècle. « La localisation c'est l'ordre, l'ordre c'est la localisation » (Ordnung ist Ortung), réitère Carl Schmitt avant, pendant, après la Seconde Guerre mondiale et son alliance avec les nazis. L'Union soviétique est une forteresse assiégée, où se bâtit le socialisme dans un seul pays, programme Staline. La Chine est une page blanche, fait écho Mao Tsé-Toung. Le crédo intégriste se perpétue intangible et inflexible : « tous les efforts du musulman... tendent à le maintenir au diapason de l'Oumma (la sacro-sainte communauté). Il veillera à réfréner ses réflexes individuels, ses ambitions, pour ne pas outrepasser les limites de la collectivité, car ce qui est dehors est contre. » (Zéghidour.)

Dans l'enclos des fortes murailles, se concocte la solution des solutions, on éduque la race pure, on dresse la classe universelle, on élève le peuple de Dieu. À l'extérieur sévit l'altérité diabolique, à charge pour les idéologues d'en découvrir le noyau judéo-américain. Dans l'infinie variété des théories qui chantent l'éloge des murs, la palme de la sobriété et de la clarté revient à Carl Schmitt, qui résume le destin de la planète à l'opposition des États terrestres à frontières et du pouvoir maritime, sans frontières. L'histoire valse en trois temps :

1. L'ordre européen règle les paix d'équilibre et les guerres limitées; les États sont pourvus de bordures nettes, circonscrivant des territoires sur lesquels ils exercent une souveraineté sans appel, c'est le « jus publicum europeanum », il s'installe sur le vieux continent de la Renaissance au XVIIIe siècle.

2. L'Angleterre (doublée tardivement par les États-Unis) trouble l'ordre, elle se désamarre et substitue au droit de la terre (Nomos der Erde) un droit de la mer, qui s'avère en fait un non-droit : l'étendue océane ne connaît de zones d'influences qu'arbitraires et éphémères, les propriétés sont de bonne prise, l'aubaine fait le larron et le citoyen naît pirate. Le droit des États est bafoué, en permanence, par la puissance maritime hégémonique et bientôt impérialiste, « c'est ainsi qu'on arriva, selon qu'il s'agissait de la terre ou de la mer, à deux conceptions diamétralement opposées de l'ordre spatial – fermé dans un cas et ouvert dans l'autre. La terre ferme devient le

domaine de l'État, la mer reste libre... » (C. Schmitt, 1941.) Et la puissance maritime d'instaurer la liberté du marché mondial, ou l'économie bourgeoise. Elle introduit, dans la foulée, une autre conception de « l'idéal d'humanité », car elle déterritorialise les individus et déracine les peuples.

3. Levée des bornes assignées à la violence publique : les États terrestres pratiquant, par vocation, la guerre limitée, la puissance maritime est responsable de l'escalade vers la guerre totale (!). Carl Schmitt conclut logiquement (en 1941) que la Seconde Guerre mondiale trouve son sens dans la nécessaire « résistance » des puissances fascistes de l'Axe à l'hégémonie anglo-américaine et à son « ambition d'ordonner l'univers ».

Pareille chanson, fredonnée inlassablement par les intégrismes de tout acabit, inverse ingénument les facteurs et les temps. Les cités de la Grèce historique furent, dès le début, « marines », poreuses à la circulation des marchandises et des idées. L'économie monétaire et la culture intellectuelle antiques débordaient le cadre des cités-États, de même l'Europe fut d'origine trans-étatique et trans-nationale. Bien loin de se réduire à une marqueterie de souverainetés politiques, jalouses de leur indépendance, le vieux continent forme depuis toujours une « économie-monde » (Braudel), il subvertit ses barrières intérieures que survolent ses savoirs et ses religions. Imaginer que la civilisation occidentale se construit par l'agglomération d'États-nations, préexistants dans leurs souverainetés locales, est aussi naïf que rêver la genèse d'un État à partir de l'addition des familles constituées, se fédérant sagement. La perfide Albion n'a pas inventé la liberté des mers, du commerce, des voyages et de la pensée, à moins qu'Ulysse et le philosophe-marchand-spéculateur-géomètre Thalès n'aient été, à leur insu, fidèles sujets de Sa Majesté britannique. En fait, la *Théologie politique* de C. Schmitt, comme le nationalisme philosophique de Fichte valent comme autant de versions savantes du mythe thébain de l'autochtonie endomaniaque.

XIV

La fin des fins

La crise grecque demeure nôtre. Elle s'initie et s'entretient d'une remise en cause des origines. Les mœurs ne vont plus de soi, les maximes des pères ne sont pas reçues sans broncher par la génération montante, les factions divisent la cité et jamais les cités ne s'uniront panhelléniquement : « Tu n'es pas sans avoir remarqué, je pense, que les adolescents qui ont une fois goûté à la dialectique en abusent et s'en font un jeu, qu'ils ne s'en servent que pour contredire, qu'à l'exemple de ceux qui les confondent, ils confondent les autres à leur tour, et que, semblables à de jeunes chiens, ils prennent plaisir à tirailler et à déchirer avec le raisonnement tous ceux qui les approchent. C'est en effet pour eux un plaisir sans pareil... Après avoir souvent confondu leurs contradicteurs ou avoir été souvent confondus eux-mêmes, ils en arrivent rapidement à ne plus rien croire du tout de ce qu'ils croyaient auparavant. » (*La République*, VII, 539.)

Survient alors l'âme tyrannique ; celle qui ose tout, s'affranchit des règles et des pudeurs, « n'hésite pas à essayer en pensée de violer sa mère ou tout autre qu'il soit homme, dieu, animal ; il n'est ni meurtre dont elle ne se souille, ni aliment dont elle s'abstienne, bref, il n'est pas de folie ni d'impudeur qu'elle s'interdise » (*Rép.* 571cd). Une possibilité d'autodestruction nihiliste hante d'emblée la civilisation occidentale, la prétendue disneylandisation, la tant redoutée foire aux valeurs ne date pas des temps nouveaux.

La pulsion tyrannique, souligne Platon, casse les interdits sur le sexe et le sang; là, et seulement là, émergent les points culminants de la crise. Deux fois est en question la définition dernière de l'homme : si tu es humain, je ne t'abats pas comme un chien; si tu es mâle ou femelle, notre commerce sexuel est soumis à des règles de sélection et d'exclusion inévitables, même si elles varient. L'âme tyrannique lève d'un coup les deux codages qui séparent l'homme et l'inhumain.

Dans les sociétés sans écritures, la question de l'humain est posée et tranchée par les mythes, et les rites. Les « structures inconscientes » de la tradition peuvent, sans être ruineusement contestées, réguler l'échange des coups comme celui des corps. Les collectivités se reconnaissent humaines à travers deux types d'épousabilité (endogamie). Pour commencer, l'endogamie numéro un, « vraie » (selon Lévi-Strauss), ou « essentielle » – puisqu'elle implique une essence de l'homme – exclut le mariage en dehors des limites d'une culture, d'une tribu, d'une caste, d'une région, d'une race... Ainsi les Eskimos de Norton Sound se baptisent-ils le « peuple excellent » et réservent le qualificatif d' « œuf de pou » aux voisins : on n'épouse pas un pou. Dans ce premier ensemble, l'endogamie numéro deux découpe le sous-ensemble épousable, par opposition à la proche parenté qui reste interdite. Cette endogamie seule est « fonctionnelle », car elle répond, stricto sensu, au principe de réciprocité, je m'abstiens pour recevoir, tu me donnes ce qui « t'appartient » parce que je n'ai pas retenu ce qui m'appartenait.

En désenchantant la tradition, en illégitimant son autorité, la question grecque de l'origine fait sauter les deux partages en même temps. Pourquoi devrais-je considérer qu'un tel est humain et un tel non ? Pourquoi devrais-je me plier à tel usage du lit et supposer qu'un autre, celui du voisin, serait barbare et inhumain ? Par centaines, les Constitutions recensées par Aristote, définissent, cité après cité, d'infinies manières de bien se conduire, toutes différentes et exclusives les unes des autres. Quelle est la bonne ? Si le bien public varie en fonction des lieux et des époques, comment stopper la contagion du relativisme et soutenir qu'il existe de l'inadmissible ?

Les mythologies politiques démystifiées sur scène par Eschyle et Sophocle divisent la difficulté. L'harmonie cadméenne sacrifie l'endogamie fonctionnelle pour établir d'autant plus solidement l'endogamie essentielle : l'humanité c'est Thèbes et Thèbes c'est l'humanité. Calfeutrée derrière ses gigantesques murailles, la ville vit en autarcie, sous la règle du fais-ce-que-veux d'une antique Thélème. Le dirigeant labdacide fonde la communauté en nature, promouvant, souvent à son insu, une symbiose biologique. Il glisse vers le culte de consanguinité, du viol homosexuel (Laïos), de l'inceste et implicitement du racisme. Il postule que sa (certifiée bonne) nature permet tout, il produit un ensemble culturel soudé, à partir de la Racine-Nature. Agamemnon commence par l'autre bout, il coagule culturellement ses troupes, rassemble les Achéens en invoquant le respect absolu dû aux institutions (du mariage, du service armé, de l'hospitalité); il sacrifie son sang, sa famille et en général la nature à la culture. Troie est détruite. Hélène récupérée. La victoire est totale sur le front de l'endogamie essentielle, il rentre drapé de victorieuse culture en se faisant fort de transférer son avantage sur le front de l'endogamie fonctionnelle et restaurer la paix dans sa cité, dans son ménage. Les Thébains se donnent un communisme naturel pour s'unifier a posteriori culturellement. Les Atrides se donnent a priori un communisme de guerre, culturel, pour naturaliser a posteriori leur solidarité civique. Labdacides et Atrides tombent pareillement dans le crime en série. Les uns prolongeant volontairement une perversion involontaire, la nature détruit chez eux la culture au lieu de la construire. Les autres s'enlisent follement, dans les prolongements d'une vendetta, au départ politique et volontaire ; leur engagement dénature jusqu'au bout une réciprocité qu'ils croyaient rétablir.

Entre les données naturelles et les exigences culturelles, la tradition des civilisations sans écriture établissait un pont dans la mesure où son origine n'était cherchée ni dans les unes, ni dans les autres, puisque pas recherchée en tant que telle. Dès qu'on change de « niveau stratégique », dès qu'on demande raison des règles et usages, rien ne va plus, l'ensemble humain et ses sous-ensembles d'épousables et non épousables deviennent problématiques.

La cité ne sera jamais sainte et pure. Ni par nature, avant coup, comme Thèbes. Ni après coup, comme Argos sous la poigne culturelle d'un victorieux. Loin de rejeter la violence à l'extérieur, ou dans le passé, les citoyens la plantent en grande pompe et visibilité, au cœur de la communauté. Quand se clôt *L'Orestie*, tous les assistants se lèvent pour sacrifier au culte couronnant les sanguinaires filles de la nuit et les installer en protectrices d'Athènes. Les malveillantes Érinyes deviennent les bienveillantes Euménides, mais toujours veillantes et surveillantes, artistes en terreur, spécialistes émérites de la frayeur et de l'horreur. Nées pour le mal (*Euménides*, v. 125), dans les maux, à cause des maux, elles sont les vigiles et témoignent pour la persistance de ce que nul n'aime voir et entendre. Le monstrueux ne cesse pas. Les Nocturnes ne détachent pas leur masque d'effroi, Athéna annonce « de ces masques d'épouvante, je vois pour mon peuple sortir un immense bénéfice » (v. 990-91).

La tragédie dénoue sans dénier. Son effet purificateur (katharsis) domestique la peur par la peur. Et s'il métamorphose les terreurs paniques en tensions dissuasives permanentes, il ne propulse jamais de l'enfer au paradis. La crise sublimée persévère crise. Œdipe ne résout pas son complexe. Il le lègue à Athènes, qui, autour de sa tombe, célèbre sa mémoire, lui empruntant l'intrépidité du regard : l'audace de ne pas penser bien donne, seule, une chance de penser du mal du mal.

La leçon fut perdue. Le XIXe siècle s'empressa de plaquer ses enseignements édifiants, en érigeant au-dessus d'elle, tantôt humanistement, tantôt nihilistement, le « MODÈLE GREC »! Oublié l'inaugural essai d'apprendre, au bord du gouffre, à vivre sans modèles! « Le mal est d'une façon générale dépourvu d'intérêt et de contenu, car il ne peut en résulter que négativité, destruction et malheur, alors que l'art vrai doit être la représentation de l'harmonie » écrit Hegel. Prenant l'exact contrepied des déclarations d'Athéna, ce subtil connaisseur enfouit les conflits sous une apothéose terminale, qui glorifie dans la mort malheureuse des combattants la fin heureuse des combats. Antigone et Créon avaient raison, chacun pour son compte; murés dans l'unilatéralité de leur caractère, ils sont en définitive renvoyés dos à dos : « La solution tragique du désaccord est donc aussi justifiée que le but et le caractère tragique aussi nécessaire que le conflit tragique. Par cette solution, la justice éternelle se réalise dans les buts et les individus en rétablissant sa substance et son unité morales par la suppression de l'individualité qui troublait son repos... Ce qui se trouve ainsi supprimé dans l'issue d'un conflit tragique, c'est la particularité unilatérale qui, incapable de se plier à cette harmonie et de se surmonter, s'abandonne entièrement, jusqu'à sa perte, au tragique de son action... » (*id.*) Pauvre Hegel et plaisante justice, qui mire son équité dans l'égalité du bain de sang et dont la jalouse générosité noie bons et méchants, maîtres et esclaves, hommes, femmes, enfants.

Nietzsche pense échapper aux contradictions de l'optimisme humaniste en prenant l'affaire par un autre bout. Il part d'une initiale unité, pas d'une conciliation de fin de partie. La tragédie se justifie elle-même, par le spectacle qu'elle offre et s'offre, et nullement en fonction de son issue. Douloureuse, certes, terrible, mais terriblement belle de part en part; son art nous sauve de ses vérités; sa « gaya scienzia » nous presse de repérer, derrière la mise en scène des malheurs, le bonheur du metteur en scène, Dionysos. Le raisonnement de Nietzsche diffère, mais sa conclusion corrobore l'hégélienne : la tragédie propose la « justification de la souffrance humaine ». Seuls les esclaves, les poltrons de l'au-delà et la mauvaise conscience judéo-chrétienne s'enferment dans l'illusion d'un mal irréductible ou originel. La joyeuse science en assure la rédemption dans une immaculée connaissance : « L'homme doit devenir meilleur et plus méchant. C'est ce que j'enseigne moi. Le plus grand mal est nécessaire pour le plus grand bien du surhumain... périssent les faibles et les ratés : premier principe de notre amour des hommes. Et qu'on les aide encore à disparaître. »

Il est juste que les unilatéraux, même héroïques,

culbutent, profère Hegel. Que les ratés périssent, paraphrase Nietzsche, car sont ratés tous ceux qui n'acceptent pas de périr pour accomplir, par-delà le bien et le mal, le gai savoir de la tragédie, « éternelle joie du devenir, cette joie qui porte en elle la joie de l'anéantissement ». Triste Œdipe! il ignore qu'il faut éviter d'avoir mal au mal afin de ne pas se disqualifier « raté » selon l'étiquette hégéliano-nietzschéenne. Mais au fait, il est au courant, ce fut même son illusion de départ, il ne voulait pas se reconnaître malade et porteur de la peste.

Le mal n'est pas mon affaire : la naïveté, qui précipite Œdipe dans le drame, s'affirme dernier mot et profonde vérité dans l'herméneutique des Maîtres Penseurs. Rien d'étonnant. La lecture que Nietzsche propose est cadméenne, il postule la « grande santé » d'une communauté originaire, il se réclame de « toutes ces humeurs et connaissances excentriques que l'orgiasme des fêtes printanières de Dionysos suscite presque d'un seul coup : l'anéantissement de l'individuation, l'effroi devant l'unité brisée, l'espérance d'une nouvelle maîtrise du monde... » Version ethnographique des noces de Cadmos et Harmonie, les fêtes primitives, sauvages, d'une conscience de soi naturelle et naturellement en deçà du mal, sont cérémonies d'intégration civilisatrice.

L'alliance avec Apollon scelle cette nietzschéenne assomption esthético-politique de la chimère thébaine : « le dieu de l'État (Apollon) peut alors sans craindre de voir l'État y trouver sa ruine conclure avec Dionysos leur pacte visible en vue d'engendrer leur œuvre commune, la tragédie... » Hegel, de son côté, agamemnonise sur le mode d'une conscience culturelle de soi, d'une culture d'au-delà du mal. Le triomphe cruel mais juste de l'ordre sur le chaos, la victoire des nouveaux dieux civilisateurs, aux dépens des vieilles divinités sauvages, laisse présager – comme la chute de Troie dans le fantasme atride – qu'à la fin des fins, force et culture, puissance et raison feront un. Jurant que « la progression de la nature vers l'esprit » impose un identique happy end aux conflits des dieux, aux vicissitudes de l'existence historico-mondiales et aux affaires de famille, Agamemnon rentre dans ses foyers et l'hégélien aborde le XXe siècle. Jusqu'à ce que la tragédie finisse par rattraper ceux qui, en quatrième vitesse, la « surmontent » ou la « dépassent ».

Pulsion pré- et pulsion post- prennent en tenaille l'expérience du mal, en construisant des conditions d'impossibilité. Dans le refuge d'un pas encore, dans l'utopie d'une cohésion antérieure à la division de l'admis ou du non admis, l'orgie dionysiaque et les noces d'Harmonie fêtent un en deçà du mal. Suprême vérité pour Nietzsche : le mal est la maladie de l'œil qui croit (judéo-chrétiennement) le voir, avoir mal est une affection de peau propre aux esclaves manquant d'esthétique. Le maître cadméen lève les tabous, pratique l'art du superficiel à force de profondeur et enseigne sa grande santé. Dans le réciproque abri d'un jamais plus, l'Atride hégélien, revenu de tout, prend désormais de haut les vicissitudes de l'action humaine ; il dévoile sur la croix du présent les roses de la raison. Selon lui, le mal ne se donne jamais qu'après coup, dans le mauvais souvenir d'une conscience qui, devenue bonne, évoque ses péchés passés, confessés, reconnus, donc dépassés.

Une si ténue perception du mal, forcément indirecte, seconde, illusoire (Nietzsche) ou rétrospective (Hegel) entraîne la quasi-inexistence de son objet. Alors que certaines théologies et hérésies « adamiques » et gnostiques s'occupent de réfuter les maux en soi – le créé est créé bon – ici, chez nos deux penseurs, c'est leur parousie seule qui est rejetée : on ne serait jamais présent au mal. Il doit nous indifférer, non parce qu'il n'existe pas, mais parce qu'il ne se laisse ni représenter ni toucher. La conscience aliénée, comme l'enchaîné de la caverne, ne sait jamais combien et comment elle se déprave. Toujours en dessous de sa triste vérité, elle ne connaît pas sa nullité. Taraudons-la, poussons-la vers une catastrophe qui sera sa porte de sortie : baignée dans l'humiliation la plus complète et intenable, elle ira mieux. Que ses souffrances deviennent insoutenables, parce que vraies, et déjà elles cessent. La voilà dans la vérité, présente à elle-même, extérieure à l'adversité, délivrée. Nature omnipotente cadméenne ou toute-puissance culturelle de l'Atride victorieux, commencement et fin, aux deux bouts de la tragédie, nous sommes « sauvés » puisqu'il n'y a pas de tragédie.

Thébains et Atrides, Hegel et Nietzsche, humanistes bien pensants et nihilistes coquets ne conçoivent le conflit tragique qu'à partir de sa résolution. Désiré par les uns, théorisé par les autres, un tel privilège de la solution sur le problème contredit la tragédie elle-même. Athéna, arbitrant le conflit de *L'Orestie*, n'assure nullement que tout se termine bien ou mal. Elle affirme que rien ne se termine. Elle annonce que les dieux sortent du jeu, ils ne trancheront plus, les mortels se donneront des institutions et ils traiteront, seuls, interminablement, leurs interminables querelles. « Les problèmes étaient trop difficiles et trop controversés pour pouvoir être résolus uniquement par des individus guidés par leur science du vrai et du faux, du juste et de l'injuste. Comme le dit Athéna (dans *Les Euménides*), comme le déclare Pelagos (dans *Les Suppliantes*), la seule voie possible est le vote. La décision revient à ceux qu'elle concerne... » (Meier.) Les solutions miracles déçoivent. L'euphorie thébaine trompe. La gloriole atride éblouit. La tragédie ne résout le complexe d'Œdipe qu'à l'instaurer permanent et insoluble. Elle élève, décisivement, la faculté de poser des problèmes bien au-dessus de l'inextinguible avidité de conclure.

La philosophie tragique retrouve là le principe dissuasif. Ce dernier fonde dans les sociétés sans écritures la prohibition de l'inceste. Le commandement des commandements, nous l'avons vu, est accepté pour sa valeur négative. Règle de survie plus que de bonne vie, il permet l'autoconservation d'une société, quelles que soient par ailleurs ses qualités et ses tares. La « crise des valeurs » athénienne, avant de s'avérer occidentale, manifeste combien la spéculation sur le bien et la volonté de définir le meilleur n'apporte aucunement la concorde. L'embarras gagnant, la tragédie revient au fondamental : considérer les périls et faire de malheur vertu. Une souffrance, que le spectacle montre partageable et pensable, devient l'évidence commune sur laquelle s'instaurent les institutions, et leur possible mise en question : « Je réclame justice du fond des choses injustes », crie Électre. Les choses injustes, la misère, le règne de l'assassin, l'adultère, elles les a « pâties », de ce pathein dont le subir, souffrir, éprouver apporte le mathein, l'intelligence.

Elle quête la justice à cause de ces choses injustes. Elle connaît le mal directement. Elle n'entrevoit le bien que secondairement et problématiquement. Elle s'inscrit dans la première branche du *Lysis* : elle va de la maladie expérimentée à la santé absente. C'est ce périple que souligne Aristote, dans sa *Poétique*, en couronnant Euridipe le plus tragique des tragiques. Les qualités littéraires ou philosophiques ne sont nullement en cause. Seul est retenu le mouvement (metabolê) qui retourne les héros sur le spectacle de leur détresse (du bonheur – eutukia – au malheur – dustukia) et constitue le trait tragique par excellence : « Euripide est le plus tragique des trois, et de tous, parce qu'il a su faire souffrir, faire tomber dans le malheur ses personnages. » (J. Carrière.) Aucun dolorisme, ni pessimisme, l'intrépidité seule compte d'un regard libéré de l'illusion que le mal puisse se dissiper.

Il ne s'agit pas d'une déception passive, un moindre savoir, un renoncement. Œdipe en sait plus long à la fin qu'au début, la sagesse tragique s'affirme la plus forte lorsqu'elle traverse l'écran euphorique des solutions chimériques. La connaissance d'un échec ne signifie en rien un échec de la connaissance. Élucider les raisons d'un ratage est une nécessaire opération. En faisant découvrir à un jeune esclave (dans le *Ménon*) comment géométriquement doubler la diagonale du carré, Socrate met au jour deux points après lui souvent négligés :

1. L'adolescent commence par se tromper; les remarques du mentor lui font toucher du doigt son erreur; il ne se décourage pas pour autant : la connaissance du faux est une vraie connaissance.

2. S'il n'avait éprouvé l'illumination du faux éclatant comme faux, il n'admettrait point aussi aisément la bonne solution comme bonne : la vérité du faux est définitive et plus vraie qu'une vérité du vrai, toujours soumise à inventaire, toujours promise à précision et vérification. Différentes procédures logiques, très tôt répertoriées – argumentation ad hominem, réduction à l'absurde – manifestent combien les chemins tâtonnants du vrai passent par l'évidence lumineuse de l'erreur.

Le principe de non-contradiction joue dans le savoir la même partie que le principe du mal en morale. Loin d'impliquer la non-existence ou l'impossibilité de la contradiction, la pensée logique se constitue autour de ce môle et prend appui sur son indestructibilité, pour l'ériger en pôle répulsif ; les propositions « fondées » trouvent, prouvent et éprouvent leur légitimité à éviter l'écueil. Au même titre, le principe du non-mal gouverne notre éthique. La philosophie tragique n'est d'aucune façon un nietzschéisme malheureux ou un hégélianisme rendu modeste puis impuissant après d'amères déconvenues. Au contraire.

Puisqu'elle commande la capacité de prouver la vérité d'une solution, la faculté de démontrer qu'une solution est fausse doit être logiquement plus puissante et se légitimer par ses propres forces. Les nombreuses démonstrations d'impossibilité en mathématiques (parfois dites « diagonalisations ») font un exemple princeps de cette autolégitimation. L'exemple de la diagonale, choisi par Socrate, démontre que le nombre qui la mesure n'est *ni* pair, *ni* impair. Tel savoir négatif, loin de signifier une moindre connaissance, comme l'estimèrent à l'époque quelques pythagoriciens, constitue un « plus ». À partir de l'irréfutabilité de ce « ni pair ni impair », se construit la théorie des nombres irrationnels. L'église des mathématiques s'est bâtie sur les rocs de l'impossible (Adunata).

Œdipe procède à une diagonalisation parente. Il exécute sur lui-même les promesses de la solution thébaine et la vérifie chemin faisant intenable et suicidaire. Son périple manifeste, dans une aventure individuelle, une vérité générale concernant l'ensemble des aventures mortelles possibles, tout comme la démonstration d'indécidabilité de Gödel énonce, à l'intérieur d'un système logique, par une proposition correctement construite, une impossibilité affectant le système dans son ensemble. La crise sociale et morale apparaît lorsqu'on ne parvient pas à définir un bien souverain unifiant les biens particuliers entre eux et à leur ensemble. Cette incompatibilité est une expérience à la portée de tous et de chacun. L'originalité (diagonale et gödélienne) des démonstrations d'impossibilité est qu'elles sont effectuables à l'intérieur du système sur lequel elles portent. Autrement dit, elles valent pour l'élément de l'ensemble comme pour l'ensemble des éléments. « Toute tragédie est assez parodique pour contenir aussi sa propre parodie. » (Bollack.)

De l'épreuve du mal, l'expérience individuelle peut être collectivisée, l'expérience collective peut être individualisée. Les maux fulgurent, chacun en chacun et, s'interposant effraction permanente, ils sont tragiquement vrais sans addition.

On dit : les faits sont « têtus ». On répète : le réel est ce qui résiste. On se contente aussitôt d'identifier principe de réalité et principe du plus fort en imaginant benoîtement que la réalité s'impose parce que la plus vivante, ou la plus pesante, ou durable, ou compacte. On a tort : la force du réel se mesure par le côté indépassable, irréductible de sa réalité. Non par une prétendue omnipotence de ladite force. Le réel oblige quoi qu'on fasse moins par physique que par logique : ce qui ne peut être évité est l'impossibilité – la diagonale est têtue, elle résiste : ni pair ni impair. Qui se heurte à un impossible et le considère en tant que tel touche au réel et re-commence le savoir occidental.

L'esprit intégriste n'admet pas l'impossible. Il le refuse comme donnée première et dernière. Par principe, il l'imagine produit, manigancé, et incrimine une intention occulte et maléfique qui l'ourdit. Dans une telle perspective, les difficultés de la modernité et des modernisations relèvent moins d'une situation objective que d'un piège tendu par l'adversaire. D'où la permanente théorisation d'un complot universel : « L'islamisme contemporain voit dans tous les phénomènes qu'il combat l'expression d'une conspiration fomentée contre l'Islam par les Croisés, l'impérialisme, le sionisme, la franc-maçonnerie ou l'orientalisme, comme si le reste du monde ne vivait que pour régler son contentieux avec l'Islam. » (F. Zakariya.) D'où l'énorme écheveau de frustration et de ressentiment empêtrant celui qui suppose, derrière chaque malheur survenu, une malveillance aux aguets et un méchant à l'œuvre. Le chômeur ou l'acculturé victime d'une occidentalisation brutale tend à personnaliser les problèmes, « il voit des ennemis, des humiliations, des triomphes là où l'Occidental fait la part des difficultés matérielles, objectives et, en tout cas, impersonnelles » (G.E. von Grunebaum). L'intégrisme musulman rejoint son frère stalinien et retrouve la Grande Conspiration contre l'URSS, censée expliquer les faillites et les massacres.

Le paradoxe des objurations contradictoires – comment obéir à la prescription « désobéis-moi ! » ? – prête à deux réceptions. Ou bien j'accepte la double contrainte (« double bind ») comme obligation impérative. Ou bien je la prends par son aspect double, duplice, antinomique et je la pense comme ineffectuable sans ambiguïtés. Dans le premier cas, je cède à un ordre impossible à accomplir, j'entre en crise, en névrose, en psychose, avec l'impression qu'on cherche à me rendre fou. Je suis humilié. Je tourne dans l'antinomie et plie servilement sous le fardeau de l'impensé. Un pythagoricien, dit la légende, se suicida faute de pouvoir mesurer la diagonale en fonction de l'impératif, suprême à ses yeux, que toute grandeur se doit d'être paire ou impaire. Ou bien, deuxième cas, je me libère à la manière de

Socrate et des géomètres, la pensée de l'indécidabilité de l'injonction s'avère alors « plus forte » (logiquement) que l'injonction. Savoirs et éthiques ne sont occidentalement pratiqués que par référence à des « états de chose » impersonnels ; mais cette objectivité des situations est elle-même concevable si, et seulement si, on souscrit au primat de l'indicatif des impossibles sur l'impératif des possibles. L'occidentalisation fait surgir le faux et le contradictoire en tant que tels et dé-voile l'obscur. L'intégrisme anti-occidental referme les yeux et coud les paupières.

Le refus de l'expérience, en particulier celle de ce qui ne tourne pas rond, est la deuxième pierre sur laquelle le communisme édifie le mur de Berlin. La première assurait la fermeture d'une communauté communiant avec son origine pure et mytique. La seconde se donne « scientifique », pour autant que la science fasse voir le monde renversé : on croit le soleil proche, il brûle, l'astronome enseigne au bronzé naïf l'immensité de la voûte céleste. Démentant les données sensibles et les tenus-pour-dit de l'empirisme ordinaire, la précision des concepts incise les vérités trop vite conclues, comme le révolutionnaire l'héritage et l'exorciste la foi qui lui déplaît.

Il conviendrait de différencier ces types de distanciation, mais l'esprit intégriste n'en a cure. Substituant sa vérité à celles des infidèles, il suppose que la science travaille de même manière, en remplaçant un dogme par un autre, un « faux » par un « vrai ». Il ne soupçonne pas que les méthodes scientifiques puissent conduire d'un faux à un moins faux et se laissent guider par l'évidence chèrement acquise des erreurs, sans jamais jeter l'ancre dans une vérité définitive. De la science, l'idéologie n'emprunte ni la patience, ni la tâtillonne et souvent fastidieuse rigueur. Elle saisit uniquement le couteau du retournement de l'argumentation : assurer la victoire du raisonnement « faible » sur le raisonnement « fort », contredire l'expérience commune, voilà déjà ce que retenaient les sophistes grecs, croqués par Aristophane, inventeurs du mode d'emploi nihiliste des révolutions scientifiques.

Deux sens à la désignation (péjorative) " nihiliste ". Celui qui nie l'existence d'un Souverain Bien indivisible, universel, incontestable (sous forme populaire : Dieu est mort, tout est permis). Si cette acception est retenue, force est de renvoyer tout relativisme à du nihilisme et de conclure que l'Occident n'a jamais pensé autrement : « deux cent quatre-vingts sortes de souverains biens dans Montaigne », rappelle Pascal, qui n'en tient pas grief à son auguste prédécesseur, ni aux classiques qui étayent le catalogue des croyances ondoyantes et diverses. Beaucoup plus subtile, l'analyse de Pascal retourne la preuve : si on condamne comme « nihiliste » tout relativisme concernant les valeurs suprêmes, si on clame : hors d'une conviction bétonnée (Pascal dit « certaine »), pas de salut ! On annihile pensées et passions. « S'il ne fallait rien faire que pour le certain, on ne devrait rien faire pour la religion ; car elle n'est pas certaine. Mais combien de choses fait-on pour l'incertain, les voyages sur mer, les batailles ! Je dis donc qu'il ne faudrait rien faire du tout, car rien n'est certain. » (*Pensées*, 234.) Visé pile ! Rien n'est plus destructeur de l'Occident que le rejet de tout doute concernant le Bien. Rien n'est plus effectivement nihiliste que l'anathème qui dénonce comme « nihiliste » la contestation des idées reçues, en particulier les moralisatrices, consolatrices et anesthésiantes.

Deuxième acception, la seule cohérente pour moi. Est nihiliste celui qui nie l'existence et l'expérience des maux en tant que maux. Celui qui assure : « il n'y a pas de mal » (pour conclure derechef « s'il n'y a pas de mal, tout est permis »). La transmutation (Umwertung) nietzschéenne, le dépassement (Aufhebung) hégélien de la tragédie sont nihilistes en ce second sens. La formule clé du nihilisme savant est offerte par la définition goethéenne de Méphisto (si on ne tient pas compte de l'ironie sous-jacente) : une force qui toujours veut le mal et toujours fait le bien.

Au travail, les excavateurs! il ne s'agit plus de contempler le monde, mais de le transformer. Il ne s'agit plus de transformer le monde, mais de le recommencer. Carte blanche aux créateurs! Si le mal n'existe pas, qu'est-ce qui nous empêche de faire place nette et de reconstruire l'ensemble à partir du zéro que nous instituons ? Les murs sont nécessaires, pédagogiquement et idéologiquement, ils protègent les laboratoires de l'histoire, où les génies des temps nouveaux peuvent exercer leurs scientifiques et religieux talents. Coudées franches. Sans restrictions ni sanctions. Qu'est-ce qui les retiendrait, puisque le mal n'est qu'apparence ?

Les héros des tragédies, qui s'entre-blessent et s'entre-tuent, n'en restaurent pas moins, à leurs dépens, un ordre, selon Hegel, général : ils se font mutuellement mal, mais font dans l'ensemble le bien. Telle est la « ruse de la Raison », qui transmue les douleurs en propédeutiques de la félicité. Incarnation, Passion, Résurrection, le Calvaire du Christ exposerait ésotériquement le travail et la patience d'une histoire universelle qui convertit le négatif en positif et l'absence en plénitude. Le sens de l'ensemble, certes, échappe aux parties, qui, engagées unilatéralement, doivent périr pour faire advenir l'issue rédemptrice, mais le savoir s'élève au-dessus des souffrances et des errances, il fête son

« vendredi saint spéculatif » et décrète : « la douleur infinie » n'est « qu'un moment, pas davantage » (Hegel).

Qu'est-ce à dire, sinon que le nihilisme claque la porte de la tragédie, déniant toute réalité à la mémorable crise qui, à travers Œdipe et ses pairs, occidentalise les Occidentaux. La tragédie commence quand la relation pie entre homme et dieux dérape, quand le sacrifice tourne au meurtre, quand Agamemnon assassine sa fille et se retrouve pris au piège de la boucherie qu'il déclenche. En élevant le Salut, qui concilie l'ensemble, loin au-dessus des passions qui aveuglent les particuliers, Hegel et consorts rétablissent le circuit sacrificiel. Entre la terre et le ciel, les communications reprennent. Dans le dos des acteurs, à leur insu, les holocaustes satisfont, de nouveau, les divins, mais seul le nihiliste savant, prédicateur ou guide, connaît le secret de l'opération mystique. Au vulgaire de subir, sans comprendre, quitte couvrant les gémissements à pousser des cris d'admiration.

Voilà donc la deuxième légitimation des murs. Ils ne protègent pas seulement des subversions extérieures, ils sertissent une province pédagogique. Dans ce lieu clos, la raison ruse, elle ne s'encombre pas des détails, elle éduque l'ensemble, elle massacre, elle abêtit les particuliers, mais civilise le genre humain. Faust, croyant accomplir de formidables plans de réorganisation planétaire, bouscule sans ménagement le refuge où Philémon et Baucis coulaient des jours heureux. Peu importent les bavures : « J'adore celui qui a mis dans l'univers une telle énergie productive que la millionième partie suffit pour que le monde fourmille de créatures et que la guerre, la peste, l'inondation et l'incendie s'escriment en vain à le dépeupler. Voilà mon dieu. » (Goethe à Eckermann, 20 février 1831.) Même élan supra-individuel, chez Hegel, célébrant dans la création « ce mouvement de naître et de périr qui ne naît ni ne périt ». Lorsque Fichte analyse « la vie sur terre de l'humanité », identique élévation, il perd pied : « Nous ne parlons ici que de la progression de la vie de l'espèce (Gattung) nullement de celle des individus – laissée de côté... » Ce point de vue générique en prend à son aise avec les aléas et les vicissitudes des humbles lampistes, il soulève la protestation obstinée de Kierkegaard, Chestov et autres existentialistes, qui manquent pourtant l'enjeu essentiel. Contestant, au nom des chaumières de la réalité, les palais spéculatifs, se voulant purement particuliers face au général, « mineurs » face aux »majeurs », débiles plutôt que puissants, ils inversent simplement la hiérarchie, tout en conservant les partages trompeurs. Ils tombent dans un hégélianisme malheureux ou dans quelque nietzschéanisme modeste et universitairement bienséant. Rien ne sert de lutter pour le particulier contre le général, ou vice versa, tant qu'on ignore la vérité tragique et dissuasive de leur inséparabilité. Le genre, l'espèce, l'humanité ne planent pas hors d'atteinte, survolant les cas individuels. Les hommes dans leurs actions, singulières mais violentes, peuvent mettre en péril, voire tuer, l'humanité. Cela les tragiques l'exposent. Les Maîtres Penseurs modernes l'oublient. Les tunnels totalitaires, la Bombe, et Gödel le rappellent au touriste embarquant pour le XXIe siècle.

XV

Pourquoi ne pas se le dire ou stratégie de la philosophie

À quoi rime de souffler sur les cendres et réveiller la légende de rois fantômes qu'un obscur destin poussa à trucider une fille, posséder maman, assassiner papa ? Ces forfaits monarchiques et lointains intéressent-ils encore l'utilisateur de cartes à puces ? Concernent-ils des secrétaires de partis qui d'un claquement de doigts déclenchent les hostilités, allument des puits de pétrole par centaines et ne désespèrent pas, relayés par quelques mamamouchis d'obédience diverse et adverse, d'embraser le genre humain ?

Réponse : les paltoquets, façon Hitler-Staline, qui défraient la chronique du siècle en thésaurisant millions après millions les cadavres accumulés, n'arrivent pas à la cheville d'un Agamemnon se noyant corps et âme avec une dignité jamais prise en défaut. Nous, les tard venus, faisons plus, mais pas mieux.

Nous pouvons nous payer une guerre de Troie avec ogives nucléaires, mais seul l'outrecuidant se prend à fantasmer que les spécialistes, chargés de contrôler les télémanettes rouges, se montrent – frais émoulus des universités Wasp et des écoles marxistes, coraniques ou talmudiques – plus sages que Nestor, Priam, Achille ou Tersyte. Indubitablement, les techniques modernes mettent à disposition de qui veut des moyens dont le savoir-faire grec ne soupçonnait pas l'envergure : il en a prémédité néanmoins la conséquence. Le médecin qui mêle des remèdes, manipule aussi bien des poisons. Le professeur de rhétorique, qui enseigne l'art de convaincre, apprend en même temps à mentir. Savoir qui sauve et savoir qui tue font UN, redécouvrirent à leurs frais, après les sophistes athéniens, Nobel l'inventeur de la dynamite, puis les pères de la bombe atomique.

Se sentant ignifugés dans leurs préventions, prétentions et dogmes, ceux qui font s'angoissent moins que les majorités qui laissent faire, preuve à mon sens que la tragédie, qui ne tracasse pas assez les puissants de ce monde est devenue affaire de tout le monde, rencontre du premier venu avec son destin de premier venu. Quitte à ressusciter trois grandes découvertes achéennes.

1. Il n'y a plus de bon dieu. La crise, loin d'être un phénomène passager, la rupture éphémère d'un équilibre ontologique promis à prompt rétablissement, sévit en permanence. Léguées par la tradition, les procédures de restauration de l'ordre mental et social tombent en panne, en désuétude, hors jeu. Les oracles égarent. Les sacrificateurs échouent. Les meilleurs chefs se fourvoient. Les intercesseurs historiquement homologués ne dessoulent pas. Aucune opération ne permet aux mortels déchirés de compter avec et de spéculer sur la bonté des célestes. Il faut se passer d'elle et inventer les moyens institutionnels (aréopage, civisme) de faire face à l'incertitude, sans tirer de traits sur une bienveillance suprême. La pratique citoyenne et désenchantée de la solitude aléatoire corrobore le regard froid des parfaits philosophes, à supposer qu'ils s'abstiennent des euphorisants dont le XIXe siècle se montra si friand.

Rien n'indique que les dieux peu à peu s'humanisent, se pacifient. Rien ne dit qu'au terme de la tragédie ils se dévoilent pour conclure, modèles et garanties d'une civilisation assurée de son éternité. Apollon, au dénouement de *L'Orestie*, demeure double et irascible, dieu du jour mais aussi puissance nocturne, si intraitable qu'Athéna le contient avec peine. Pareil persévère son alter ego : « Comme le vin, Dionysos est double : terrible à l'extrême, infiniment doux. Sa présence, intrusion stupéfiante de l'Autre dans le monde humain, peut prendre deux formes, se manifester selon deux voies : ou bien l'union bienheureuse avec lui, en pleine nature, toute contrainte dépassée, l'évasion hors des limites du quotidien et de soi-même. C'est cette expérience que célèbre la *parodos* : pureté, sainteté, joie, douce félicité. Ou bien la chute dans le chaos, la confusion d'une folie sanguinaire, meurtrière, où l'on confond le même et l'autre, prenant pour une bête sauvage ce qu'on a de plus proche, de plus cher, son propre enfant, ce second soi-même, qu'on déchiquette de ses propres mains : horrible impureté, crime inexpiable, malheur sans terme et sans issue. » (Vidal-Naquet.)

L'ambivalence et l'ambiguïté divines renvoient le mortel à lui-même. Les dieux, à l'occasion, font le problème, jamais la solution.

Le concept de bonté n'est pas seulement trop étroit pour celui de divinité – d'où la « nuit obscure » des mystiques ou le second déborde le premier –, il est inadéquat. Et paraît tel, dès que l'on confronte le bon dieu au mal. Témoin, selon Dostoïevsky, la souffrance d'un seul enfant innocent au regard de la toute-puissance et de la paternelle affection de l'Être suprême. Témoin, au sortir du XXe siècle, la question brutale levée par les crimes contre l'humanité. Bon

Dieu! l'Évaporé s'était-il pendant le temps des mépris noyé dans son immense sagesse? Dans son inépuisable bonté? Qu'a-t-il fait de son pouvoir sans limites? « Comment les juifs peuvent-ils encore croire en un Dieu tout-puissant et bienfaisant après Auschwitz? La théologie juive traditionnelle soutient que Dieu est l'acteur ultime et tout-puissant du drame historique. Elle a interprété les plus grandes catastrophes de l'histoire juive comme le châtiment d'un Israël coupable. Je ne vois pas comment on peut maintenir ce point de vue, sinon en considérant Hitler et les SS comme les instruments de la volonté divine. Pour déceler dans les camps une finalité quelconque, le croyant de la tradition est forcé de considérer le déchaînement antihumain le plus démoniaque comme une expression signifiante du projet de Dieu... » (R.L. Rubinstein.) À l'interrogation des théologiens et croyants victimes fit écho l'émoi général des prêtres et des fidèles : « Il n'existe pour moi aucun dieu que je pourrais adorer le dos tourné à Auschwitz », note le professeur de théologie fondamentale à l'université de Munster, J.B. Metz. La question éclatante et nette fait pâlir les esquisses d'une réponse. Comment replâtrer le masque sulpicien d'un Dieu affable, contemplant, d'un regard empreint d'infinie tendresse, l'abomination des abominations?

Il fallut multiplier la petite innocente dostoïevskienne par six millions pour remettre en question la gentillesse de l'Aimable Aimant. Pourquoi? À première vue, la quantité n'affecte pas la qualité de l'injustice. Torturer ou laisser souffrir un jeune enfant, « seulement un », ne réduit ni ne gomme la crapulerie. Profane ou religieux, l'humanitarisme optimiste, qui imbibait la Belle Époque, tolérait bavures et accrocs; les mésaventures individuelles étaient subsumées et rédimées dans le panorama d'une harmonie globale, préétablie par Dieu selon Leibniz, par la nature selon les mécréants. « L'individu passe, mais l'espèce n'a point de fin et voilà ce qui justifie l'homme qui se consume, l'holocauste immolé sur les autels de la postérité », écrit Diderot à Falconet. Voilà qui explique cette différence de qualité introduite par l'accumulation quantitative propre aux génocides. Les crimes contre l'humanité manifestent, contre Diderot, que le genre peut passer avec l'individu. L'espèce rencontre une fin et la postérité risque de se trouver immolée ici et maintenant. Le crime porte à la fois sur l'élément et sur l'ensemble; une besogneuse application à martyriser et exécuter un individu laisse imaginer et prévoir, de proche en proche, l'extermination sans reste du genre humain. Le chef sacrifie son enfant, les Grecs anéantissent Troie, les vainqueurs manquent de s'entre-dévorer jusqu'au dernier. La passion de détruire ne se laisse pas remiser dans l'arrière-cour de la création et de la nature, comme un détail fâcheux. Contagieuse, expéditive pour tous, la peste symbolise la présence-parousie des maux, venant ridiculiser l'hypothèse d'une bonté toute-puissante. La tragédie publia cette dure vérité; les perpétuels satisfaits et confiants s'empressèrent de l'ignorer. Le XXe siècle, contre son gré, s'en éclaboussa.

L'annihilation une fois présentée dans son énormité, il faut supposer que la divine perfection soit n'y puisse rien, soit s'en détourne. Ce qui contredit sa toute-puissance. Ou s'imaginer qu'elle assume la peine et l'inflige à titre de punition, d'expiation voire d'édification. Ce qui contredit sa bonté. Dans tous les cas de figure, le résultat est identique : devant le mal, le Bon Dieu perd la face. Cela ne signifie pas nécessairement qu'il n'existe pas, mais que pour nous, correctement informés, son infinie bonté demeure impensable. S'y référer ne règle en rien notre conduite. Il nous faut compter sur nos forces et avec notre faiblesse singulière. L'éthique, comme la pensée, est une opération d'hommes « purement hommes » (Descartes), qui n'ont « pas de havre » (Pascal), « autonomes » (Kant), des humbles que paradoxalement « le manque de dieu sauve » (Hölderlin).

2. Le monde est un désordre. Le cosmos n'est pas village de vacances. À quoi pouvait servir l'évocation d'une bonne providence ? À fêter l'ensemble des êtres comme un bon ensemble. À synonymiser les acceptions différentes du mot grec Cosmos avec « ordre et beauté, luxe, calme et volupté ». Dionysos, metteur en scène de son propre dépeçage, découvre nietzschéennement l'unité sous-jacente du plus grand déchirement spatial. En une démarche parente, Hegel imagine le sacré-cœur temporel d'un « repos translucide et calme », où la raison reprend conscience et confiance, malgré le brouhaha des passions historiques, cette « bacchanale délirante dont il n'est aucun membre qui ne soit ivre ». Le Bon Dieu garantit exotériquement ce à quoi la volonté dionysiaque et la spéculation dialectique introduisent ésotériquement : l'égalité avec lui-même d'un monde où l'ordre par essence l'emporte sur le désordre, le Bien sur le mal, le même sur l'autre.

Le fameux « être dans le monde », ce pont aux ânes des professeurs de philosophie depuis un demi-siècle, finit par signifier l'être à l'aise dans un chez-soi originel baptisé : monde de la vie, univers anté-prédicatif, foi perspective, home sweet home, Heimat, racine. Entendons : une Terre qui ne peut pas « perdre son sens d'archi-foyer, d'arche du monde »

(Husserl), une Terre qui n'est pas l'astre errant de Galilée, ni quelque étoile filant dans un vide dont la nature aurait horreur et dont Pascal défend mordicus, contre le père Noël, l'existence et la concevabilité. Mais non ! Pas de vide ! il faut que tout se tienne et tienne chaud : « il n'y a qu'une humanité et qu'une Terre – à elle appartiennent tous les fragments qui sont et ont toujours été séparés » (*id.*). La dispersion des peuples, des langues, des consciences ne serait que faux-semblant et toute diaspora un mauvais moment à passer. L'errance n'est qu'apparence, « l'arche Terre ne se meut pas » (Husserl). À la fin, comme au début, l'esprit se retrouve « chez soi » (Hegel). Sous la houlette d'un ami de la maison « qui pourrait réinvestir le caractère mesurable et technique de la nature dans le secret ouvert, à nouveau éprouvé, d'un naturel de la nature » (Heidegger). Bonne nuit les petits ! votre repos sera translucide et pacifié, les bergers de l'être et « les fonctionnaires de l'humanité » vous bercent, et vous gardent.

Les apologies, pourtant sincères, de la tragédie antique prodiguées par le XIXe siècle véhiculent les promesses d'une fin de la tragédie et de l'histoire, via quelque apothéose réconciliatrice. Dionysos avec l'âme du Christ, Napoléon visité par l'esprit d'un nouveau Platon, Wagner revu, corrigé puis réfuté par Nietzsche étaient censés présenter le joyeux épilogue. Comme si la plus pensante des mises en scène ne pensait et n'avait jamais pensé qu'à quitter la scène, déchirements raccommodés, sacrifices épongés, désarrois transfigurés. La tragédie fait peur, qu'elle finisse ! Les yeux écarquillés sur le mal, rend-elle impossible l'équation monde = ordre ? Baissons le rideau ! Réhabilitons l'ordre du monde ! En toute gentillesse herméneutique, nous lui ferons rendre gorge, elle annoncera son auto-évaporation ; les dieux, dûment éduqués, devenus sages, reviendront éternellement, la crise est close. L'équilibre rose bonbon reprend ses droits. La justice tend à chacun son dû. L'histoire s'épiphanise en tribunal mondial. « Weltgeschichte ist Weltgericht. » (Hegel.)

L'insistance des naïfs qui inventent un Bon Dieu recouvre la contemporaine naïveté des sages qui sauvent le « monde ». En le transformant, le révolutionnant, le replâtrant. Les voies et les moyens de la bouffonnerie divergent, mais pas la cible ; l'ordre général perdu doit comme un phénix renaître de ses cendres. Le commun invoque une providence aux petits soins, Nietzsche en appelle à l'esprit de la terre, Hegel table sur la ruse de la raison. La bonté du Bon Dieu nous tracasserait moins si elle ne nous paraissait devoir garantir la paix cosmique, laquelle passionne, car elle permet d'éluder les parousies dévastatrices.

Napoléon, saisi par l'honnêteté ou pressentant la chute, encore lointaine, de son étoile, confia à Goethe : pour un moderne, la tragédie, « c'est la politique ». Plus franc que le Malin selon Faust, l'Empereur peu scrupuleux – le diable aux yeux de la majorité de ses contemporains – s'abstint de feindre que tout allait pour le mieux dans le moins tragique des mondes possibles. Son propos fut vite contourné, la politique redevint apéritive et le XXe siècle fut materné, à sa naissance, par les parrains d'une stratégie anti-tragédie. Gouverné par la volonté nietzschéenne ou la raison hégélienne, un Européen, qui se situe par-delà le mal, est nécessairement post-tragique, donc, si l'on suit Napoléon, post-moderne.

Qui, de nos jours, hésite à se réclamer de la société ouverte, de l'universel, du cosmopolitisme ? Les sociétés closes ont mauvaise réputation. Staline lui-même s'autoproclamait internationaliste et le Reich hitlérien postulait à un destin planétaire, tout comme nos télé-intégrismes enturbannés des actualités mondiovisuelles. Il faut néanmoins distinguer. Il y a la manière platonique d'ouvrir une société close. Et il y a la tragique. Dans le premier cas, l'ouvre-boîte socio-cosmologique est l'idée du Bien, Staline, Hitler et Amani l'utilisent. Dans le second cas, la contagieuse parousie des maux.

Le cosmopolitisme aristotélicien et platonicien (dont la pensée du XIXe respecte les structures essentielles en les maquillant au goût du jour) procède par emboîtement. Les microcosmes individuels ou régionaux se contiennent et sont contenus par le monde des mondes, une sphère parfaite, immuable et vraie. « Telles sont les réalités qui relèvent du monde, elles ne se montrent pas tantôt avec telles qualités et tantôt sous un autre jour, mais toujours identiques. » (Aristote.) L'exclusion du changement entraîne le non-mensonge, la non-corruption. L'ensemble de tous les ensembles se contient lui-même sans paradoxe, ni trouble. Le créateur mythique, que présente Platon, monte et montre la mécanique cosmique nous préservant des déflagrations tragiques. Tout ne peut que tourner rond, quand le démiurge « donne la prééminence à la révolution du même » et trace la sphère céleste en enfermant le temporel, le « cercle de l'Autre » dans le plus englobant et déterminant « cercle du Même », l'éternité (*Timée*, 36).

La tragédie « ouvre » les plénitudes sphériques par le mauvais côté, par les contagions matérielles et les épidémies mentales. Aucune muraille n'est imprenable, aucun cercle du Même n'immunise contre une altérité qui circule partout, car définitivement localisable nulle part. L'atopique (atopos : absurde, insituable, paradoxal), ne se laisse ni encadrer, ni biffer par des topologies sages. Le rapport étrange qui lie le bizarre à l'étranger ne peut se réduire à la relation du même au même. L'extrême vulnérabilité déclôt les mortels : « contre tout ce qui est autre, on peut travailler à s'assurer sécurité ; mais la mort fait que nous, hommes, habitons tous une ville sans remparts » (Épicure, *Sentence* 21). À penser le monde dans l'horizon de l'ordre, le maître de vérité s'arroge le privilège de définir cet ordre et le prêchi-prêcheur relance des querelles de principes, par principe mondiales.

Le vrai cosmopolitisme se moque du cosmos. Il ne rêve pas de l'union universelle, sauf en matière de postes et télécommunications. Il sait que de l'utopie aux cimetières la pente est rude, raide, mais directe. Le vrai cosmopolitisme est un a-cosmisme, il plonge le même dans l'océan des dissimilitudes, il pense les univers particuliers sur un fond de désordre qui les menace tous. Il cherche à entendre nos mésententes et à nous faire nous entendre sur elles. Bricoler des ordres nouveaux à partir des débris d'ordres anciens fait une activité des plus communes ; les uns la mènent en vue de l'éternité et perdent leurs temps ; les autres travaillent dans l'éphémère, quitte à perdre leurs éternités.

3. L'homme est le lieu de l'inhumain. Tant célébré, si recherché, l'être-dans-le-monde encoconne. Ne peut-on donner congé à l'enveloppe protectrice ? Enfant trouvé, adulte perdu au sommet et dans les bas-fonds de la cité, vieillard errant, Œdipe émerge, racines tranchées, comme être-du-dehors. Il se croit dans le monde, il s'abuse. Sa misère l'éjecte du beau cosmos, l'isole et le grandit à jamais dans le savoir le plus universel qui soit : il se sait misérable, « car autrement ce n'est pas monter, c'est tomber. On ne montre pas sa grandeur pour être à une extrémité,

mais bien en touchant les deux à la fois, et remplissant tout l'entre-deux. » (Pascal, *Pensées*, 353.) Il y a comme un paradoxal défi à regarder l'insoutenable et en soutenir la vue. On héroïse par trop facilement pareille capacité en l'alléguant apanage de quelques êtres d'exception, promis à un destin funeste. Tel, l'Empédocle d'Hölderlin se jette dans le volcan. Tel, « ce représentant de l'humanité » (Goethe à Luden, 1806), Faust lui-même dans le fragment de 1790 :

> « Et ce qui est échu à l'humanité entière
> Je veux en jouir dans mon for intérieur
> Saisir avec mon esprit les choses les plus élevées et les plus basses
> Accumuler dans mon sein son bien et son mal
> Élargir ainsi mon propre moi jusqu'au sien
> Et comme elle me briser à la fin. »
>
> *(Und was der ganzen Menschheit zugeteilt ist,*
> *Will ich in meinem innern Selbst geniessen,*
> *Mit meinem Geist das Höchst' und Tiefste greifen,*
> *Ihr Wohl und Weh auf meinen Busen häufen,*
> *Und so mein eigen Selbst zu ihrem Selbst erweitern*
> *Und, wie sie selbst, an End' auch ich zerscheitern.)*

Pourquoi se briser ? Pourquoi présupposer qu'être brisé, clivé, c'est disparaître ? Le choix est-il entre être-dans-le-monde et pourrir à la morgue ? L'existence entre-deux-mondes, en plein air, s'exhibe-t-elle inconcevable ? Qui pense derrière cette inconcevabilité, lui conférant la pesanteur d'un préjugé de plomb ? Si l'on se donne un être encoquillé dans la ruche de l'erreur et qu'on promette de le rapatrier plus tard dans la bulle du vrai, le passage d'un monde à l'autre, on l'a vu, tient du miracle et n'est jamais le fait du passager : Socrate est impossible dans l'antre des aliénés et inutile une fois foulés les pâturages du bien. Hegel, dont la philosophie de l'histoire n'est qu'une version temporelle du mythe de la Caverne, explique à son tour qu'un philosophe socratique arrive toujours trop tard ou trop tôt. Lorsque son ironie prend une distance critique quant au monde qui l'entoure, ce dernier « achève de disparaître », l'esprit de contestation reflète une réalité crépusculaire et peint « gris sur gris » un paysage en ruines. Si sa pensée programme quelque rénovation, elle se trouve à son tour dépaysée par l'effectuation de son projet, rétrodévaluée par la révolution qu'elle annonce. Par la ciguë et par la guillotine, par le tribunal du passé, comme par celui de l'avenir, Socrate est coincé, condamné, raccourci. Nietzsche a poétisé l'arrachement radical d'une parole n'accédant à l'air libre qu'à la condition de n'appartenir à personne. Déléguée par les derniers hommes à Zarathoustra, qui prophétise le surhomme, qui annonce la volonté de puissance, qui pressent l'éternel retour, qui... Cette cascade de fuites et de renvois monnaye l'apparent cercle vicieux, où tournoie un être-dans-le-monde qui entend percer une enveloppe si spéculativement bétonnée.

La connaissance de soi opère dans l'actualité, sans pareille grandiloquence. Il lui suffit de traiter les mythes de la philosophie et des idéologies comme Socrate dénoyautait ceux de la tradition et des poètes. La connaissance de soi ne montre pas sa grandeur à être avant ou après, mais bien « en touchant les deux à la fois ». Elle transforme l'éparpillement spatio-temporel de l'expérience historique en chemin intérieur. Elle nous dévoile capables de nous rapporter à nous-mêmes comme à un autre, et à l'autre comme à un alter ego. Socrate s'examine en Typhon, je dois me rendre apte, répétant l'opération, à risquer « Hitler c'est moi ».

Nous sortons du beau monde, nous soutenons la vue de l'inhumain à déceler qu'il réside en nous, comme nous en lui. « De même que, une fois parvenu à sa perfection, l'homme est le meilleur des animaux, de même, s'il est privé de loi et de justice, il est le pire de tous » (*Politique*, 3, 1253a), remarque Aristote. Entendons, l'homme n'est pas seulement un milieu entre deux extrêmes, mais il est le milieu où les deux extrêmes se touchent et s'affrontent. L'animal tue par faim et soif, seul l'homme boit sans soif et tue pour tuer. L'animal culmine en l'homme, pas dans la bête, trop bête pour atteindre une bestialité qui demeure l'apanage de nos semblables. Le crime suppose intention, raisonnement, discours, « seul l'homme peut être inhumain » (Brague).

Lorsque le même Aristote définit la vertu morale comme « juste milieu », il n'entend pas dresser le panégyrique d'une craintive médiocrité qui fuit les risques. Au contraire, le milieu « juste » n'est ni donné ni acquis, il est l'enjeu d'une lutte sur deux fronts. De même que le courageux doit éviter panique et témérité, et doit connaître la peur sans lui céder (*E. E.* 1221a), de même la vertu en général n'établit de « milieu » humain et policé qu'en menant un combat perpétuel contre les extrémismes antagoniques qui nous déshumanisent. Qui est téméraire participe de la lâcheté, face à sa propre peur la fuite en avant n'est pas plus honorable qu'un recul affolé. « Qui veut faire l'ange fait la bête. » (Pascal emprunte à Montaigne, qui maîtrise son Plutarque, qui aristotélise.) L'homme ne naît pas bon et platonique. Il n'est pas davantage cantonné dans et condamné à la caverne.

En affrontant l'inhumain qui l'habite et l'entoure, il s'invente des vertus. La philosophie de la tragédie ne s'est jamais tue. Derrière les enthousiasmes cosmiques qui en prennent le contre-pied, elle s'inscrit en filigrane dans la quête éthique de l'Occident. La tragédie a loisir de jouer Platon contre Platon, Aristote contre Aristote : la pensée est un combat intérieur, pas un paquet de doctrines à prendre ou à laisser en bloc. Montaigne a repéré deux Socrate qui se heurtent dans les dialogues platoniciens. D'une part le persuadé qui contracta auprès de Diotime, bergère de l'être, la rage des élévations exaltées. De l'autre, le dissuasif qui comme dans *L'Apologie de Socrate*, civilise la mort, s'en instaurant sentinelle.

Reste à nommer la modalité particulière d'accueil de l'autre en nous, de nous en l'autre sur fond de notre toujours menaçante inhumanité commune, quand prédomine l'altérité sur l'identité. Cette relation évoque une notion précise en grec ancien, celle de l'ami et de l'aimer, philos, philein. Le linguiste E. Benveniste le montre, originairement elle vise la conjonction de soi et d'un allogène : « La notion de philos énonce le comportement obligé d'un membre de la communauté à l'égard du xénos, de " l'hôte " étranger. » Toute amitié implique une composante d'inimitié qui ne relève pas de la confusion des sentiments et des ambivalences du cœur. Elle s'inscrit, avec précision, dans une relation codée et quasi contractuelle entre deux parties antagoniques. Accorder son amitié, selon le philein, c'est offrir l'hospitalité à un étranger, virtuellement hostile. Sous bénéfice de réciprocité ; « c'est toujours parce que celui qui est né au-dehors est a priori un ennemi qu'un engagement mutuel est nécessaire pour établir entre lui et ego des relations d'hospitalité qui ne seraient pas concevables à l'intérieur même de la communauté » (Benveniste). L'amitié lie deux êtres extérieurs l'un à l'autre, ils maintiennent cette hétérogénéité en la négociant : ils fraternisent, ils échangent leurs bonnes manières, leurs armes ou leur sang, non pas en dépit, mais en vertu du fait qu'ils demeurent dangereux l'un pour l'autre.

Lorsqu'elle se hisse à hauteur de tragédie, la philosophie, Philo-Sophia, prouve son savoir-faire, sophia, sur la piste du philein. Sagesse de l'amitié, son « se connaître soi-même » accueille l'étranger, l'héberge comme l'ennemi le plus intérieur. Amitié pour la sagesse, elle n'a pas à se croire sage et maintient la distance ; amicale, dubitative et pudique, elle préserve l'altérité irréductible devant chaque supposé Tout Savoir : « Je sais que je ne sais rien. »

Le philosophe n'arrive donc ni trop tôt, ni trop tard, mais à son heure, celle de la crise occidentale que notre civilisation impose aux autres, en les ouvrant, et à soi, en se détachant de traditions sans cesse remises en chantier. La crise n'est pas une éphémère perte d'équilibre, mais un ébranlement qui fragilise nos éphémères équilibres. Pas un mauvais moment à passer, mais le mouvement qui fait passer et désenchante les fétiches de l'antiquaire, les sortilèges de la mode, l'utopie qui voile l'imprévisible des futurs. La crise, inlassable, inclassable, est le passage à l'acte du philein, cet étrange amour de l'étrange, par quoi une société, de prime abord désagrégée, tente, depuis Athènes, de coexister avec et dans une violence tout terrain.

Qu'est-ce qu'une philosophie, qui ne ment pas comme une arracheuse de dents ou une extirpatrice définitive du mal ? C'est l'accueil de l'étrange et de l'étranger en nous, jusqu'au point où l'incongru s'avoue nous-mêmes. C'est le saut hors d'une bonne humanité formant un bon ensemble. C'est la construction du concept de genre humain comme paradoxal et autodestructeur de tous les ensembles. C'est l'exercice d'une solidarité des ébranlés par l'invention d'une éthique de la dissuasion.

Découvrant que le Très-Haut ne se laisse pas prendre au filet de nos petites bontés municipales et convenues, délaissant la jolie bulle de savon nommée cosmos, exposé à l'erreur et malade de chaos, le philosophe ne sera jamais roi, ni l'élu d'une élite, ni

M. Tout-le-Monde, ni lui-même. Il n'a rien d'un être d'exception. Les grands airs affichés par Zarathoustra l'amusent, puis le lassent. Il préfère visiter à la dérobée tout un chacun qui, plongé dans une des nombreuses inextricabilités de l'existence, se prend la tête entre les mains. Enfants de la première civilisation qui produit des enfants sans racines, glisse-t-il, je n'ai rien à vous dire qu'implicitement vous ne sachiez, puisque l'homme est le seul animal qui affronte, les yeux mi-ouverts ou déjà mi-clos, l'inhumanité de sa condition.

Troisième pierre ajoutée aux fondations des murailles intégristes : le refus des pensées qui ébranlent, donc de la philosophie. Le mur s'édifie au nom des lumières contre les lumières. Il obture, en vertu du respect dû aux usages, aux dieux, voire à une « philosophie » à son tour sanctifiée et rendue inutile parce qu'intouchable. Socrate est un blasphémateur, il inquiète les notables, bafoue les traditions, déprave la jeunesse, la communauté athénienne le condamne à la ciguë. Paris lance la philosophie des Lumières, que les Allemands éclairés acclament. Simultanément, Paris corrompt; les mêmes circuits diffusent l'*Encyclopédie, Thérèse philosophe* et les pornographes de l'heure; les éclairés allemands s'offusquent. Ils veulent la lumière sans la corruption; ils entendent séparer le bon grain de l'ivraie et pour parfaitement éduquer le peuple ne pas l'exposer à la tentation. D'où la mise en accusation de l'« esprit » délétère français (Lessing). D'où la lutte contre la dislocation des modernes (Schiller). D'où la clôture et les censures du non national (Fichte). Plus tard, fascinée, coincée, révoltée à son tour par la subversion mentale et morale, déferlant depuis l'Ouest, l'intelligentzia russe se ferme philosophiquement à la philosophie et aux inquiétantes lumières. Aujourd'hui se dresse la même rébellion « humiliée » des diverses élites musulmanes et tiers-mondiales. À Alger, les antennes paraboliques sont anathémisées comme « diaboliques » par les combattants de la foi. Ne permettent-elles pas de capter les télévisions européennes, les informations en libre circulation, les idées et les images licencieuses ?

Dans les banlieues, les marges et les marches des grandes métropoles modernes, tout bascule, usages et mœurs, modes de vie et façons de penser. Entre un passé caduque et un avenir angoissant, le refus complet, sans nuance, du changement ouvre une issue apaisante à des tensions insupportables, même si, insidieusement, il les redouble. Les successives vagues d'intégrisme antioccidental, aisément explicables, paraissent moins surprenantes que l'ébahissement ou la complicité doucereuse et protectrice de ceux qu'elle prend pour cible. Allemagne, Russie, Méditerranée... On se prend à relire avec délices l'avertissement de 1855 offert à ses chers Français par un poète, longtemps ami de Marx mais combien plus voyant : « (...) Quand vous entendrez le vacarme et le tumulte, soyez sur vos gardes, nos chers voisins de France (...) car vous pourriez facilement vous brûler les doigts. Ne riez pas de ces conseils, quoiqu'ils viennent d'un rêveur qui vous invite à vous défier de kantistes, de fichtéens, de philosophes de la nature ; ne riez point du poète fantasque qui attend dans le monde des faits la même révolution qui s'est opérée dans le domaine de l'esprit. La pensée précède l'action comme l'éclair le tonnerre. Le tonnerre en Allemagne est bien à la vérité allemand aussi : il n'est pas très leste, et vient en roulant un peu lentement ; mais il viendra, et quand vous entendrez un craquement comme jamais craquement ne s'est fait encore entendre dans l'histoire du monde, sachez que le tonnerre allemand aura enfin touché le but. À ce bruit, les aigles tomberont morts du haut des airs, et les lions, dans les déserts les plus reculés de l'Afrique, baisseront la queue et se glisseront dans leurs antres royaux. On exécutera en Allemagne un drame auprès duquel la Révolution française ne sera qu'une innocente idylle. » (H. Heine.)

Le chant du départ

Le onzième commandement – que rien de ce qui est inhumain ne te demeure étranger – n'exige pas : fais! mais fais voir!... le mal. Méthode de pensée, hymne de victoire, l'impératif anime un face-à-face décisif. Sans pleurnicherie aucune, ni misérabilisme, ni masochisme, il distille la répulsion qui rendit – preuve par Soljenitsyne et l'implosion du système communiste – la dissidence inflexible et le mur de Berlin friable.

Après coup, à l'heure où devant l'écrivain, l'« histoire s'agenouille », l'observateur attentif marque sa stupéfaction : « Quand on songe au mal éblouissant que Sartre se sera donné pour penser le communisme et les événements de son temps, à partir de 1945 et jusqu'à sa mort, et que de tout ça dont il a tant parlé, pfuit, plus rien en apparence, il y a de quoi s'arracher les cheveux... Le contraire de Sartre qui a eu donc l'engagement malheureux, c'est Aleksandr Issaïevitch Soljenitsyne. Soljenitsyne aura eu la chance méritée et à peine croyable de voir de son vivant le monstre qu'il a tant combattu, et qu'il a tant contribué à disqualifier auprès d'une opinion universelle si versatile, s'effondrer sous ses yeux. La cause soutenue par Soljenitsyne avec le succès que l'on sait, il n'y en a pas eu deux comme celle-là depuis qu'il y a des écrivains et qu'ils soutiennent des causes. S'en est-on aperçu ? Ne l'a-t-on pas oublié ? » (B. Frank.)

Sans *Le Premier Cercle, Ivan Denissovitch*,

L'Archipel du Goulag, Sakharov n'aurait pas mené si intense combat, voyez ses mémoires. Et la Charte 77 de Prague – les Patočka et les Havel – n'eût pas opposé un refus si rigoureux annulant toute tentative de parer, derechef, l'inhumanité totalitaire d'un quelconque visage humain. Lorsque Michnik, grande figure de la résistance anticommuniste polonaise, me fit compliment de *La Cuisinière et le Mangeur d'hommes*, qui déboucha, me dit-il, vers 1975 quelques oreilles à Varsovie, je me dis que Soljenitsyne auquel mon livre tentait de faire philosophiquement écho, avait patronné l'alliance des laïcs et de l'Église à l'origine du syndicat Solidarité. Parvenu Big Boss au Kremlin, Gorbatchev put faire valoir de visu à ses collègues du Bureau politique qu'en face d'eux se dressaient, à Varsovie, Budapest et Prague, des générations réfractaires et pas quelques individus psychiatrisables, manipulés par les services secrets américains. Au-dessus de lui, des purs – expatriés, exilés, embastillés ou torturés – pensaient autrement et l'obligeaient, à son cerveau marxiste défendant, à réfléchir, au moins par bribes, hors idéal communiste. Trente années auparavant, Khrouchtchev, dénonçant les crimes de Staline, était à la fois le numéro un du Parti et le numéro un de la contestation publique du Parti, dont il s'imagina le purificateur. Échec. Lorsque Gorbatchev parut, il constata rapidement et, petit à petit, mesura le retard que ses essais de réformes avaient pris sur l'effet Soljenitsyne. Les naïfs acclamèrent le genre Gorby, les connaisseurs interrogèrent l'endurance des dissidents. À quoi tient-elle ?

Le dédain soljénitsynien pour les puissants de l'heure et les grands de ce monde semble partagé par Sartre. Ce dernier ne concluait-il pas son premier grand ouvrage par l'affirmation nette qu'il revient

« au même de s'enivrer solitairement ou de conduire les peuples » ? Et s'il comparait les deux engagements, il attribuait la palme au « quiétisme de l'ivrogne solitaire » plutôt qu'à « l'agitation vaine du conducteur des peuples ». Pourquoi, en quoi « vaine » ? Non par ses conséquences pratiques, toujours bouleversantes pour les autres, que le « conducteur » soit victorieux ou défait. Vaine, parce qu'illusoire, dans la mesure où le guide suprême fabule. L'alcoolique peut s'en laisser conter, et s'en infliger, moins. Le critère de Sartre est le mensonge qu'on sert aux autres et à soi-même ; en dépit des apparences, la tribune des meetings et l'euphorie des congrès s'avèrent souvent plus propices aux glissades de l'esprit que le zinc des comptoirs. L'idéologue l'emporte haut la main en intoxication sur celui qui n'est pris que de boisson. L'écrivain russe semble cultiver un semblable rejet de la mauvaise foi, lui qui résume tous les préceptes de la dissidence à la règle des règles : ne pas mentir.

Sous l'identité des formulations, perce une divergence, discrète mais décisive. La question éthique, selon Sartre, est celle de la valeur : si l'homme choisit en toute liberté son bien, peut-il le respecter comme LE Bien, et s'il ne le choisit pas librement, peut-il le respecter comme un Bien ? (L'existence « du seul fait qu'elle se saisit comme liberté par rapport à elle-même pourra-t-elle mettre un terme au règne de la valeur ? Est-il possible qu'elle se prenne elle-même comme valeur ? » etc.) La mauvaise foi que déconstruit Sartre est le mensonge devant le Bien, celui des esprits de sérieux qui font comme si la règle, qu'ils se donnent arbitrairement, était dictée par d'inflexibles cérémonies des choses, celui du garçon de café (ou de la star) qui joue au garçon de café (ou à la star), celui de la belle âme, qui se croit bonne, pose à la parfaite, s'évertue à la sainteté, se prédestine élue patentée, diplômée et arrivée. Le tracas de Soljenitsyne, différent, est celui de la non-valeur – le problème des hommes qui choisissent de ne pas voir les horreurs petites et grandes ou se laissent berner par leur habillage de faux-semblants. Il poursuit, sous toutes les coutumes et lattitudes, le mensonge devant le mal. Sartre se demande comment accéder au paradis des valeurs positives sans histrionner. Soljenitsyne examine si, et comment, on peut descendre et demeurer en enfer sans s'illusionner. La question sartrienne s'avéra insoluble, elle empêtra son auteur et bien d'autres. La question de Soljenitsyne se révéla opérationnelle, et l'histoire entra en transes...

Toute écriture dévoile, mais qu'explore-t-elle ? Le rapport au pire ou l'élan vers le meilleur ? Ouvre-t-elle sur nos perversions ou profile-t-elle nos conversions ? L'opposition entre édifiants académiciens sulpiciens et symbolistes satanistes s'aspergeant de soufre caricature à bon marché la grande faille qui mina la littérature du XIXe. Elle ne dressait pas les écrivains les uns face aux autres, mais chacun contre lui-même. Il y a les romans de Dostoïevsky, autant d'irremplaçables spéléologies. Et il y a ses essais, qui sponsorisent les solutions bâclées du panslavisme, de l'antisémitisme et d'une foi de charbonnier trop placide encore pour se révéler fanatique. Il y a, chez Goethe, un Faust tragique qui croit transformer le monde, alors qu'il creuse sa tombe, comme l'Ivan de Soljenitsyne s'investit dans l'effusion du travail créateur et collectif pour... construire sa propre prison. Comme Gretchen aime et se perd. En regard, il y a le montage du non moins goethéen *Prologue dans le ciel*, où Faust est « sauvé », mais au prix de la tragédie et Gretchen purement oubliée, éclipsée.

D'autres médiatrices « tirent vers le haut » les marionnettes d'une preuve A+B que, dans une Création digne de son créateur, le mal ronge toujours sous les ordres et au bénéfice du Bien.

Il suffit qu'un poète ne se tienne pas inféodé aux soucis d'une cohérence systématique, pour que les deux pulsions s'étalent à livre ouvert, sans demi-mesures. Tantôt l'inspiré fait office d'intercesseur, restitue à la planète errante son port d'attache, ouvre la marche et de son doigt désigne au naïf genre humain le nouvel Orient :

> « Les pestes, les forfaits, les cimiers fulgurants
> S'effacent (...)
> On voit l'agneau sortir du dragon fabuleux,
> La vierge de l'opprobre, et Marie aux yeux bleus
> De la Vénus prostituée;
> Le blasphème devient le psaume ardent et pur,
> L'hymne prend, pour s'en faire autant d'ailes d'azur,
> Tous les haillons de la nuée.
> Tout est sauvé! La fleur, le printemps aromal,
> L'éclosion du bien, l'écroulement du mal... » (Hugo.)

Tantôt le battement entre ce qui « s'efface » et ce qu'« on voit » fonctionne à rebours, le bien pâlit et paraît près de s'évanouir (Dieu est-il fou ?) à la vue envahissante de l'horreur dont nous gratifie Hugo toujours mage, mais « songeur » et « sondeur », « voyant », non plus gourou et pilote du prochain TGV pour le paradis.

> « L'être effrayant se tait au fond du ciel nocturne,
> Il regarde tomber de la bouche de l'urne
> Le flot livide des humains.
> Nous jugeons. Nous dressons l'échafaud. L'homme tue
> Et meurt. Le genre humain, foule d'erreur vêtue,
> Condamne, extermine, détruit,
> Puis s'en va. Le poteau du gibet, ô démence!
> Ô deuil! est le bâton de cet aveugle immense
> Marchant dans cette immense nuit. »

Rapporter l'homme au bien conduit irrésistiblement au prêche. Pas automatiquement, pas directement, car le ver de la mauvaise foi habite les resplendissants fruits de la foi. Le suivre dans sa circonvolution dissimulée aiguise et subtilise maints romans et nouvelles, de Sartre parmi d'autres. Néanmoins, la tentation d'une fuite en avant hante un commerce avec l'idéal toujours problématique :

> « Je vous dirai qu'en moi j'interroge à toute heure
> Un instinct qui bégaye, en mes sens prisonnier,
> Près du besoin de croire un désir de nier... »

La crise pèse, indépassable, sur l'Occidental. Elle rend les êtres centrés sur le bien, les agathoïdes, les écrivains prédicants particulièrement vulnérables. Remplaçons « Victor Hugo » par « Jean-Paul Sartre », et remarquons : le commentaire sur le premier vaut pour le second, tant la demande de « valeur » prédispose à boire comme un buvard les illusions ambiantes. « Le dogmatisme optimiste de la philosophie de l'histoire, qui a détourné des voies de l'expérience et du bon sens tous les penseurs influents du XIXe siècle, et forcé l'inaliénable sentiment de l'existence du mal à se porter tout entier sur le passé – dont même on embellissait le sombre tableau en le relevant par les perspectives d'avenir qu'on y cherchait –, ce dogmatisme imbécile, entré peu à peu dans toutes les têtes, a exercé sur les idées et les œuvres de Victor Hugo une influence déplorable. » (Renouvier.)

Formidable puissance de savoir ce qu'on ne veut pas ! Les réfractaires s'unifièrent dans un rejet en évitant de se laisser désunir par la concurrence des projets. Ou plus exactement, ils regardèrent le socialisme réel dans les yeux, l'examinèrent sous toutes ses coutures, l'éprouvèrent dans l'inépuisable générosité de ses perversions et se rassemblèrent autour du projet de le rejeter. Au début de ce siècle, les humanistes abusés et abusifs pensaient rose, est-ce dire qu'aujourd'hui il faille s'habiller de sombre ? Nullement.

Voir le noir n'est pas voir tout noir. Le noir est la couleur de l'absence de couleurs, la mise en évidence du vide, l'énorme possibilité offerte de prendre position devant, face, contre les intégristes alliances de la nuit et du brouillard. La marche vers l'abîme, la chute de mal en pis étant devenues perceptibles, prévisibles, autorisent le recul, le pas en arrière, le vote avec les pieds, le mouvement de fuite intérieure et extérieure qui, de proche en proche, communicable et communiqué, démantèle inlassablement les dictatures les mieux cramponnées. « L'étonnement devient étonnement devant l'inexplicable de l'humanité elle-même... Comment fut possible Auschwitz ? Et le Goulag ? Et Katyn ? Et le renvoi à Staline des prisonniers soviétiques ? Et le fameux bagne de Pitesti ? Et les interrogatoires sous torture ? Et les hôpitaux psychiatriques ? Et la Securitate des pays communistes ? Comment, sous le masque de l'humanisme le plus radical, a-t-on pu tuer l'idée même de l'humanité ? Comment est-ce que tout cela a été possible ? Ces questions planent sur une bonne partie de l'humanité; l'Europe entière vit aujourd'hui dans leur ombre. » (Liiceanu.) C'est aux questions du philosophe roumain que ce livre imagina répondre.

Centré sur ce qui ne va pas, Soljenitsyne s'est garanti contre la manie prêcheuse. Il a un dieu, une religion, des convictions, il ne les laisse nullement ignorer, mais ces hauteurs n'encombrent pas son œuvre. Ce n'est pas à leur tribunal qu'il cite la créature pécheresse, il la confronte à l'enfer. Dans toutes ses dimensions. Les mioches des camps, les vieillards bafoués, rien ne sera épargné et surtout pas notre participation à la broyeuse mise en scène, ni la complaisance d'un intellectuel, ni l'enthousiasme avec lequel un simple paysan couronne son bourreau. Tu ne fautes pas en manquant de révérence à l'égard d'une valeur surplombante que tu ignores. Tu pèches, par contre, en te dissimulant ce que tu vis et en vivant ce que tu dissimules. Ce commerce te noue au point que tu n'as pas à te reprocher d'aimer le mal, mais plutôt d'aimer aveuglément ce rapport d'aveugle qui t'y cloue. « Nous courons sans souci dans le précipice, après que nous avons mis quelque chose devant nous pour nous empêcher de le voir. » (Pascal, *Pensées*, 183). Le moralisateur se fixe sur le bien et déplore la distance qui en sépare. Le moraliste voit le noir et interroge, en nos élévations positives, l'écran qui en bloque la vue. Sartre a perdu dans la trop grande mesure où il s'est choisi moralisateur. Soljenitsyne a gagné en moraliste.

Rien de ce qui est humain ne nous est étranger, profère l'humaniste ancienne manière, feignant ignorer l'intégriste qui déjà pointe en lui. Aujourd'hui nous entendons son sous-entendu vœu pieux : que l'inhumain ne m'habite pas, que je n'habite plus dans l'inhumain, qu'une infranchissable paroi m'en sépare! Exauçant cette prière, une triple enceinte totalitaire 1. exclut militairement le tout autre, 2. enclôt pédagogiquement la serre générique où le corps enseignant, sous la direction éclairée d'un chef, surveille l'éclosion progressive de l'humanité mûrissante, 3. abrite dévotieusement le saint des saints où la convivialité homme-firmament est rétablie et la crise tragique abolie, tandis que le fumet des sacrifices chatouille délicieusement les narines d'une laïque, ésotérique ou traditionnelle divinité, revenue bien intentionnée et gratifiante. Mur de l'Atlantique, mur de Berlin, voile islamique : toute l'humanité enchâssée dans le corps sublime de la race pure, la classe ultime ou la vraie communauté des fidèles! Thèbes archaïque renaît! Le Temple se reconstruit...

« J'eus un rêve : le mur des siècles m'apparut,
C'était de la chair vive avec du granit brut,
Une immobilité faite d'inquiétude (...)
La poussière pleurait et l'argile saignait
Les pierres qui tombaient avaient la forme humaine...
Et ce mur, composé de tout ce qui croula
Se dressait escarpé, triste, informe. Où cela ?
Je ne sais. Dans un lieu quelconque des ténèbres ... »

Sur quoi s'édifient les forteresses du mensonge ? Sur nos rêves de re-fondation. Comment ? En les coagulant autour de la promesse d'une fin des temps, qui soit accomplissement, descente du divin dans l'histoire, élévation de l'humanité en Dieu, biophanie où la vie se purifie dans la race, écophanie où la production profane se métamorphose Création, logophanie où la langue communautaire dicte la voie et la vérité. « Le mur fut en 1961 construit avec un certain enthousiasme, les brigades du travail chantaient, les petits pionniers fleurissaient, les poètes officiels poétisaient. Certains applaudissaient et se rengorgeaient, beaucoup, disciplinés, acceptaient, les autres se taisaient. Ce fut un monument érigé par la " deutsche Gründlichkeit ", l'esprit de responsabilité, le sens du fondamental allemands », me confia le directeur du musée Check Point Charlie, le 10 novembre 1989. Le vieux syndicaliste avait bricolé ce lieu de mémoire, où, sur place, il rassemblait photos et témoignages, tandis que d'années en années la liste des victimes croissait. Tout à la joie de la première brèche ouverte dix heures plus tôt, il refusait, néanmoins, d'oublier l'autochtonie de l'abomination qu'il avait si longtemps combattue. La capacité d'édifier des frontières-prisons n'est pas simplement soviétique, elle est allemande, européenne, elle manifeste le travail de l'inhumain en chacun.

De cette dernière constatation découle le « pouvoir des sans-pouvoirs » (Havel), et la puissance bien réelle des « zéros politiques » dissidents. Le stylo contre les chars. Le samizdat dactylographié à cinq exemplaires et reproduit à même allure concurrençant la radio et la télévision d'État... Le crachouillis des ondes courtes étrangères contre une pédagogie officielle régissant les lieux publics, des pouponnières aux maisons de retraite. Les soljenitsyniens ont remporté leur victoire en déplaçant le combat sur un terrain imprévu, celui de la perception solitaire du gouffre, érigée en principe d'une résistance générale.

Éblouis que nous sommes par de grands personnages, certes pas négligeables, Walesa et Havel, nous manquons souvent la timidité et l'anonymat d'une révolte d'autant plus contagieuse qu'elle unit les humbles offensés du communisme. En Allemagne « démocratique », tout partit de décisions éparpillées : profitant des coups de cisailles hongrois dans les barbelés du rideau de fer, une famille, puis une autre, délibère en secret; on se cache des voisins, on se méfie des proches et sous couleur de tourisme vacancier, on lève l'ancre. Les médias de l'Ouest accolent les images, le téléspectateur de l'Est découvre les solitudes additionnées en flots de fugitifs. Le va-tout isolé se collectivise, c'est l'invasion des ambassades fédérales à Prague et à Varsovie. Ceux qui restent se proclament en partance, ils descendent dans la rue, apostrophent leurs tyrans, « cédez la place, sinon nous décampons ». Tirera, tirera pas? Qu'est-ce qui retient la police politique? L'humanisme? Non. La dissuasion. La RDA n'est pas, comme la Chine, un continent fermé. Le bain de sang modèle Tien Anmen décuplerait les départs. Le Parti, Soubise réincarné, chercherait ses « masses » une lanterne à la main.

> « Ce n'était plus ce mur prodigieux, complet,
> Où le destin avec l'infini s'accouplait,
> Où tous les temps groupés se rattachaient au nôtre,
> Où les siècles pouvaient s'interroger l'un l'autre

Sans que pas un fît faute et manquât à l'appel;
Au lieu d'un continent, c'était un archipel;
Au lieu d'un univers, c'était un cimetière;
Par places se dressait quelque lugubre pierre,
Quelque pilier debout, ne soutenant plus rien... »

Tous soljenitsyniens ? Oui, si l'on repère que l'écrivain l'emporte en substituant sa preuve par l'enfer – *L'Archipel du Goulag* – aux multiples preuves par le Parti, dont l'humanité européenne berçait ses illusions. Tous Américains ? Non, si la figure d'un nouveau monde touchant à la perfection est censée nous ravir. Oui, s'il s'agit de faire écho à la seule parole atlantique digne de la fierté dissidente, ce non possumus que J.F. Kennedy prononça face à la muraille fraîchement bétonnée : « Ich bin ein Berliner. » Oui, si l'Amérique n'est pas une utopie idyllique, mais le terrain vague des westerns et des films noirs, où des errants ressuscitent à leur insu l'étrange philein occidental. « Pour une part être américain, c'est avoir été réprouvé et étranger, c'est avoir parcouru les chemins de l'exil et c'est savoir que celui qui rejette le réprouvé, l'étranger, l'exilé, renie aussi l'Amérique. » (R. Kennedy.)

Rien qui ne soit là classiquement européen. Les meilleures lois n'ouvrent pas la voie au meilleur, mais barrent les routes du pire, tout cela est écrit dans Montaigne, Shakespeare et Pascal. Mais, privilège des isolés, tel Hamlet ou le « parfait dévot » des *Pensées*, une pareille idée demeura longtemps domaine réservé d'une mince élite : « Le peuple n'est pas susceptible de cette doctrine... Il prend leur antiquité (celle des lois) comme une preuve de leur vérité et non de leur seule autorité sans vérité... » (*Pensées*, 325). Voltaire, qui pose à l'adversaire de Pascal, en reproduit les restrictions mentales, il réitère « si Dieu n'existait pas, il faudrait l'inventer » et détaille crûment : « Je veux que mon procureur, mon tailleur, mes valets, ma femme même croient en Dieu; et je m'imagine que j'en serai moins volé et moins cocu. » L'apparent cynisme du propos risque d'égarer le lecteur. Voltaire est théiste, mais la divinité qu'il honore lui paraît, comme le dieu caché pascalien, peu encline à intervenir directement dans la police des ménages. Autrement dit, le peuple « n'est pas susceptible » de cette religion-là, il a besoin d'un Tout-Puissant « rémunérateur et vengeur » qui confère aux lois l'obligation et la sanction du Bien.

Les moralistes classiques et les philosophes des Lumières expérimentent pour leur compte le fondement tragique et négatif des lois, à partir de l'évidence des maux. Ni despotisme, ni anarchie, proposent en dernier ressort Eschyle et Pascal : « Nous ne nous soutenons pas dans la vertu par notre propre force, mais par le contrepoids de deux vices opposés » (*Pensées*, 359) ou encore : « On dira qu'il est vrai que l'homicide est mauvais; oui, car nous connaissons bien le mal et le faux, mais que dira-t-on qui soit bon ? » (*Pensées*, 385.) Qui nous ? Pas le peuple, cantonné dans l'expérience du bien (illusoire), non « susceptible » de l'expérience du mal en tant que mal ! La limite est la même pour Pascal, Voltaire et Sartre : le fameux couplet sur la désespérance possible de Billancourt résume la logique des plus désastreux engagements. La tromperie des engagements et dévouements contemporains prolonge le « pas susceptible » de Pascal, le « il faudrait l'inventer » de Voltaire : le prolétariat occidental (aujourd'hui le tiers monde) n'aurait pas droit aux informations sur les crimes, car il ne supporte pas la déception, l'angoisse, le choc du désenchantement de ses idéaux. L'intellectuel sait le mal, mais les masses doivent croire au bien en toute naïveté; à charge, pour l'élite qui les prend sous son aile, de mentir afin de bercer, encoconner, embrigader, garantir et divertir d'éternels assistés.

La prescription dissidente de quitter la « vie dans le mensonge » implique une mutation sévère du statut de l'intellectuel. Il ne se donne plus pour tâche de protéger les populations, en censurant l'expérience de l'inhumain qui les entoure et qu'elles exsudent par elles-mêmes. Il acquiesce à la confusion athénienne du citoyen et du métèque, des hommes et des femmes, du maître et du serviteur, qui tous assistaient, enfants compris, au spectacle tragique de la bévue des grands et de l'impuissance des puissants. Il abandonne l'idéal platonique du philosophe roi, seul à connaître le fondement (fût-il vague ou vide) des lois et astreint à mythologiser pour dorer la pilule à un public supposé candide. Tous philosophes ? Tous capables d'affronter la malfaisance du logis, cordiale, contagieuse et sans cesse déportant l'esprit ? Le pari du onzième commandement est celui de l'apparition éphémère, douteuse, flottante, mais en tout feu, tous lieux possible, du citoyen philosophe. Le propre des paris est qu'ils ne partent pas gagnants à coup sûr; leur force paraît en des circonstances extrêmes ou cruciales, lorsqu'il n'est d'autre issue que de les tenter.

NOTES ET RÉFÉRENCES

INTRODUCTION

A. Malraux, *Les Voix du silence*, Gallimard, Paris, 1951, p. 539.

L. Kolakowski, *Chrétiens sans église*, Gallimard, Paris, 1969, p. 29 sq.

G.W. Leibniz, in Grua, *Textes inédits de Leibniz*, PUF, Paris, 1948, t. II, pp. 695-701. *Cf.* le commentaire proposé par le philosophe portugais, F. Gil in *Passé-Présent*, Ramsay, Paris, 1984, n° 3, pp. 147-163.

Hitler, Goebbels, au cours d'une réunion intime à Berlin, peu après leur accession au pouvoir, compte rendu de H. Rauschning, préface du livre *Les Dix Commandements*, éd. Albin Michel, Paris, 1946, pp. 12-13.

I. ALORS LE XXe SIÈCLE COMMENÇA

R. Char, *Recherche de la base et du sommet* (1971), Œuvres complètes, Pléiade, Gallimard, Paris, 1983, p. 767.

P. Valéry, *La Crise de l'Esprit* (1919), Œuvres, Pléiade, Gallimard, Paris, 1957, t. I, p. 988.

F. Kafka, in Janouch : *Entretiens avec F. Kafka*, Lettres Nouvelles, Paris, 1971, pp. 166 et 72.

R. Char, *ibid.*, p. 766.

A. Toynbee, *La Civilisation à l'épreuve*, Gallimard, Paris, 1951, pp. 14, 16, 34, 26.

II. LES NOUVELLES APOCALYPSES

M. Proust par G.D. Painter : *Les Années de maturité*, Mercure de France, Paris, 1985.

J.-M. Keynes, *Les Conséquences économiques de la paix* (1919), Gallimard, Paris, 1920, p. 29.

E.M. REMARQUE, cité in M. EKSTEINS, *Le Sacre du printemps*, Plon, Paris, 1991, p. 324.
ALAIN, *Convulsion de la force*, NRF, Paris, 1939.
TROTSKY, *Écrits militaires*, L'Herne, Paris, 1968.
P. VALÉRY, *Conférence à Zurich* (1922), in Œuvres, Pléiade, Gallimard, t. I, Paris, 1957, p. 1001.
M. PROUST, *A la recherche du temps perdu*, Pléiade, Gallimard, Paris, 1954, t. III, pp. 758, 756, 806, 773.
S. BECKETT, *Proust*, Éditions de Minuit, Paris, 1990, pp. 29, 98.
M. RIEUNEAU, *Guerre et Révolution dans le roman français 1919-1931*, Klincksieck, Paris, 1974, p. 132.

III. PLANÈTE RASE POUR UNE ÉTHIQUE

J. PATOČKA, *Essais hérétiques*, Verdier, 1981, pp. 130-135.
M. MERLEAU-PONTY, in *Temps modernes*, n° 1, 1945 : *La guerre a eu lieu*, repris in *Sens et Non-Sens*, Nagel, Paris, 1966, p. 245 sq.
S. ZWEIG, *Le Monde d'hier*, Albin Michel, Paris, 1948, p. 489.
BERDIAEV, *L'Esprit de Dostoïevski*, éd. Saint Michel, Paris, 1929, p. 240.
G. SCHOLEM, *Sabbataï Tsevi*, Verdier, Lagrasse, 1983, p. 107.
M. BLANCHOT, *L'Écriture du désastre*, Gallimard, Paris, 1980, p. 202.
J.-P. SIRONNEAU, *Eschatologie et Décadence*, Cahiers C.R.I.S.M., Université de Bourgogne, n° 1, 1986.
B. ÉTIENNE, *L'Islamisme radical*, Biblio-Essais, Le Livre de Poche, Paris, 1989, pp. 55, 326.

IV. L'ANTI-EUROPE NAÎT EN EUROPE

V. MAIAKOVSKI, *Poème sur Lénine* (1924), in *Poèmes*, éd. Messidor, Paris, 1987, p. 187.
LUDENDORFF, *La Guerre totale*, Flammarion, Paris, 1937, p. 15.
A. BLOK, *Œuvres en prose*, éd. L'Âge d'Homme, Lausanne, 1974, pp. 325, 366, 419.
J. TAUBES, *Abendländische Eschatologie*, A. Francke Verlag, Bern, 1947, p. 9.
Sur les reportages initiaux de *L'Humanité* concernant la révolution d'Octobre et les réactions de la gauche française, *cf.* Christian JELEN, *L'Aveuglement*, Flammarion, Paris, 1984 .
V. MAIAKOVSKI, *Lettre ouverte aux ouvriers* (1918), com-

mentée par A. SINIAVSKI, *La Civilisation soviétique*, Albin Michel, Paris, 1988, p. 62.

N. BERDIAEV, *Le Nouveau Moyen Âge*, L'Âge d'Homme, Lausanne, 1985, pp. 133, 71, 100.

N. BERDIAEV, *Au seuil de la nouvelle époque*, Delachaux et Niestlé, Neuchâtel, 1947, p. 95 « par la réforme de Pierre le Grand... ».

R. DEBRAY, *Le Nouvel Observateur*, 14-20 février 1991.

T. MANN, *La Montagne magique*, éd. Fayard, Paris, 1961, pp. 493, 440, 443, 750, 501, 749, 635, 752.

GOEBBELS, in Trevor ROPPER, *Les Derniers Jours de Hitler*, Calmann-Lévy, Paris, 1947, p. 66.

V. LE COURT-CIRCUIT RÉVOLUTIONNAIRE

E.M. CIORAN, *Essai sur la pensée réactionnaire*, éd. Fata Morgana, 1977, pp. 22, 36, 30.

J. DE MAISTRE, *Éclaircissements sur les sacrifices*, La Renaissance du Livre, p. 208.

J.-P. VERNANT, préface à M. Détienne, *Les Jardins d'Adonis*, Gallimard, Paris, 1972, p. VIII.

HUBERT et MAUSS, *Essai sur la Nature et la fonction du sacrifice* (1899), in MAUSS, Œuvres, Éditions de Minuit, Paris, 1968, pp. 306-307.

VI. LE COGITO-SUICIDE

Sur DIOGÈNE le cynique et son cogito-suicide, *cf. Cynisme et Passion*, par A. GLUCKSMANN, Grasset, Paris, 1981.

M. DÉTIENNE, *Dionysos mis à mort*, Gallimard, Paris, 1977, pp. 154, 152.

E. JÜNGER, *Le Travailleur* (1932), éd. Christian Bourgois, Paris, 1989, pp. 101, 131.

A. HITLER, in H. RAUSCHNING, *Hitler m'a dit*, Paris, 1939, p. 159.

G. BATAILLE, *La Souveraineté*, in Œuvres complètes, Gallimard, Paris, 1976, t. VIII, p. 346.

F. NIETZSCHE, *La Naissance de la tragédie*, préface, Gallimard, Folio, p. 19.

F. NIETZSCHE, *Considérations intempestives* (IV), trad. Bianquis, éd. Aubier, Paris, 1954, t. II, p. 207.

VII. BAGATELLES ANTIOCCIDENTALES

L.F. CÉLINE, *Les Beaux Draps*, Nouvelle Édition française, Denoël, Paris, 1941, p. 31.

H. CORBIN, *Sur le douzième Imam,* in La Table ronde n° 110, février 1957.

CH. BAUDELAIRE, Œuvres, CFL, 1955, *Edgar Poe, sa vie, ses œuvres,* p. 1335.

W. BENJAMIN, *Essais*, Denoël-Gonthier, coll. Médiation, Paris, 1983, t. II, pp. 184, 52.

E. DRUMONT, *L'Anticapitalisme national*, J.J. Pauvert, Paris, 1968, p. 478.

L. DAUDET, cité par W. Benjamin, *id.* p. 125.

R. GIRARD, *Shakespeare, les feux de l'envie*, Grasset, Paris, 1990, p. 302.

D. SIBONY, *Avec Shakespeare*, Grasset, Paris, 1988, p. 174.

J.M. APOSTOLIDÈS, *Le Paradoxe de l'Encyclopédie*, Standford French Review, Winter, 1990, p. 62.

M. DE CERTEAU, *La Fable mystique*, Tel Gallimard, Paris, 1982, p. 404.

L.F. CÉLINE, *L'École des cadavres*, Denoël, Paris, 1938, p. 27.

VIII. DE LA SATANISATION SCIENTIFIQUE

F. TONNIES, *Communauté et Société*, PUF, Paris, 1944, p. 4.

B. ÉTIENNE, *L'Islamisme radical,* Biblio-Essais, Le Livre de Poche, Paris, 1989, pp. 207 et 179.

M. SCHELER, *Das Genius des Krieges und den deutschen Krieg*, Verlag der Weissen Bücher, Leipzig, 1915, p. 442 sq.

A. SUARES, *La Nation contre la race*, Émile Paul Frères, Paris, 1916, p. 40.

J. BAUDRILLARD, *Simulacres et Simulation*, Galilée, Paris, 1981, p. 11.

U. ECO, *La Guerre du faux*, Grasset, Paris, 1985, p. 13.

G. DUHAMEL, *Scènes de la vie future*, Mercure, 1930, Paris, p. 59.

M. HEIDEGGER, *Introduction à la métaphysique*, PUF, Paris, 1958, trad. Kahn, pp. 46-47.

TCHERNICHEVSKI, commenté par C.S. INGERFLOM, *Le Citoyen impossible*, Payot, Paris, 1988, p. 53.

O. ROY in G. KEPEL et Y. RICHARD, *Intellectuels et militants de l'Islam contemporain*, Le Seuil, Paris, 1990, p. 264.

IX. DOUBLE MÉTAPHYSIQUE DE L'INTÉGRISME

M. Heidegger, *Qu'est-ce que la métaphysique*, in *Questions*, Gallimard, Paris, 1968, t. I, pp. 59, 37, 65, 66.

M. Foucault, *Les Mots et les Choses*, Gallimard, Paris, 1966, p. 356.

J.L. Marion, *Réduction et Donation*, PUF, Paris, 1989, p. 260.

Sur la traduction de « Gestell », *cf.* D. Janicaud, *La Puissance du rationnel*, Gallimard, Paris, 1985, p. 270 sq.

La formule sur Auschwitz et l'agriculture moderne est donnée dans la traduction de P. Lacoue-Labarthe, qui la démontre heideggeriennement cohérente et légitime : *La Fiction du politique*, Christian Bourgois, Paris, 1987, p. 58.

Cioran, *Le Mauvais Démiurge*, Essais, Gallimard, Paris, 1969, p. 13.

G. Scholem, *Le Messianisme juif*, Calmann-Lévy, Paris, 1974, pp. 29-30, 116 et 133.

G. Scholem, *Fidélité et Utopie*, Calmann-Lévy, Paris, 1978, p. 254.

F. Rosenzweig, *L'Étoile de la rédemption*, Le Seuil, Paris, 1982, p. 249.

H. Atlan, *La Recherche d'un nouveau statut*, Les Nouveaux Cahiers, n° 104, 1991, p. 59 sq.

X. SE RENDRE MALADE D'ÊTRE MALADE ?

J. Kott, *Shakespeare, notre contemporain*, Marabout-Université, 1965.

Homère, *L'Iliade*, Chant I, v. 105 sq.

M. Détienne, *Les Maîtres de vérité*, F. Maspero, Paris, 1981, pp. 15, 59.

Platon, *Lysis*, Les Belles Lettres, Paris, texte et trad. Croiset, 1966, 217a.

Hippocrate, *De l'ancienne médecine*, Les Belles Lettres, Paris, texte et trad. Jouanna, XX, 1. *Cf.* aussi éd. Festugière, Klincksieck, Paris, 1948.

M. Bollack, *La Raison de Lucrèce*, Éditions de Minuit, Paris, 1978, pp. 418-457.

Thucydide, *Histoire du Péloponnèse*, livre II, Les Belles Lettres, Paris, texte et trad. J. de Romilly, 1962, La peste d'Athènes, XLV-LIV.

B. H. Lévy, *Les Aventures de la liberté*, Grasset, Paris, 1991.

XI. LE COMPLEXE DE PLATON

C. Lévi-Strauss, *Le Cru et le Cuit*, Plon, Paris, p. 172.

Platon, *La République*, Les Belles Lettres, Paris, texte et trad. Chambry, 1956, livre VII, 514a-518 (Le Mythe de la Caverne).

M. Heidegger, *La Doctrine de Platon sur la vérité, Questions* I, Gallimard, Paris, 1968.

L. Strauss, *La Cité et l'Homme*, Agora, Presses Pocket, Paris, 1987, pp. 165 et 172.

Sur la délation et le mensonge nécessaire dans la cité platonicienne, *cf.* V. Goldschmidt, *La Théorie platonicienne de la dénonciation* in « Questions platoniciennes », Vrin, Paris, 1970, pp. 173-199.

M. Détienne, *L'Écriture d'Orphée*, Gallimard, Paris, 1989, p. 143.

Aristote, *Éthique à Nicomaque*, Vrin, Paris, trad. Tricot, 1967, *cf.* livre I, 1, 1094a sq et VI, 5, 1140.

XII. ŒDIPE, OU LES YEUX POUR VOIR

J. Le Goff, *La Naissance du Purgatoire*, Gallimard, Paris, 1981, pp. 313, 296.

J. Bollack, *L'Œdipe roi de Sophocle*, Presses Universitaires de Lille, 1990, 4 vol. cité pp. 950, 967, 898.

S. Weil, *La Source grecque*, Gallimard, Paris, 1953, pp. 77, 18, 38, 35.

B. Keil in J. de Romilly, dans *Problèmes de la guerre en Grèce ancienne*, Mouton, Paris-La Haye, 1968, p. 208.

L. Strauss, *op. cit.*, p. 10.

J. Locke, *Essai philosophique concernant l'entendement humain*, éd. Vrin, Paris, trad. Coste, 1989, II, pp. 21, 55, 61, 71.

A.J. Festugière, *De l'essence de la tragédie grecque*, Aubier, Paris, 1969, p. 22.

J. Bollack, *Le Fils de l'Homme*, Écrit du temps n° 12, automne 1986, Éditions de Minuit, p. 22 « Dans *Œdipe roi*, le héros... »

S. Said, *Sophiste et Tyran*, Klincksieck, Paris, 1985, p. 184.

K. Reinhardt, *Sophocle*, Éditions de Minuit, Paris, 1971, p. 175.

J.-P. Vernant et P. Vidal-Naquet, *Mythe et Tragédie* II, éd. La Découverte, Paris, 1986, p. 84.

XIII. LE MUR, DE THÈBES À BERLIN

N. Loraux, *Sur un non-sens grec*, Écrit du temps, n° 19, 1988, p. 24.

F. Vian, *Les Origines de Thèbes*, Klincksieck, Paris, 1963, p. 143.

J. Bollack, *Destin d'Œdipe, destin d'une famille*, Metis, 1-2, Paris-Athènes, 1988, p. 175.

J. Bollack, *La Force et la Difficulté de dire*, Théâtre/Public, juillet-octobre 1986, p. 18.

S. Zéghidour, *Le Voile et la Bannière*, Essais du xxe siècle, Hachette, Paris, 1990, p. 37.

J.-P. Vernant et P. Vidal-Naquet, *Mythe et Tragédie*, II, *op. cit.*, p. 56.

J. Bollack in Metis, *op. cit.*, p. 176.

C. Lévi-Strauss, *Les Structures élémentaires de la parenté*, Mouton, Paris-La Haye, 1967, pp. 565, 556, 549, 49, 50.

J. Bollack in Théâtre/Public, article cité, p. 21.

C. Schmitt, *Souveraineté de l'État et Liberté des mers*, 1941, in *Du Politique*, Pardès, 1990, p. 150.

XIV. LA FIN DES FINS

C. Lévi-Strauss, *Les Structures élémentaires... op. cit.*, pp. 55, 59.

G.W.F. Hegel, *Esthétique*, Aubier, Paris, 1944, trad. S. Jankelevitch, t. I, p. 262; t. III, pp. 2, 250; t. II, p. 84.

F. Nietzsche, *Origine de la tragédie*, *op. cit.*, p. 212.

C. Meier, *L'Art politique dans la tragédie grecque*, Les Belles Lettres, Paris, 1990, p. 125.

J. Carrière, *Le Tragique chez les Grecs*, Revue des Études grecques, Les Belles Lettres, Paris, 1966, t. LXXIX, p. 25.

J. Bollack, *L'Œdipe roi de Sophocle*, *op. cit.*, t. I, XXXI.

J.G. Fichte, *Le Caractère de l'époque actuelle* (1805), trad. Vrin, Paris, 1990, p. 24.

F. Zakariya, *Laïcité ou Islamisme*, La Découverte, Paris, 1991, p. 27.

G.E. Grunebaum, *L'Identité culturelle de l'Islam*, Tel Gallimard, Paris, 1973, p. 139.

XV. POURQUOI NE PAS SE LE DIRE

J.-P. Vernant et P. Vidal-Naquet, *Mythe et Tragédie*, II, *op. cit.*, p. 257.

R.L. Rubinstein, in *Pardès* n° 9/10, Cerf, Paris, 1989, p. 107.

J.B. Metz, in *Concilium*, n° 45, Paris, 1984, p. 53.

D. Diderot à Falconet, 17 mars 1766, éd. Benot, Paris, 1958, p. 153.

G.W.F. Hegel, *Phénoménologie de l'esprit*, Aubier, trad. Hyppolite. 1941, vol. I, 140.

E. Husserl, *La Terre ne se meut pas*, Éditions de Minuit, Paris, 1985, pp. 21, 27.

Aristote, *La Métaphysique*, K6, 1063d et *Éthique à Eudème* (indiquée *E.E.*).

R. Brague, *Aristote et la question du monde*, PUF, Paris, 1988, p. 254.

E. Benveniste, *Le Vocabulaire des institutions indo-européennes*, 1, Éditions de Minuit, Paris, 1964, pp. 335-343.

H. Heine, *De l'Allemagne*, pp. 341, 361, Œuvres, Band 10, Akademische-Verlag, Berlin et CNRS Paris, 1978, p. 108.

CONCLUSION : LE CHANT DU DÉPART

B. Frank in *Le Nouvel Observateur*, 27 juin au 3 juillet 1991, n° 1390.

J.-P. Sartre, *L'Être et le Néant*, Gallimard, Paris, 1943, pp. 721-722.

V. Hugo, *La Légende des siècles*, « Vingtième siècle ».

V. Hugo, *Les Contemplations*, « Horror ».

V. Hugo, *Les Chants du crépuscule*, « que nous avons le doute en nous ».

C. Renouvier, *Victor Hugo, le philosophe*, Armand Colin, Paris, 1926, p. 139.

V. Hugo, *La Légende des siècles*, « La vision d'où est sorti ce livre ».

G. Liiceanu, *Lettre ouverte à Jacques Derrida*, in *Gulliver*, n° 6, Paris, 1991, p. 326.

R. Kennedy, *To seek a newer world*, trad. D. Fimbel in *L'Événement du jeudi*, 27 juin 1991.

V. Havel, *Essais politiques*, Calmann-Lévy, Paris, 1989, p. 65 sq.

Voltaire, « A.B.C. 17e entretien », *cf.* R. Pomeau, *La Religion de Voltaire*, Nizet, Paris, 1956, pp. 390-421.

Table des matières

L'APPRENTISSAGE DE LA TRAGÉDIE

Cet ouvrage a été réalisé par la
SOCIÉTÉ NOUVELLE FIRMIN-DIDOT
Mesnil-sur-l'Estrée
pour le compte des Éditions Flammarion
en septembre 1991

Imprimé en France
Dépôt légal : septembre 1991
N° d'édition : 13352 – N° d'impression : 18599